Kohlhammer

Die Autorin

Dr. Christiane Thompson ist Professorin für Theorie und Geschichte von Erziehung und Bildung an der Goethe-Universität Frankfurt am Main.

Christiane Thompson

Allgemeine Erziehungswissenschaft

Eine Einführung

Verlag W. Kohlhammer

Dieses Werk einschließlich aller seiner Teile ist urheberrechtlich geschützt. Jede Verwendung außerhalb der engen Grenzen des Urheberrechts ist ohne Zustimmung des Verlags unzulässig und strafbar. Das gilt insbesondere für Vervielfältigungen, Übersetzungen, Mikroverfilmungen und für die Einspeicherung und Verarbeitung in elektronischen Systemen.

Die Wiedergabe von Warenbezeichnungen, Handelsnamen und sonstigen Kennzeichen in diesem Buch berechtigt nicht zu der Annahme, dass diese von jedermann frei benutzt werden dürfen. Vielmehr kann es sich auch dann um eingetragene Warenzeichen oder sonstige geschützte Kennzeichen handeln, wenn sie nicht eigens als solche gekennzeichnet sind.

Es konnten nicht alle Rechtsinhaber von Abbildungen ermittelt werden. Sollte dem Verlag gegenüber der Nachweis der Rechtsinhaberschaft geführt werden, wird das branchenübliche Honorar nachträglich gezahlt.

Dieses Werk enthält Hinweise/Links zu externen Websites Dritter, auf deren Inhalt der Verlag keinen Einfluss hat und die der Haftung der jeweiligen Seitenanbieter oder -betreiber unterliegen. Zum Zeitpunkt der Verlinkung wurden die externen Websites auf mögliche Rechtsverstöße überprüft und dabei keine Rechtsverletzung festgestellt. Ohne konkrete Hinweise auf eine solche Rechtsverletzung ist eine permanente inhaltliche Kontrolle der verlinkten Seiten nicht zumutbar. Sollten jedoch Rechtsverletzungen bekannt werden, werden die betroffenen externen Links soweit möglich unverzüglich entfernt.

1. Auflage 2020

Alle Rechte vorbehalten
© W. Kohlhammer GmbH, Stuttgart
Gesamtherstellung: W. Kohlhammer GmbH, Heßbrühlstr. 69, 70565 Stuttgart
produktsicherheit@kohlhammer.de

Print:
ISBN 978-3-17-026165-5

E-Book-Formate:
pdf: ISBN 978-3-17-026166-2
epub: ISBN 978-3-17-026167-9
mobi: ISBN 978-3-17-026168-6

Inhaltsverzeichnis

Einleitung 7

Kapitel 1: Eine kleine Geschichte der Wissenschaft
und ihrer Theorie 18

Kapitel 2: Zur Umstrittenheit der Erziehungswissenschaft 35

Kapitel 3: Wissenschaftlich arbeiten 56

Kapitel 4: Erziehung und die Herausforderung
der Autonomie 71

Kapitel 5: Bildung – im Horizont der Selbstbestimmung
des Menschen 91

Kapitel 6: Lernen aus pädagogischer Sicht 112

Kapitel 7: Kompetenz – ein pädagogischer Begriff? 130

Kapitel 8: Sozialisation – zum Erwerb »gesellschaftlicher
Handlungsfähigkeit« 149

Kapitel 9: Wirksamkeit als Knotenpunkt der Pädagogik 169

Kapitel 10: Ungleichheit, Differenz und Alterität 189

**Kapitel 11: Die Frage nach dem Menschen –
(post-)humanistische Perspektiven** 209

Nachwort 230

Literatur 234

Einleitung

Wie führt man am besten in die Erziehungswissenschaft ein? Diese Frage ist – wie überhaupt die Frage, wie wir uns eine Sache eröffnen können – gar nicht leicht zu beantworten. Meistens nehmen wir anfangs vor allem die Schwierigkeiten wahr, die wir mit dem haben, was wir bislang nicht kennen. Die Wege des Erkennens erscheinen verstellt und holprig. Später dann blicken wir auf den Anfang zurück und können uns nicht mehr so recht einen Reim darauf machen, wie wir zu Erkenntnis und Einsicht gelangt sind. In fernöstlichen Weisheitslehren sind viele Beispiele zu finden, in denen die Schüler ihre Meister nach dem Weg zur Erkenntnis und Erleuchtung befragen. Die Lehre, die sich aus diesen Unterhaltungen ergibt, lautet fast immer so: Der Weg von Wissen und Erkenntnis verläuft anders, als es sich die Schüler ausmalen. Derjenige, der die meiste Zeit einsetzen will, bekommt zum Beispiel vom Meister zu hören, dass er am längsten für seinen Weg benötigen wird.

Worauf die traditionellen Lehren anspielen, verweist auf eine pädagogische Einsicht: Um für sich Erkenntnisse zu eröffnen, können die bisherigen Vorstellungen und Denkraster nicht maßgeblich bleiben – beispielsweise die Einschätzung, wie lange etwas dauert. In Bildungs- und Lerntheorien wird die Bedeutung hervorgehoben, sich überhaupt auf das einzulassen, was es zu lernen oder zu erkennen gibt. Dies schließt die Bereitschaft ein, über das hinauszugehen, was bisher für selbstverständlich gehalten wurde.

Dieser Gedanke stellt die vorliegende Einführung vor eine Herausforderung. Sie will jenen, die mit der Erziehungswissenschaft anfangen, einen Einstieg in das Fach eröffnen. Zugleich kann es, den Eingangsgedanken aufgreifend, einen Einstieg nur geben unter der Bereitschaft, über den bisherigen Horizont hinaus zu kommen. Dies bedeutet, dass der Bruch zum vorausgehenden und schulisch organisierten Wissen unvermeidlich ist; denn wissenschaftliches Wissen ist durch eine Vielfalt von Wissensformen und Zugängen bestimmt, einen Gegenstand in den Blick zu bringen. Das macht es unmöglich, Gegenstände durch eindeutige Definitionen und Erklärungen still zu stellen, wie es häufig im Kontext schulischen Wissens passiert. Dieses Einführungsbuch will hingegen das erziehungswissenschaftliche Wissen als eine Bewegung des Denkens präsentieren. Es sollen gedankliche Linien gezogen werden, an denen entlang das eigene Denken in Gang kommen kann.

»Erziehungswissenschaft«, so also der zentrale Ausgangspunkt dieses Buches, wird nicht als festzustellender Wissensbestand betrachtet. Demgegenüber geht es um ein herausforderndes Nachdenken und Sich-Auseinandersetzen mit jenen Fragen, die das Werden des Menschen in einer Welt mit anderen betreffen. Wie können diese Veränderungen angemessen beschrieben werden? Was gerät durch bestimmte Herangehensweisen in den Blick, was nicht? Diese Fragen verweisen auch darauf, dass die Verhältnisse und Bedingungen beachtet werden müssen, unter denen Menschen ihr Leben führen: Es ist unverzichtbar, gesellschaftliche Zusammenhänge und historische Entwicklungen zu berücksichtigen, um erziehungswissenschaftliche Gegenstände angemessen in den Blick zu bringen.

Die Einsicht, dass Wissenschaft nicht im Sinne einer einfachen Sammlung eines letztgültigen und für wahr befundenen Wissens verstanden werden kann, verunsichert und irritiert. Die Hoffnung richtet sich darauf, eindeutige Kenntnisse und Empfehlungen zu erfahren, um pädagogisch ›alles richtig zu machen‹. Dass es derartige Empfehlungen nicht geben kann, wird oft mit Staunen wahrgenommen, welches in Enttäuschung münden kann. Enttäuschung gehört ebenso wie das Staunen zum Erfahrungsrepertoire, wenn deutlich wird, dass unsere bisherigen Vorstellungen von uns und der Welt sich anders darstellen, als wir dachten. Wie sich in einem der folgenden Kapitel zeigen wird, besteht die Herausforderung des Anfangens auch immer darin, dass wir etwas dafür hinter uns lassen müssen. Im Folgenden möchte ich ausgehend von einer Unterhaltung mit zwei Studierenden der Erziehungswissenschaft noch etwas mehr auf das Anfangen eingehen.

Wie kommt man in das Studium der Erziehungswissenschaft hinein? Ein Austausch mit Nikolett Trenka und Lukas Becker

Lukas Becker: »Wenn ich an den Beginn meines Studiums zurückdenke, kommt mir vor allem eine Erkenntnis in den Sinn. Es ist die Einsicht, dass die Lehrenden im Grunde dieselben Probleme haben wie die Studierenden. Wenn jemand im Seminar eine Frage stellte – ›Ich habe den Text da und da nicht verstanden‹ –, dann kam ganz oft die Antwort: ›Ja, die Stelle ist wirklich unklar.‹ Wenn man also merkt, dass man irgendwo hängen bleibt, dann ist es oft so, dass es aus wissenschaftlicher Perspektive umstritten ist. Das war für mich eine wichtige Erfahrung.

Ähnlich verhält es sich mit Fristen und Aufgaben, welche die Professor*innen häufig auch nicht einhalten, zum Beispiel bei ihren Texten. Das habe ich bei meiner Arbeit als Hilfskraft erfahren. Das zeigt, dass wissenschaftliches Arbeiten anstrengend ist – und es also nicht daran liegt, dass man irgendwie ein dummer Student ist. Die haben auch damit zu kämpfen. Für mich war das eine wichtige Erkenntnis, um Mut zu entwickeln. Ich kann mich trauen, eigene Gedanken aufzuschreiben.«

Nikolett Trenka: »Bei mir war es so, dass die Einsicht, dass in der Wissenschaft noch vieles ungeklärt ist, später im Studium kam, nicht am Anfang. Ich begann das Studium mit großer Aufregung und Neugierde. Ich wollte alles über diesen Bereich erfahren. Woran ich mich erinnere, dass es am Anfang so viele Informationen und Anregungen gab: viele Methoden des Arbeitens und Recherchierens, die vielen Hinweise zum Umgang mit Texten. Das war alles ganz schön viel am Anfang. Dann kam ein Essay, den man zur Soziologievorlesung schreiben musste. Ich hatte noch nie zuvor einen Essay geschrieben. Da habe ich bemerkt: Je mehr ich mich mit einem Thema beschäftige, desto mehr komme ich auf kritische Fragen und auf aktives Denken. Hier begann ich zu verstehen, was mit einem wissenschaftlichen Studium gemeint ist und wann etwas ›wissenschaftlich‹ ist. Alle diese Erkenntnisse waren für mich am Anfang sehr neu.«

Christiane Thompson: »Sie haben beide die offenen Fragen betont und dass wissenschaftliches Arbeiten auch Anstrengung ist. Was ist Ihrer Ansicht nach das Spannende an der Erziehungswissenschaft?«

Nikolett Trenka: »Ich habe oft darüber reflektiert, warum ich mich für Erziehungswissenschaft entschieden habe. Der Grund, den ich damals meinen Eltern genannt habe, war, dass ich mehr darüber lernen möchte, wie Leute sich entwickeln, wie sich eine Persönlichkeit ausbildet. Das war so die Begründung. Und ich muss sagen: Ich habe dazu echt viel gelernt im Studium: die Inhalte, die Diskussionen, die Texte. Alles zusammen hat mir geholfen zu verstehen, dass viele Faktoren in eine Sache hineinspielen, dass sie in sehr vielen

Kontexten betrachtet werden kann. Was Menschen tun, kann sehr verschiedene Gründe haben. Diese Multiperspektivität fand ich sehr spannend.«

Lukas Becker: »Also, von der Motivation her, warum ich das Studium angefangen habe, ist das bei mir anders gewesen. Es gab einen sehr praktischen Grund. Ich war an einem Zeitpunkt in meinem Leben, wo ich mir vorstellen konnte, langfristig in einem pädagogischen Bereich zu arbeiten. Das bedeutete: Ich brauche auf jeden Fall diesen Abschluss. Das war so die Hauptmotivation. Das heißt aber nicht unbedingt, dass dies das Studium ausmacht, weil da würde ich mich eher Nikolett Trenka anschließen. Für mich ist der Hauptgesichtspunkt, den ich sowohl wichtig als auch interessant finde, dass man sich in der Pädagogik immer in Widersprüchen bewegt. Es gibt nie eine klare Antwort. Man muss immer genau gucken: Man kann es so sehen, man kann es aber auch anders sehen – und diese verschiedenen Perspektiven sind nicht vereinbar. Da muss man überlegen: Okay, wie gehe ich jetzt damit um? Wie findet man in dieser Kontroverse eine Position? Und das ist nach meiner Erfahrung auch das, was beim pädagogischen Handeln wichtig ist; ob man eben diese Fähigkeit hat, eben mit diesen Ungewissheiten und diesen ständig widerstreitenden Sachen umzugehen.«

Christiane Thompson: »Ein solcher Widerspruch ist beispielsweise, dass es in der Erziehung darum geht, dass Kinder und Jugendliche zu einem eigenständigen Denken befähigt werden sollen, dieses Ziel aber unter Vorgaben und Zwängen verfolgt wird – und damit gerade nicht im Sinne der Eigenständigkeit. Sind ›Widersprüche‹ daher für die Erziehungswissenschaft besonders spezifisch? Wahrscheinlich gilt doch für viele Wissenschaften, dass es widersprüchliche Perspektiven auf den Gegenstand gibt?«

Lukas Becker: »Ja und Nein. Die Arbeit mit unterschiedlichen und auch widersprüchlichen Erklärungsansätzen ist das, was Wissenschaft generell ausmacht. Für die Erziehungswissenschaft bedeutsam ist aber, dass es immer auch um die Frage des Handelns geht. Es gibt Widersprüche und Ungewissheit – und doch muss man handeln. Dies ist noch einmal eine widersprüchliche Situation, die in anderen Bereichen so nicht gegeben ist.«

Christiane Thompson: »Was denken Sie: Wir kommt man am besten in ein Studium der Erziehungswissenschaft hinein? Welche Hinweise hätten Sie für Mitstudierende im ersten Semester?«

Nikolett Trenka: »Ich wurde letzte Woche von einer Erstsemestlerin gefragt, wo ein Café ist, in dem man lange lernen kann, ohne rausgeschmissen zu werden – auf dem Campus. Leider konnte ich mit der Frage nicht weiterhelfen, weil ich in der Bibliothek oder zu Hause arbeite. Dann hat sie von ihrer Aufregung erzählt, und ich habe ihr gesagt, dass es ganz normal ist, aufgeregt und überfordert zu sein. Ich denke außerdem, es ist wichtig, dass die Erstsemestler verstehen, dass das Studium ein Prozess ist. Vieles wird noch nicht im ersten Semester passieren. Man braucht einfach Zeit. Daher würde ich für den Anfang sagen: Das wird schon! Außerdem hat man am Anfang so viel Motivation, die wahnsinnig wichtig ist. Das befördert die Neugierde.«

Wie kommt man in das Studium der Erziehungswissenschaft hinein?

Christiane Thompson: »Interessant. Das klingt auch ein wenig so, dass nach der Anfangsmotivation auch Zeiten kommen, wo es mit der Motivation schwieriger wird.«

Lukas Becker: »Es gibt auf jeden Fall Durststrecken, sehr frustrierende Phasen, z. B. wenn innerhalb von drei Wochen eine Hausarbeit geschrieben werden muss und man weiß noch nicht, wie es passieren soll. Es gehört einfach dazu. Ansonsten würde ich die eben schon genannte Neugierde unterstreichen. Mir hat der ›Mut zur Lücke‹ sehr geholfen: Okay, ich habe jetzt so und so viel hineingesteckt. Es reicht oder eben nicht. Auch beim Schreiben: Ich habe jetzt diesen oder jenen Aspekt ausgelassen, weil es jetzt nicht machbar ist. Man sollte sich also zutrauen, das ein oder andere zu umschiffen. Es gibt ein gutes Sprichwort dazu: ›Ein gutes Pferd springt knapp.‹ Ein weiterer Hinweis von meiner Seite ist die Nutzung von Unterstützungsangeboten. Es gibt so viel zur Text- und Lektürearbeit, was wirklich hilfreich ist. Am Anfang des Semesters habe ich einige Workshops dazu besucht. Man sollte sich nicht schämen, Hilfe anzunehmen, wo man erkennt, dass man Schwächen hat.

Nikolett Trenka: »Da würde ich mich anschließen. Ich war auch in einem Workshop zum Verfassen von Hausarbeiten. Das hat mir sehr geholfen. Mit diesen Infos konnte ich auch anderen helfen.«

In den Äußerungen der beiden Studierenden kommt zum Ausdruck, dass das Anfangen mit der Erziehungswissenschaft bzw. das Studium überhaupt als ein »Arbeiten«, ein »wissenschaftliches Arbeiten« verstanden werden muss. Ursprünglich verweist auch das lateinische Wort »Studium« auf ein Arbeiten, ein Sich-Bemühen oder Sich-Einsetzen. Auch wenn Studienprogramme im Bachelor und Master mitunter den Eindruck erwecken, es gäbe klar abgesteckte Wissensbereiche, so verhält es sich doch eher so, dass das Studium ein sehr individueller Arbeitsprozess ist, in dem die Studierenden ihre Auseinandersetzung mit den Gegenständen selbst gestalten und verantworten müssen. Die gesamte Arbeits- und Zeitplanung vollzieht sich in Eigenverantwortung, ebenso wie die Schwerpunkt- und Themensetzungen. Zugleich aber ist es am Anfang sehr wichtig, sich überhaupt die Arbeitsformen des Studiums anzueignen: darunter Recherchieren, wissenschaftliche Lektüre und wissenschaftliches Schreiben. Das macht die besondere Herausforderung des Studiums aus: Im Hineinkommen mit vielfältigen neuen Anforderungen ist man damit konfrontiert, die Wege in das Studium *für sich* zu eröffnen und zu gestalten.

Nikolett Trenka und Lukas Becker verweisen nun beide darauf, dass sich die zuletzt genannte Herausforderung nicht einfach auflösen lasse.

Einleitung

Es gebe keine einfachen Hinweise und Praxistipps. Beide formulieren, dass das Hineinfinden in ein wissenschaftliches Studium Zeit benötige. Die Zeit, die benötigt wird, ist dabei nicht nur auf eine Anfangserfahrung im Studium begrenzt. Sie prägt überhaupt das Studium bis zu seinem Ende. Lukas Becker berichtet von seinen Erfahrungen, dass die Anforderungen des wissenschaftlichen Arbeitens über die Studierenden hinaus auch die anderen (langjährigen) Mitglieder der Universität beträfen. Die Erfahrung, eine Sache nicht wirklich befriedigend aufgearbeitet zu haben oder zeitlich nicht gut eingeschätzt zu haben, würden alle teilen, die wissenschaftlich arbeiten. Das drückt sich ebenfalls in Nikolett Trenkas Ratschlägen an ihre Mitstudierenden aus.

An diesem Punkt ist auch erkennbar, dass Wissenschaft als kommunikativer Prozess zu begreifen ist. Wissenschaftliches Wissen ist in Bewegung und Gegenstand von Überprüfung und kritischer Diskussion. Es wird ergänzt, erweitert, differenziert – oder auch in Zweifel gezogen und widerlegt. Wenn es aber strukturell so ist, dass es nie einen einfachen Bestand des wissenschaftlichen Wissens gibt und dass Wissenschaft auf die Auseinandersetzung mit den unterschiedlichsten Positionen angewiesen ist, dann muss sich auch die Haltung gegenüber dem Nicht-Verstehen und dem Nicht-Wissen entwickeln bzw. verändern.

Unser Nicht-Verstehen begreifen wir gemeinhin als etwas Negatives. Wir sagen zum Beispiel: Dies und das haben wir nicht begriffen und meinen damit ein Versagen. Wie aber Lukas Becker und Nikolett Trenka argumentieren, gehören die Probleme oft zur Sache. Sie können in einem Gespräch geteilt und diskutiert werden. Wissenschaft bedeutet nun genau diese geteilte Kommunikation über das Wissen im Lichte von Verstehensgrenzen. Mit diesem Gedanken stehen wir bei dem, was »Allgemeine Erziehungswissenschaft« heißt.

Zur »Allgemeinen Erziehungswissenschaft«

Zunächst einmal stellt die »Allgemeine Erziehungswissenschaft« ein Teilgebiet der Wissenschaftsdisziplin »Erziehungswissenschaft« dar. Es gibt Wissenschaftler*innen, welche die Aufgabe haben, dieses Fachgebiet in Forschung und Lehre zu vertreten. Wenn man sich konkret deren Forschungs- und Lehrgebiete anschaut, findet sich häufig eine Bezugnahme auf fachlich-theoretische Grundlagen der Erziehungswissenschaft: Es geht um grundlegende Theorien und Konzepte der Erziehungswissenschaft, einschließlich wissenschaftstheoretischer und methodischer Grundlagen, aber auch anthropologische[1] und theoriegeschichtliche Zugänge.

Eine andere Beschreibung zur Allgemeinen Erziehungswissenschaft lautet, dass dieses Teilgebiet – anders als andere erziehungswissenschaftliche Teildisziplinen (wie z. B. die Schulpädagogik oder die Frühpädagogik) – nicht schon mit einem spezifischen Handlungsfeld verbunden ist. Es erscheint dann so, als würde die Allgemeine Erziehungswissenschaft vor allem für jenes Wissen zuständig sein, was Grundlage für alle erziehungswissenschaftlichen Teilgebiete und pädagogischen Handlungsfelder wäre. Allerdings ist dazu zu sagen, dass die Rede von »fachlich-theoretischen Grundlagen« eher missverständlich ist.

Die Allgemeine Erziehungswissenschaft ist nämlich nicht für das Festlegen eindeutiger Grundlagen zuständig. Es geht ihr vielmehr darum, die bestehenden Auseinandersetzungen und Differenzen, die durch unterschiedliche wissenschaftliche Herangehensweisen entstehen, zu sichten, zu überprüfen und miteinander ins Gespräch zu bringen. Nutzt man die Metapher des fachlichen Gebäudes, wären Ort und Aufgabe der Allgemeinen Erziehungswissenschaft nicht mit dem »Fundament«, sondern eher mit den Verbindungstüren, Schwellen, Durchgängen, aber auch den vermauerten Zugängen beschrieben. Die Pluralität von Wissenschaftsbezügen in der Erziehungswissenschaft und die enor-

---

1 Das Wort »Anthropologie« stammt aus dem Griechischen. Es umschreibt die wissenschaftlichen Beiträge, die sich mit der Frage »Was ist der Mensch?« auseinandersetzen.

me fachliche Breite machen die Allgemeine Erziehungswissenschaft zu einem Gelenkstück, wodurch fachliche Verständigung und Auseinandersetzung zustande kommen.

Norbert Ricken hat diesbezüglich von den Aufgaben bzw. Funktionen der Allgemeinen Erziehungswissenschaft gesprochen (Ricken 2010). Dazu gehört eine »Vermittlungs- und Diskursfunktion«, auf die ich etwas genauer eingehen möchte. Dadurch, dass die Allgemeine Erziehungswissenschaft pädagogische Problemstellungen umschreibt (ohne dass sich dafür leichthin Lösungen angeben ließen), kann sie verschiedene Parteien und Ansätze zueinander in ein Verhältnis setzen. Sie ermöglicht »Kooperation, Moderation und Diskussion« (ebd.: 24) zwischen verschiedenen erziehungswissenschaftlichen Teildisziplinen.

Dieser von Ricken genannte Punkt ist für die hier vorliegende Einführung zentral. Ihr geht es um das Aufzeigen von Problemstellungen, die in die Mitte des Faches hineinführen, weil ohne sie das Werden von Menschen nicht beschrieben oder verstanden werden kann. Zugleich ist einer der Dreh- und Angelpunkte dieses Buches die Einsicht, dass die Pädagogik bzw. die Erziehungswissenschaft von Widerstreit geprägt ist, der nicht einfach aufzulösen ist. Anspruch und Herausforderung des Faches Erziehungswissenschaft bestehen gerade darin, dass man bei den Fragen, wie Lernen zu begründen ist, worin ein gelungenes Leben zu sehen ist, was ein angemessenes pädagogisches Handeln ausmacht etc. etc., kaum Aussicht darauf hat weiterzukommen, wenn man sich nicht mit der Vielfalt der Antworten konfrontiert, die dazu formuliert worden sind.

Wenn in diesem Buch also von »Problem«, »Problemstellung« oder »Herausforderung« die Rede ist, so ist also nicht dasjenige gemeint, was aufzulösen oder zu überwinden ist. Der Vergleich mit einem Knoten ist womöglich hilfreich: Bei Knoten geht es sehr oft überhaupt nicht darum, sie aufzulösen. Im Gegenteil: Sie stellen wichtige Verbindungen her (z. B. zwischen Schnürsenkeln), sie bewahren Verwicklung und Komplexität auf (z. B. in der Mathematik) oder sie behalten für uns etwas ein (wie der Knoten im Taschentuch). Mit »Problemstellungen« lässt sich für die Erziehungswissenschaft Relevantes beschreiben und dem Denken zugänglich machen. So gesehen ist die Problemstellung das ABC erziehungswissenschaftlicher Theoriebildung. Sie hält die Sache im Visier, die zu bearbeiten ist. Die Entwicklung eines solchen Fokus ist Ziel dieser Einführung – und nicht das auflösende Erklären.

Zum Aufbau des Bandes

Der Band ist in drei Teile gegliedert, die aufeinander verweisen und dennoch unabhängig voneinander gelesen werden können. Der *erste Teil* trägt den Titel »Aspekte wissenschaftlicher Grundlegung«. Er verbindet wissenschaftsgeschichtliche und wissenschaftstheoretische Gesichtspunkte. Das *erste Kapitel* geht auf die Geschichte der Wissenschaft ein und rekapituliert wichtige Zäsuren und Entwicklungen rund um die abendländische Wissenschaftsvorstellung. Im *zweiten Kapitel* kommt die Pädagogik bzw. Erziehungswissenschaft genauer in den Blick. Es werden einige Aspekte zur Geschichte und Herausbildung des Faches beschrieben, insbesondere auch die Frage diskutiert, um was für eine Wissenschaft es sich eigentlich bei der Erziehungswissenschaft handelt. Das *dritte Kapitel* geht auf das wissenschaftliche Arbeiten ein im Hinblick auf die Frage, welche Operationen und Tätigkeiten des Denkens für dieses Arbeiten von besonderer Bedeutung sind. Der Fokus liegt daher auf der Bildung der Argumentationsfähigkeit.

Im *zweiten Teil* werden jene Begriffe vorgestellt, die im Fach als »Grundbegriffe« herangezogen bzw. diskutiert werden: »Erziehung«, »Bildung«, »Lernen«, »Kompetenz« und »Sozialisation«. Insgesamt zielt die Darstellung weniger darauf ab, mit diesen Begriffen einen fertigen erziehungswissenschaftlichen Grundbestand vorzustellen, als vielmehr deutlich zu machen, dass mit diesen Begriffen spezifische Problemstellungen formuliert werden (s. o.). Diese Problemstellungen sind es, welche die Erziehungswissenschaft vor beständige Reflexions- und Praxisaufgaben stellen. Dazu gehört selbst auch die Frage, in welcher Weise sich die Begriffe als »pädagogisch« begreifen lassen. Es ließen sich mit guten Gründen auch weitere Begriffe anführen (z. B. Beratung), die aus Gründen des Umfangs hier nicht berücksichtigt worden sind.

Für den Begriff der Erziehung im *vierten Kapitel* besteht eine zentrale Problemstellung darin, dass mit ihr ein widersprüchlicher Prozess von Freiheit und Zwang beschrieben wird. Im *fünften Kapitel* wird der Begriff der Bildung als humanistischer und moderner Begriff vorgestellt, der für das Versprechen der Verbesserung und Kultivierung des Menschen steht. Es wird aber auch gezeigt, dass und wie – aus historischer Perspektive – die Idee der Bildung selbst Prozesse der Modernisierung unterlaufen hat. Das *sechste Kapitel* hebt einen pädagogischen Begriff des Lernens von objektivistisch orientierten Lernbegriffen ab, indem insbesondere auf Aspekte der Sinngeladenheit und des Erfahrungsbezugs im Lernen eingegangen wird. Ausgehend von den PISA-Studien wird im *siebten Kapitel* die Frage aufgeworfen, inwiefern es sich beim Begriff der Kompetenz um einen pädagogischen Begriff handelt. Diese Frage wird im Horizont der Kritik diskutiert, die am Begriff der Kompetenz vorgebracht worden ist. Im *achten Kapitel* wird der Begriff der Sozialisation thematisiert. Im Zentrum steht, wie in Theorien der Sozialisation der Erwerb gesellschaftlicher Handlungsfähigkeit beschrieben wird – und welche Vorstellungen von »Gesellschaft« darin impliziert sind.

Der *dritte Teil* greift wichtige erziehungswissenschaftliche Problemfiguren auf, die einen Einblick in allgemein erziehungswissenschaftliche Diskurse geben und zu denen es jeweils umfängliche Auseinandersetzungen und Debatten gibt. Das *neunte Kapitel* befasst sich mit der erziehungswissenschaftlichen Problemfigur der Wirksamkeit. Kern des Kapitels ist die Einsicht, dass sich pädagogisches Handeln nicht in technologischer Manier vollzieht. Auseinandergelegt wird, was dies für erziehungswissenschaftliches Wissen und seine Übersetzung in Handlungszusammenhänge heißt.

Das *zehnte Kapitel* spannt einen Bogen von der Differenz zur Alterität – der Andersheit des Anderen oder Fremdheit. Ausgangspunkt ist, dass das Erziehungs- und Bildungssystem in Deutschland von Ungleichheiten geprägt ist. Was bedeutet dies für pädagogisches Denken und Handeln? Wie lässt sich vermeiden, dass wir unser Gegenüber in Raster einordnen, die wir uns von ihm gemacht haben? Das *elfte Kapitel* greift die Frage nach dem Menschen auf: Pädagogische Ansätze und Theorien sind mit bestimmten Menschenbildern verbunden, die immer auch machtvoll und begrenzend sind. Wie eine kritisch-anthropologische Reflexion vorzunehmen ist, wird im Kapitel einerseits anhand eines klassischen anthropologischen Ansatzes und andererseits an jüngeren transhumanistischen Ansätzen nachvollzogen. Zum Ende des Kapitels wird anknüpfend an jüngste kritisch-posthumanistische Debatten gefragt, wie der Begriff der Bildung in Zeiten der Klimakatastrophe und anderer Weltprobleme gedacht werden kann.

Wie anhand des knappen Überblicks deutlich werden kann, legt diese Einführung die Aufmerksamkeit auf grundlegende Problemstellungen der Pädagogik und Erziehungswissenschaft. Sie stellt unterschiedliche Deutungsangebote vor, wie mit diesen Problemstellungen umgegangen werden kann – wie diese gedacht werden können. Dabei finden klassische Positionen wie gegenwärtige Ansätze Berücksichtigung. Das Ziel besteht darin, Gedankengänge zu entwickeln, welche die Unterschiedlichkeit von wissenschaftlichen Denkweisen oder sogar den Widerstreit innerhalb der Erziehungswissenschaft sichtbar machen. Das ist es, was die Bezugnahme auf eine »Allgemeine Erziehungswissenschaft« ausmacht: die Arbeit an pädagogischen Vorstellungen, Begriffen und Theorien, so dass Kommunikation und Auseinandersetzung darüber möglich werden, welche Folgen es zum Beispiel hat, wenn wir einen Sachverhalt als »Bildung« oder als »Kompetenzentwicklung« beschreiben.

Die Allgemeine Erziehungswissenschaft übernimmt damit die Funktion, Statthalter unterschiedlicher Denkwege innerhalb des Faches zu sein. Indem sie vergangene und gegenwärtige Ansätze miteinander ins Gespräch bringt, eröffnet sie außerdem die Möglichkeit, neue pädagogische Deutungen und Theoretisierungen aufzunehmen.

Kapitel 1: Eine kleine Geschichte der Wissenschaft und ihrer Theorie

Wann haben Menschen damit begonnen, wissenschaftlich zu denken und zu fragen? Wie lässt sich ein solcher Zeitpunkt überhaupt bestimmen? Was macht allgemein eine wissenschaftliche Betrachtungsweise aus? Hier haben wir drei Fragen, die sich auf den Anfang von Wissenschaft beziehen. Nun: Wer solche Fragen stellt, hat sich schon in ein ›wissenschaftliches Fahrwasser‹ begeben; denn dazu gehört an erster Stelle, dass sich eine Frage auftut – dass man sich mit dem bisher Gedachten nicht zufriedengibt. Fragen führen das Denken über das hinaus, was zuvor gedacht worden ist. Zugleich steht das Fragen für ein Streben und Suchen nach Wissen. Man kann diese Suche nach Wissen als den Anstoß von Wissenschaft begreifen, die nur durch ein geordnetes und systematisches Verfahren erfolgreich verlaufen kann. Im Folgenden soll an drei Stationen der Wissenschaftsgeschichte dieser zentrale Gesichtspunkt des abendländischen Wissenschaftsprojekts beleuchtet werden.

Drei »Anfänge« der Wissenschaft

Für die Anfänge der wissenschaftlichen Betrachtungsweise blicken wir zurück auf die Antike, auf die vorsokratischen[2] Naturphilosophen zwi-

---

[2] So bezeichnet man diese Gruppe von Philosophen, die vor Sokrates gelebt und gewirkt haben. Die Werke und Gedanken der Vorsokratiker sind uns nur in Bruchstücken überliefert (vgl. Diels/Kranz 1989).

schen 600 und 350 vhZr³. Die Vorsokratiker waren darum bemüht, die Natur als Ganzes zu erfassen und den Grund der sichtbaren Welt aufzuklären. Thales (um 600 vhZr.) beispielsweise hielt das Wasser für den Urgrund aller Dinge und Wesen. In diese Erklärungsformel ging sicherlich die große Bedeutung des Wassers für den Erhalt des Lebens ein. Die Vorsokratiker lösten sich von den vielen konkreten Fragen und Interessen des praktischen Alltags. Mit dem *Blick auf das Ganze* etablierten sie eine neue Vorstellung von Wissen. Nicht konkrete Einzelphänomene standen im Vordergrund, sondern die grundlegenden Zusammenhänge der Welt.

Der griechische Philosoph Platon (427–347 vhZr.) formulierte diesen Begriff des »Wissens« nach den uns überlieferten Schriften als erster philosophisch aus (vgl. Platon 1990). Das griechische Wort dafür lautet *»episteme«*, und es ist in die deutsche Sprache in Wortbildungen um »Epistemologie« eingegangen, was »Erkenntnistheorie« bedeutet. Die *»episteme«* richtet sich auf ein Wissen unabhängig von situativen Eindrücken. Episteme beschreibt, wie eine Sache »von sich aus« ist. Dem steht die Orientierung an der so genannten »doxa« gegenüber, die beschreibt, wie eine Sache in einer konkreten Situation *erscheint*. Das Wort wird häufig mit »Meinung« übersetzt, weil wir damit kundtun, wie uns eine Sache erscheint. Die Orientierung an der Doxa kritisierte Platon an den so genannten Sophisten seiner Zeit. Diese zogen als Wanderlehrer umher, um ihre Schüler im freien Reden auszubilden; denn die Fähigkeit des Redens hatte in den aufblühenden demokratischen Stadtstaaten Griechenlands eine hohe politische Bedeutung. Im Kampf der Überzeugungen setzten die Sophisten auf ein situationsbezogenes Wissen, das sich am Erscheinen der Sache orientierte (also eine Ausrichtung an der Doxa).

Demgegenüber kann laut Platon nur das als Wissen gelten, was unabhängig von konkreten Einzelsituationen eine Sache oder einen Gegenstand kennzeichnet. Platon prägt damit die Vorstellung, dass das, was eine Sache ausmacht, unveränderlich ist, und er nannte dies »Idee« (griech.: *idea*). Mit Platon ließe sich in etwa so argumentieren: Nur wenn wir die Idee eines Kugelschreibers vor uns haben, können wir Ku-

---

3 Diese Abkürzung steht für »vor hiesiger Zeitrechnung«.

gelschreiber erkennen. Das Erkennen ist ein Wiedererkennen – und das funktioniert auch bei unterschiedlichen Größen, Fabrikaten und Farben. Die Ideen bilden nach Platon Grundlage und Ziel des Erkennens. In seinem berühmten Höhlengleichnis in der Staatsschrift »Politeia« beschreibt Platon den Weg der Bildung als Aufstieg aus dem Reich der Meinungen in das Reich des Wissens oder der Ideen (Platon 1990; vgl. dazu das Kapitel zu »Bildung«).

Um den Blick zu einem zweiten Anfang zu bahnen, müssen wir das Augenmerk darauf richten, wie in der Antike, aber auch im Mittelalter die Suche nach Erkenntnis noch in einer übergreifenden Ordnung eingebettet war (die am Übergang zur Neuzeit nach und nach ihre Geltungskraft verlor). In den übergreifenden und unveränderlichen Weltordnungen hatte der Mensch einen festen Platz. Im vom Christentum dominierten Mittelalter Europas war es die Schöpfungsordnung, die jedem Wesen und Ding seinen Platz in der Welt zuwies. Die Wissenschaft hatte darin die Funktion, diese als vollkommen verstandene göttliche Ordnung zu betrachten und zu bewundern. Abbildung 1 versinnbildlicht diese Vorstellung einer natürlichen Ordnung in Form einer Treppe, auf deren oberster Stufe Gott (»deus«) platziert ist. Der Mensch (»homo«) ist unter den Engeln und den Himmelskörpern positioniert. Nach ihm folgen die Tiere, Pflanzen und die unbelebte Materie. In diesem Schöpfungsmodell ist alles schon an seinem Platz, so dass die Funktion der Wissenschaft allein darin besteht, die göttliche Ordnung zur Geltung zu bringen. Erst zu Beginn der Neuzeit änderte sich das. An dieser Stelle können wir einen weiteren Anfang von Wissenschaft ausmachen.

Zu Beginn der Neuzeit vollzieht sich eine Radikalisierung der Wahrheitssuche, indem der Mensch in den Mittelpunkt des Erkennens einrückt. Das lässt sich beispielhaft an einem berühmten Buch von René Descartes zeigen. In seinen »Meditationen über die erste Philosophie«[4] spielt Descartes (1596–1650) durch, woran man alles zweifeln kann (Descartes 1986). Man kann an seiner Wahrnehmung zweifeln (z. B. vor dem Hintergrund optischer Täuschungen) oder man kann an seinem Wachzustand zweifeln: Vielleicht träume ich gerade nur? Im Durch-

---

4 »Meditation« ist der lateinische Begriff für »Überlegung« oder »Betrachtung«.

Drei »Anfänge« der Wissenschaft

Abb. 1: Eine natürliche Ordnung aller Dinge und Wesen (Holzschnitt nach Lullus 1512)

gang durch alle möglichen Zweifel endet Descartes bei der Einsicht, dass ungeachtet allen Zweifels eines unbezweifelbar ist: dass es im Moment des Zweifelns ein zweifelndes Ich gibt. Im Nachdenken erfährt sich das Ich als Grund des Erkennens.

Die philosophischen Betrachtungen von Descartes lassen die immense Aufwertung erahnen, welche fortan in die menschliche Verstandestätigkeit gelegt wird. Der Mensch rückt in das Zentrum des Erkennens. Ihm ist es möglich, durch den systematischen Einsatz seines Verstandes die Gesetze der Natur zu erforschen. Dafür aber muss er bereit sein anzuzweifeln, was er bisher als Wissen ansah, und sich der Welt prüfend annähern. Als eindrückliches Beispiel hierfür lassen sich die Experimente anführen, die Galileo Galilei (1564–1641) zur Ermittlung der Schwerkraft bzw. der Fallgeschwindigkeit durchführte. Durch das Hinabrollen einer Kugel auf einer schiefen Ebene ermittelte Galilei unter Variation der anderen Versuchsgrößen (Winkel der Ebene und Länge der Rollfläche) den systematischen Zusammenhang von Fallstrecke und Fallzeit.

Galileis Versuche sind ein gutes Beispiel dafür, wie der Mensch unter Einsatz seiner Verstandestätigkeit die Naturgesetze erschließt. Galilei prägte dabei eine Form und Vorgehensweise, die bis heute für das wissenschaftliche Arbeiten relevant ist: Im *Experiment* wird eine Versuchsanordnung erstellt, so dass verschiedene Verläufe des Versuchs vergleichbar werden. In Galileis Experiment zeigte sich dies am Verhältnis von Rollzeit und Rollstrecke. Diese beiden Größen korrelierten (unter Beibehaltung aller anderen Parameter, wie z. B. des Winkels der schiefen Ebene). Als Ergebnis aus seinen Versuchen formulierte Galilei das Fallgesetz, nachdem sich die Fallstrecke proportional zum Quadrat der Fallzeit verhält. Diese Forschungen markieren einen wichtigen Moment der Wissenschaftsentwicklung im Sinne einer systematischen empirischen[5] Erforschung der Natur.

Für die Wissenschaftsentwicklung sind die Experimente von Galilei noch in einer anderen Hinsicht bedenkenswert. Wie erwähnt steht am Ende des Experiments die mathematische Beschreibung der Natur, die einen wichtigen Schritt ihrer technologischen Nutzung darstellt. Man denke an die zahlreichen Anwendungen aus der Mechanik, z. B. zur Bewegung von Lasten. Galileis Erforschung der Fallgesetze hatte überdies unmittelbare Folgen für Waffentechnologie und Kriegsführung. Allgemein zeigte sich, dass der Mensch durch wissenschaftliche Forschungen ›praktische Probleme‹ lösen konnte, die sich vormals nicht genau beschreiben ließen. Mehr noch: Durch wissenschaftliches Forschen konnte der Mensch ganz neue Lösungen entwerfen, die vormals nicht im Visier waren. Damit aber drängen sich andere Probleme auf.

Mit dem wissenschaftlichen und technischen Fortschritt bestimmen sich die Möglichkeiten des menschlichen Handelns fortan immer weniger von den gegebenen Verhältnissen her. Der Mensch denkt nun von

---

5 Die Begriffe »Empirie« bzw. »empirisch« bezeichnen eben die an Galilei erläuterte Orientierung der Wissensbildung aus einem systematischen Umgang mit Erfahrungen.

dem her, *was alles möglich ist*. Anders gesagt: Der Mensch erweitert beständig das Spektrum des Denkmöglichen, ohne schon durchdrungen zu haben, was diese Möglichkeiten implizieren. Die Atomenergie ist ein markantes Beispiel: Ihre Entwicklung und Nutzung vollzogen sich, ohne dass der Umgang mit den Gefahren und Nachwirkungen dieser Technologie geklärt war. Ein wichtiger Hintergrund für diese Vorstellung des menschlichen Fortschrittsdenkens ist, dass der Mensch eine Position der Herrschaft und Verfügung über die Welt einnimmt.[6] Die Folgen dieser (von Europa ausgehenden) Selbstermächtigung sind weltgeschichtlich gravierend und haben längst ihre zerstörerische Seite sichtbar werden lassen.

Einen *dritten Anfang* oder Anstoß des wissenschaftlichen Nachdenkens können wir in der »Kritik der reinen Vernunft« (1781/1787) des Königsberger Philosophen Immanuel Kant (1724–1804) ausmachen, ein Buch, das ebenfalls als Klassiker der Wissenschaftstheorie gilt (Kant 1990). Kant stellte sich in diesem Buch die folgende Aufgabe: Die Philosophie sollte *ein für alle Mal* bestimmen, wie weit das Erkenntnisvermögen des Menschen reicht. Nach Auffassung Kants neigt der Mensch dazu, immer wieder nach Erkenntnissen zu streben, die sein Vermögen übersteigen. Es kommt dadurch zu Fehlschlüssen und Verwirrung. Aus diesem Grund muss nach Kant die *Grenze* bestimmt werden, wozu die menschliche Vernunft fähig ist und wo die Grenzen ihrer Erkenntnisfähigkeit liegen. Diese klärende kritische Darlegung der Reichweite des menschlichen Erkenntnisvermögens ist der Gegenstand von Kants Buch: Nachdem die Naturwissenschaft große Fortschritte erreicht hat, soll auch die Philosophie beginnen, ihre Forschung auf einen verlässlichen Boden zu stellen. Wenn einmal die Erkenntniswerkzeuge des Menschen richtig bestimmt sind, sollte sich ein Fortschritt der philosophischen Wissenschaft und Forschung abzeichnen.

Kant unternimmt sozusagen eine »Instrumentenanalyse«: Wie arbeitet der menschliche Verstand und was kann er leisten? Diese Frage wird

---

6 Dass dies eine Beherrschung und technologische Reduktion beinhaltet, stellte bereits Jan Amos Comenius (1592–1670) fest, der für eine Wissenschaft plädierte, die sich nicht über alles erhebt. Dies lässt sich in Klaus Schallers informativen pädagogischen Porträt über Comenius nachlesen (vgl. Schaller 2004).

auch als »kopernikanische Wende« bezeichnet. Gemeint ist damit: Wenn wir Wissen und Erkenntnis überprüfen wollen, müssen wir uns von den Gegenständen des Erkennens weg – dem erkennenden Subjekt zuwenden. Was wir erkennen, richtet sich nach unserer Ausstattung zu erkennen.[7]

Im Zusammenhang seiner Analyse arbeitet Kant heraus, dass der Mensch nur auf der Grundlage von Erfahrung erkennen kann. Das impliziert beispielsweise, dass der Mensch niemals wird Gott erkennen können. Zugleich stellt Kant im Rahmen seiner umfänglichen Untersuchung fest, dass der Mensch beim Erkennen Begriffe und Konzepte einsetzen muss, die selbst *nicht* aus der Erfahrung stammen. Dazu gehört der Begriff der Kausalität (also die Beziehung zwischen Ursache und Wirkung). Dass etwas eine Folge aus etwas anderem ist, kann nicht der Erfahrung entnommen werden. In der konkreten Erfahrung können wir immer nur jeweils feststellen, dass sich zwei Dinge zeitlich in Abfolge ereignen. Wir können natürlich Galilei folgend Fallexperimente durchführen und von hier aus Fallgesetzlichkeiten formulieren. Dessen ungeachtet, so Kant, stammt der Begriff der Kausalität nicht aus der Erfahrung, sondern ist Bestandteil unseres Denkens.

Kants philosophisches Programm macht darauf aufmerksam, dass »Kritik« eine wichtige Dimension von Wissenschaft und wissenschaftlicher Erkenntnis ist. Es ist nicht ausreichend, den Blick nur auf das zu richten, was erkannt werden soll. Eine weitere bedeutsame Dimension von Wissenschaft ist zu reflektieren, unter welchen Bedingungen und auf welchen Grundlagen das Erkennen sich vollzieht. Kant zeigt, dass wir uns bei unserem Erkennen immer durch Kategorien und Konzepte leiten lassen, die unser Wahrnehmen und Erkennen vorstrukturieren oder ausrichten. Wissenschaft darf also nicht nur als Prozess gedacht werden, der allein die »Erweiterung« von Wissen und Erkenntnissen betrifft. Sie zielt auch auf die Reflexion der Bedingungen, unter denen Wissen gebildet wird.

---

7 Kant parallelisiert diese Wende mit der astronomischen Wende von einem geozentrischen zu einem heliozentrischen Weltbild. Auch hier ging es um eine »Umänderung der Denkungsart«: von der Vorstellung, dass die Erde im Mittelpunkt liegt, hin zu der Vorstellung, dass sich die Erde in einer Bahn um die Sonne bewegt.

Die drei hier vorgestellten Anfänge – die Bildung eines Wissens in Abgrenzung von der Meinung bei Platon, die systematische und empirische Erforschung der Natur an der Schwelle zur Neuzeit wie auch die menschliche Vernunftkritik nach Kant – sind für die Entwicklung von Wissenschaft stark bestimmend gewesen. Dass alle diese Schritte auch für die Pädagogik bzw. Erziehungswissenschaft hoch relevant sind, wird unmittelbar deutlich, wenn man nach dem Weg der Einzelnen in die Wissenschaft fragt. Das ist die Frage danach, wie wir lernen und dieses Lernen und das aus ihm generierte Wissen überprüfen – eine genuin pädagogische Frage. Es wird nun nicht verwundern, dass die im vorausgehenden Abschnitt genannten philosophischen Figuren vielfach in der Erziehungswissenschaft diskutiert worden sind. Wie sich die Geschichte der Philosophie und der Pädagogik überlagern, wird im zweiten Kapitel weiterverfolgt werden. Im Folgenden soll die Geschichte der Wissenschaft im 20. Jahrhundert näher beleuchtet werden.

Das Projekt der Wissenschaftstheorie

Zu Beginn des 20. Jahrhunderts wurde der Ruf nach einer verbindlichen Wissenschaftstheorie laut. Es war der Ruf nach einer Theorie, die systematisch klar und eindeutig die Bedingungen bestimmt, wie wissenschaftliche Erkenntnisse und Wahrheiten gewonnen werden können. Mit den vorausgehenden Antworten der großen philosophischen Systeme, darunter auch der Philosophie Kants, war man nicht zufrieden. Es wurde kritisiert, dass es immer noch keine verbindliche theoretische Beschreibung von Wissenschaft gibt. Gottlob Frege (1848–1925) und Ludwig Wittgenstein (1889–1951), zwei wichtige Denker der Zeit, behaupteten sogar, die vorausgehende Philosophie hätte eher Hürden aufgebaut, indem sie die Sprache in unsinniger Weise verwendet habe. Wer zum Beispiel vom »Sein« oder vom »Nichts« spreche, der erzeuge durch diese Substantive rätselhafte Gegenstände. Die Philosophie schaffe sich damit eher Probleme, als dass sie welche löse. Außerdem bestehe das Problem der Sprache darin, dass sie sehr unterschiedliche Sachen mit dem gleichen Begriff bezeichne (z. B. »Bank« als Sitzmöbel oder Institution der Finanzwirtschaft), was die Klarheit des Denkens zusätzlich unterlaufe. Um den Weg der Wissenschaft zu bahnen, war nach Auffassung von Frege und Wittgenstein die Verwendung der Sprache zu *reglementieren*. Was nun als Projekt folgte, war die Entwicklung einer »Wissenschaftstheorie«, die solche Probleme vermeiden wollte. Diese Entwicklung soll im Folgenden knapp nachvollzogen werden. Dabei wird sich allerdings zeigen, dass das Projekt der Wissenschaftstheorie nicht zu dem beabsichtigten Ziel führte.

Mit dem Projekt der Wissenschaftstheorie ist eine Gruppe von Wissenschaftlern verbunden, die man als »Wiener Kreis« bezeichnet (vgl. Stöltzner/Uebel 2006). Diese Gruppe um den Philosophen und Physiker Moritz Schlick (1882–1936) ist im ersten Drittel des 20. Jahrhunderts anzusiedeln. Die Mitglieder des Kreises stammten aus verschiedenen Disziplinen (insb. aus der Philosophie, der Mathematik und der Physik). Was sie trotz ihrer unterschiedlichen Bezugspunkte einte, war das Anliegen, eine Fundierung der Wissenschaft durch die Logik und die Bindung an strenge methodische Verfahren voranzutreiben.

Die Position des Wiener Kreises wird als »Logischer Positivismus« beschrieben. Mit dem Namen ist schon der enge Bezug zur Logik als einer Formalisierung[8] des Denkens festgehalten. Der »Positivismus« steht für eine Position, die Wissen und Wissenschaft auf die Gegebenheit von Gegenständen begrenzt. Damit werden jene Gegenstände und Bereiche des Wissens außen vor gelassen, die sich nicht über Logik, Mathematik und naturwissenschaftliche Untersuchung beschreiben lassen. Der Wiener Kreis forderte überdies, sich in den Verfahren an vorhandenen (»positiven«) Methoden zu orientieren, um den gesamten Prozess der Untersuchung »kontrollieren« zu können und so zu verhindern, dass ein verwendeter Begriff die Untersuchung in unvorhersehbarer Weise ›beeinflusst‹.

---

8 Formalisierung des Denkens heißt: Ich betrachte einen Satz wie »Delfine sind Säugetiere« nur nach seinem logischen Gehalt: »Alle D sind S.« Sobald mir weitere Aussagen über »S« zur Verfügung stehen, ergeben sich daraus formallogisch Aussagen für »D«.

An der »Protokollsatzdebatte« lässt sich das wissenschaftstheoretische Programm des Wiener Kreises nachvollziehen. Wie schon gesagt orientiert sich die Position streng an einer genauen Verwendung der Sprache und an logischen Verfahren. Ein Kernanliegen ist dann, in möglichst genauer Weise festzuhalten, *was der Fall ist*. Moritz Schlick (1930, in Stöltzner/Uebel 2006) setzt bei »Beobachtungssätzen« an, die sich nur auf die je konkrete Situation, die beobachtet wird, beziehen sollen: »Dieses Glas Wasser hat eine Temperatur von 22°C« – wäre ein typischer Beobachtungssatz. Vor allem allgemeine Alltagsbeschreibungen und Begriffe, welche die je einzelne Beobachtung übersteigen, sollen dabei ausgeschlossen werden. Mit dieser Strategie soll die Wahrheit und Geltung von Beobachtungssätzen über Verifikation (Wahrheitsprüfung) an den beobachteten Situationen überprüfbar gemacht werden. Den eben angegebenen Beobachtungssatz könnte ich überprüfen, indem ich ein Thermometer in das Glas halte.

Es zeigte sich allerdings recht bald, dass die enge Bindung von Wahrheit an Beobachtungssätze Probleme aufwirft; denn die Begriffe, die verwendet werden, um eine vorliegende Situation zu beschreiben, übersteigen letztlich immer schon die singuläre Beobachtung. In Beobachtungssätzen ist immer schon mehr enthalten, als die Beobachtung hergibt. Das schlichte Beispiel des Wasserglases bezieht immer schon eine physikalische Vorstellung ein, die sich auf eine Temperaturskala, Normaldruckverhältnisse etc. bezieht. Alle diese Aspekte sind nicht Teil der Beobachtung selbst. Dementsprechend argumentiert Otto Neurath (1882–1945), dass jede Beobachtung immer auf eine Beobachterposition bezogen bleibt (vgl. Neurath 1932, in Stöltzner/Uebel 2006). Für die Erforschung von Wahrheit und Geltung muss dann die Beobachterposition als Teil der Beobachtung festgehalten, »protokolliert« werden. Dann aber kann die Beobachtung nicht mehr als Gewissheitsgrundlage betrachtet werden. Dass es mehrere Beobachterpositionen gibt, macht es nach Neurath vielmehr notwendig, die Operationen der Beobachtung in die Theoretisierung von Wissenschaft einfließen zu lassen. Die Lücke zwischen Sachverhalt und Beschreibung lässt sich also nicht einfach schließen.

Es ist immer wieder hilfreich, an diese Debatte des Wiener Kreises zu erinnern. Sie verdeutlicht, dass die Vorstellung, es gebe einen ›Boden der Tatsachen‹, problematisch ist. Genau dies ist dann der Ausgangspunkt des Wissenschaftsforschers Karl Popper (1902–1994), dessen Position als »Kritischer Rationalismus« bezeichnet wird. Popper wendet sich kritisch gegen den Versuch, Wissenschaft als Erkenntnisgewinn durch Verifikation – also zum Beispiel die Feststellung einer Übereinstimmung von Beobachtung und Beobachtungssatz – zu bestimmen (Popper 1996, 1997). Nach Popper hat das wissenschaftliche Forschen, aber auch der Alltagsverstand viel stärker zu berücksichtigen, dass der Mensch sich irren kann (Fallibilismus). Der Mensch sollte vielmehr, so Popper, seine Überzeugungen und Problemlösungen permanent kritisch überprüfen. Genau dieser Aspekt wird nun zum Grundzug des wissenschaftlichen Forschens: Wissenschaft richtet sich nicht auf eine Verifikation von Theorien, Sachverhalten etc. Vielmehr geht es darum, das eigene Nachdenken verschiedenen Situationen auszusetzen, mit denen herausgefunden werden kann, *ob ein Irrtum vorliegt*. Versuch und Irrtum sind nach Popper die angemessenen Instrumente, um wissenschaftlichen Erkenntnisfortschritt zu erlangen, weil wir niemals in den Besitz eines sicheren Wissens gelangen können. Poppers Position wird als »Falsifikationismus« bezeichnet.

Ein Beispiel, das immer wieder angeführt wird, um die Denkweise des Falsifikationismus zu erläutern, ist die Hypothese: »Alle Schwäne sind weiß.« Wir können uns vorstellen, dass ein solcher Satz von jemandem geäußert wird, der schon sehr viele Schwäne gesehen hat und nun versucht, diese Beobachtungen zu verallgemeinern. Popper kritisiert die Auffassung, man könnte durch Verallgemeinerung[9] der Wahrheit auf die Spur kommen. Nach Popper ist der Weg der Wissenschaft der Weg der Falsifikation – und das bedeutet, nach einem Schwan Ausschau zu halten, der nicht weiß ist. Sobald man auf nur *einen* schwarzen Schwan trifft, ist der Satz widerlegt.

Nach Popper hängt das Fortschreiten der Wissenschaft maßgeblich davon ab, dass sich die wissenschaftlich Forschenden kritisch mit dem bestehenden Wissen auseinandersetzen und dass sie dazu bereit sind, dieses Wissen im Prozess der Falsifikation wieder aufzugeben. Nun

---

9 Eine verallgemeinernde Erkenntnis wird als »Induktion« bezeichnet. Dabei wird von einzelnen Fällen auf alle Fälle geschlossen.

kann man aber fragen, wie weit ein solcher kritischer Geist reicht. Sollte auch die Falsifikation als etwas betrachtet werden, das eines Tages widerlegt werden könnte? Oder ist der »Falsifikation« der Rang eines wissenschaftlichen Prinzips einzuräumen, das nicht zu widerlegen ist? Solche Fragen verweisen darauf, dass eine begriffliche Abgrenzung der Falsifikation, die auf den ersten Blick so einleuchtend klingt, nicht ganz einfach ist.

Mit Bezug auf die so genannte *Duhem-Quine-These* lässt sich zeigen, dass auch der Falsifikationismus seine Probleme hat. Vereinfacht könnte man die These so umschreiben: Wenn die Beschreibung einer Sache nicht aufgeht, dann lässt sich nicht so einfach sagen, was der Grund dafür ist; denn in Beobachtungen gehen immer mehr Bedingungen ein als das, was wir im Sinne einer Theorie über das Beobachtete überprüfen möchten. Nehmen wir das oben angeführte Beispiel der weißen Schwäne, das darauf abzielt, eine Aussage über die Gefiederfarbe dieser Tiere zu machen. Das Erblicken eines schwarzen Schwans kann nicht einfach so interpretiert werden, dass die »Theorie« über die Gefiederfarbe falsch ist. Es ist zum Beispiel denkbar, dass das vorgefundene Tier gar kein Schwan ist, dass es nur *wie ein Schwan* aussieht. Was auch der Fall sein könnte, ist, dass jemand den Forschenden einen Streich spielen wollte und das Tier mit schwarzer Farbe besprüht hat. Denkbar sind auch optische Täuschungen etc. etc. Die Duhem-Quine-These besagt also: Wenn sich aus unserer Beobachtung ein Widerspruch auftut, dann lässt sich daraus nicht unbedingt folgern, dass es dieser oder jener Theorie- oder Sachzusammenhang ist, der falsch ist.

Dieser kurze Ausflug in die Entwicklung der Wissenschaftstheorie zeigt, dass die ursprüngliche Absicht, der Wissenschaft ein sicheres Fundament bereitzustellen, zur Revision eines (naiven) Empirismus geführt hat; denn nicht nur bleibt jede Beobachtung an die Position der Beobachtenden gebunden. Auch die Frage, wie eine Beobachtung auf Wissen und Erkenntnis zu beziehen ist, ist nicht selbstverständlich. Sobald nun diese Ungewissheiten und Probleme eingesehen sind, zeigt sich, dass das Projekt einer eindeutig verfassten Wissenschaftstheorie selbst problematisch ist. Die Forderung beispielsweise, sich nur an empirisch überprüfbaren Sätzen zu orientieren, erweist sich dann als *Reduktionismus*. Es werden einfach Gegenstände ausgeschlossen, die diesem Kriterium nicht entsprechen. Eine solche Vorgehensweise ist aber machtvoll und rigide, weil letztlich ein Urteil darüber enthalten ist, was wissenschaftlich bearbeitet werden darf und was nicht. Wer aber darf und soll darüber entscheiden, was Gegenstand einer wissenschaftlichen Reflexion werden kann?

Wissenschaft als historisches und soziales Projekt

Im vorausgehenden Abschnitt sind einige wichtige Schritte in der Entwicklung der Wissenschaftstheorie des 20. Jahrhunderts nachvollzogen worden. Dabei hat sich gezeigt: Die Wissenschaftstheorie fällt nicht als quasi-göttliches und einheitliches Wissen vom Himmel. Es gibt unterschiedliche und einander widerstreitende Positionen und Ansätze. Ein Projekt, das auf Einheitlichkeit aus war, endet in der permanenten Auseinandersetzung und Kritik hinsichtlich seiner Grundlagen. Dabei sind selbstverständlich auch Fortschritte erzielt worden – man weiß nun mehr über die Tücken der Verifikation. Im letzten Abschnitt ist überdies angesprochen worden, dass Wissenschaft auch eine Frage der Macht ist. Dass Wissenschaft nicht nur durch äußere Bedingungen Einschränkungen erfährt, sondern dass auch innerwissenschaftlich Widerstände und Machtverhältnisse relevant sind, wird im Folgenden betrachtet.

Der Wissenschaftsforscher und Immunologe Ludwik Fleck (1896–1961) stellt in seiner Studie »Entstehung und Entwicklung einer wissenschaftlichen Tatsache« die These auf, dass es nicht reicht, Forschung nur als Operieren von Begriffen und Theorien zu verstehen. Wissenschaft ist nach Fleck sozial organisiert und kann ohne diese soziale Organisation nicht angemessen verstanden werden. Fleck erläutert seine Überlegungen an der Entdeckung des Syphilis-Krankheitserregers. Ohne den Bezug auf einen vorhandenen Wissensbestand hätte die »Entdeckung« des Erregers keinen Sinn ergeben. Genau wie bei der Aussage »dieses Buch ist größer« (Fleck 1980: 54) bedarf es eines Bezugspunktes (zum Beispiel

›als DIN A5‹), um eine Sinnbeziehung herzustellen. In der Wissenschaft wird diese Sinnbeziehung durch das so genannte »Denkkollektiv« gestiftet. Mit ihm bezeichnet Fleck »die Gemeinschaft der Menschen, die im Gedankenaustausch oder in gedanklicher Wechselwirkung stehen«, einen »Träger geschichtlicher Entwicklung eines Denkgebietes, eines bestimmten Wissensbestandes und Kulturstandes, also eines besonderen Denkstils« (ebd.: 54f.). Der Fortschritt des Erkennens ist also immer bezogen auf den jeweiligen Stand des wissenschaftlichen Gebiets, in dem die Forschungsarbeit unternommen wird.

An einem Beispiel aus der Medizingeschichte können wir uns Flecks Überlegungen zum Denkkollektiv veranschaulichen. Der Arzt Ignaz Semmelweis (1818–1865) ging im Jahr 1846 mysteriösen Todesfällen auf der Geburtshilfe-Station am Wiener Allgemeinen Krankenhaus nach. Während in der einen Abteilung der Station ca. 10% der Mütter am Kindbettfieber starben, waren es auf der benachbarten Station, die von Hebammen geführt wurde, nur ca. 3%. Semmelweis untersuchte die Verstorbenen und machte kurz darauf die Entdeckung, dass ein verstorbener Gerichtsmediziner, der mit einem Skalpell verletzt worden war, die gleichen Entzündungssymptome aufwies wie die verstorbenen Mütter. Tatsächlich waren in der ersten Abteilung der Geburtshilfe-Station Medizinstudenten tätig, die zwischen dem Kreißsaal und dem Obduktionssaal hin und her wechselten. Diese arbeiteten mit bloßen Händen und ohne Handdesinfektion – denn die Vorstellung von Hygiene und das Wissen von Krankheitserregern gab es noch nicht. Mit Semmelweis' Forderung, dass sich die Ärzte die Hände vor der Untersuchung und Behandlung der Gebärenden reinigen sollten, sank unmittelbar die Sterblichkeitsrate. Dennoch wurden diese Erkenntnisse Semmelweis' von der Ärzteschaft nicht anerkannt. Mag der Widerstand der Ärzte auch mit der Abwehr zu tun gehabt haben, dass sie selbst für den Tod der Mütter verantwortlich waren, so lässt sich dieser auch über das »Denkkollektiv« Flecks verständlich machen: Die medizinische Tätigkeit war eingebettet in die bestehenden Wissenszusammenhänge und Arbeitsroutinen, so dass für neue Wissen sozusagen kein Platz war. Erst ca. 30 Jahre später wird Robert Koch den Zusammenhang von Wundinfektionen und Krankheitserregern herstellen. Ignaz Semmelweis, der heute als »Retter der Mütter« gefeiert wird, stürzte aufgrund der Abwehr und verweigerten Anerkennung seiner Erkenntnisse in tiefe Depressionen (vgl. Kissel 2018).

Mit dem Denkkollektiv beschreibt Fleck, dass Wissenschaftler*innen eines Forschungsgebiets die Art und Weise teilen, wie sie ihre Probleme wahrnehmen bzw. begrifflich fassen und mit welchen Methoden sie an diese Probleme herangehen. Es handelt sich um einen spezifischen Denkstil, der in einem anderen Wissensgebiet oder zu einer anderen Zeit ganz anders gelagert sein kann. Man sieht, dass die soziale Organisation des Denkkollektivs einen maßgeblichen Einfluss darauf hat, *was* erforscht wird und *wie* geforscht wird. Wie bereits gesagt, kann es passieren, dass auf der Grundlage dieser Organisation von Wissenschaft neuartige Perspektiven unterbunden werden. Jemand mit abweichenden Konzepten und Verfahrensweisen riskiert, von der etablierten Wissenschaftsgemeinschaft ignoriert zu werden.

Natürlich ist Fleck nicht der Auffassung gewesen, dass Denkkollektive unveränderlich sind. Die wissenschaftlichen Meinungssysteme können sich wandeln. Das geschieht aber nur zögerlich, da man an ihnen als gemeinsam geteilter Grundlage der Forschung festhält. Beim Auftreten neuer Ansätze besteht die erste Strategie eher darin, die neuen Vorstellungen in das bestehende Denkkollektiv zu integrieren. In einem Streit zwischen einem heliozentrischen (»*helios*« – Sonne) und einem geozentrischen (»*ge*« – Erde) Weltbild kann man zum Beispiel Letzteres dadurch aufrechterhalten, dass die Planetenbahnen über zusätzliche kleine Kreisbahnen (Epizykeln) beschrieben werden.

Was Fleck und später auch andere Forscher der Wissenschaftsgeschichte, wie z. B. Thomas Kuhn (1922–1996) herausgearbeitet haben, ist also die Gebundenheit von Wahrheit und Erkenntnis an das jeweilige Denkkollektiv, bei Kuhn: die »herrschende Normalwissenschaft« (Kuhn 1976). Erst wenn das herrschende Paradigma der Zeit mit vielen Problemen und Herausforderungen konfrontiert wird, z. B. durch empirische Messungen, kommt es zu einem, mit Kuhn gesprochen, »Paradigmenwechsel«. Beide Denker, Fleck und Kuhn, beschreiben die historische Relativität der Wissenschaft. Wissenschaftliche Verfahren und Konzepte haben sich im Zusammenhang spezifischer Denkkollektive bzw. Paradigmen entwickelt. Hätten sich Letztere anders entwickelt, würde die Wissenschaft heute anders aussehen.

Nachdem die Geschichtlichkeit der Wissenschaft in den Blick genommen wurde, soll der Aspekt der sozialen Organisation noch etwas vertieft werden. Der französische Soziologe Pierre Bourdieu (1930–2002) hat sich in seinen Studien der sozialen Welt auch mit dem Feld der Wissenschaft beschäftigt (vgl. Bourdieu 1988). Felder lassen sich laut Bourdieu mit Spielfeldern vergleichen (vgl. Bourdieu/Wacquant 2006). Die Position, die man in einem Feld hat, also ob man einen günstigen Standpunkt hat oder nicht, hängt davon ab, wo die anderen stehen. Das wissenschaftliche Feld wird dadurch zusammengehalten, dass sich Akteure zueinander in ein Verhältnis setzen: Sie konkurrieren (z. B. um begehrte Positionen), sie tun sich zusammen (z. B. zur Etablierung eines neuen Forschungszweigs) oder sie ignorieren sich (Verweigerung der wissenschaftlichen Anerkennung).

Bourdieus soziologische Beschreibung der Wissenschaft vertieft die Einsicht Flecks in die Machtförmigkeit von Wissenschaft. Bourdieu bleibt allerdings nicht beim Konzept des »Denkkollektivs« stehen. Sein Begriff des »Feldes« beschreibt die dynamischen Relationen innerhalb der Wissenschaft, weil die Akteure permanent daran arbeiten, ihre eigene Positionierung im Feld zu verbessern. Die Machtförmigkeit des wissenschaftlichen Feldes lässt sich zum Beispiel anhand folgender Fragen markieren: Wer publiziert in den renommierten Zeitschriften? Wer erhält die meisten Forschungsgelder? Wem werden wissenschaftliche Preise und Auszeichnungen verliehen? Die wissenschaftliche Anerkennung der Akteure im Feld wird durch spezifische Strukturen bzw. Relationen im Feld moderiert. Und man kann sich vorstellen, dass derjenige, der einen Preis erhalten hat, sich auch bei der nächsten Gelegenheit als erfolgreich erweisen wird, ohne sich vielleicht in derselben Weise fachlich beweisen zu müssen wie andere Akteure im Feld.

Für jene, die sich erstmals eingehender mit Wissenschaftstheorie und Wissenschaftsforschung auseinandersetzen, klingt es zunächst unglaublich, dass »Wissenschaft« so stark über solche machtvollen Strukturen der Anerkennung organisiert ist. Die Vorstellung ist wohl meist, dass das wahre Wissen sich *wie von selbst* durchsetzt: Wir stellen uns das Wissen als etwas vor, das ganz unabhängig von den sozialen Situationen existiert. Wie zu Beginn des Kapitels deutlich wurde, geht diese Vorstellung auf Platon und seine Beschreibung von Wissen als *»episteme«* zurück. Die jüngeren Ansätze der Wissenschaftsforschung weisen allerdings darauf hin, dass wir das Wissen stärker im Kontext seiner geschichtlichen und sozialen Bedingungen betrachten müssen. Dies verweist auf ein enges Verhältnis von »Wissenschaft« und »Kritik«: Wissenschaft ist nicht nur auf das beständige Überprüfen ihrer bisherigen Erkenntnisse angewiesen. Sie hat sich auch reflexiv auf die historischen und gesellschaftlichen Bedingungen ihrer Arbeit zu beziehen.

Kapitel 2: Zur Umstrittenheit der Erziehungswissenschaft

Im ersten Kapitel sind verschiedene Stationen der Entwicklung des abendländischen Wissenschaftsverständnisses dargestellt worden. Es wurden auch verschiedene Denklinien der Wissenschaftstheorie des 20. Jahrhunderts entfaltet und außerdem die historischen und sozialen Dimensionen von Wissenschaft beleuchtet. Ein wichtiges Ergebnis des ersten Kapitels ist, dass sich die Entwicklung der Wissenschaft nicht als zunehmende Annäherung an die *eine* Wahrheit begreifen lässt. Die Geschichte und Entwicklung der Wissenschaft ist vielmehr von Auseinandersetzungen darüber durchzogen, auf welcher Grundlage Wissen gebildet wird, das fortan als »wahr« angesehen werden soll. Auch heute ist Wissenschaft in Machtverhältnisse eingebunden, was sich eindrücklich an Förder- und Finanzierungsstrukturen von Wissenschaft zeigt, die stark an ökonomischer Verwertbarkeit ausgerichtet sind. Es gibt aber auch innerwissenschaftliche Auseinandersetzungen um die Wahrheit des Wissens, wie an der Entstehung der »Wissenschaftstheorie« nachvollzogen wurde.

Bei der Erziehungswissenschaft beginnt die Auseinandersetzung bereits bei der Frage, was für ein Wissen sie bereitstellt. Diese Auseinandersetzung darüber dauert bis heute an. Es gibt dazu verschiedene Positionen oder, wie man mit Thomas Kuhn sagen könnte, Paradigmen. Mit der Erziehungswissenschaft sind also sehr unterschiedliche Wissenschaftsentwürfe verbunden. Beispielhaft an Fragen des »Lernens« formuliert: Man kann sich dem Lernen über philosophische Reflexionen zur menschlichen Erfahrung annähern. Das ist aber nur eine Möglichkeit. Unter zahlreichen anderen Annäherungen wären auch Experimente denkbar, um zu ermitteln, wie Menschen mit verschiedenen Materialien lernen. In diesem Kapitel sollen zentrale Paradigmen der Erziehungswissenschaft vorgestellt werden. Des Weiteren sollen einige Stationen der Entwicklung des Fachs Erziehungswissenschaft skizziert werden. Dass es unterschiedliche Auffassungen darüber gibt, was »Erziehungswissenschaft« ist, erkennt man schon am Streit um ihren Namen. Man schaue z. B. auf die Landschaft der unterschiedlichen Studiengänge in Deutschland. Diese tragen sehr unterschiedliche Bezeichnungen: »Pädagogik«, »Erziehungswissenschaft« oder auch der Plural »Erziehungswissenschaften«, »Bildungswissenschaft« oder »Bildungsforschung«. In dieser Einführung wird vorrangig der Begriff »Erziehungswissenschaft« verwendet, allerdings nicht im Sinne eines einheitlichen Wissenschaftsentwurfs. Mit »Erziehungswissenschaft« wird in diesem Buch eine Haltung beschrieben, die sich offen und reflexiv darauf einlässt, dass es eine Vielzahl von erziehungswissenschaftlichen Annäherungen und Denkrichtungen gibt. Wichtiger als sich in die Nische einer Denkrichtung oder eines Paradigmas zurückzuziehen, ist, sich mit dieser Unterschiedlichkeit auseinanderzusetzen und zu ermitteln, welche Erkenntnisse durch die jeweiligen Denkrichtungen ermöglicht werden und wo deren Grenzen liegen. Darin besteht eine zentrale Aufgabe der Allgemeinen Erziehungswissenschaft.

Zur Geschichte und Entwicklung der Erziehungswissenschaft

Die Anfänge des pädagogischen Denkens haben sich bereits im ersten Kapitel angedeutet, als nach den Anfängen des wissenschaftlichen Nachdenkens gefragt wurde. Diese liegen im Horizont der westlichen Denktraditionen in der griechischen Antike.[10] Zunächst kann überraschen, im Bereich der Pädagogik von einem Anfang zu sprechen: Wurde denn

---

10 Nur am Rande sei hier erwähnt, dass sich der Abschnitt auf die abendländische Denktradition begrenzt. Andere Traditionen, wie zum Beispiel des Fernen Ostens, haben ebenfalls systematisch Aspekte der Erziehung reflektiert.

die nachfolgende Generation nicht immer schon erzogen und also auf das spätere Leben vorbereitet? Hat es also nicht schon immer ein pädagogisches Nachdenken gegeben? Es lässt sich zeigen, dass eine lange Zeit »Erziehung« und »Bildung« keine »fragwürdigen« Phänomene waren, die einer systematischen Untersuchung bedürftig erschienen. Sie waren als selbstverständliche Prozesse in Sitten und Traditionen eingelagert, die in ihrer Geltung unbefragt waren. Erst dort, wo die eigene Lebensweise nicht mehr als selbstverständlich wahrgenommen wurde und wo die Frage nach den Begründungen der eigenen Lebensführung auftauchte, formierte sich die Frage nach Erziehung und Bildung als wissenschaftliche Frage.

In der griechischen Antike etablierte sich pädagogisches Nachdenken gleichzeitig mit dem Entstehen des philosophischen Nachdenkens über eine sinnvolle Gestaltung des eigenen Lebens. Die Fragen, wie das eigene Leben zur »Erfüllung« gelangt und welches Wissen dafür den Weg ebnet, wurden gleichermaßen als philosophische wie pädagogische Fragen verstanden. Diese Fragen waren nicht auf die ›Lebenspläne‹ von Einzelnen beschränkt. Vielmehr waren sie mit der Frage der Gestaltung des Zusammenlebens verbunden: In den griechischen Stadtstaaten bildeten sich im Rahmen der Frage, wie das gemeinsame Leben organisiert werden sollte, Praxen der gemeinsamen Beratung und Entscheidungsfindung heraus. Damit aber die freien Bürger[11] in der Polis diese Aufgabe übernehmen konnten, kam es darauf an, gut argumentieren zu können, also Wissen sinnvoll gliedern zu können, um andere von der eigenen Auffassung überzeugen zu können. Die im ersten Kapitel bereits genannten Sophisten waren jene, welche dazumal beanspruchten, diese Fähigkeiten zu lehren.

Diese wenigen Hinweise belegen den engen Bezug zwischen pädagogischem Nachdenken und philosophischer Reflexion. Pädagogik und Philosophie überlagern sich in den Bereichen der Ethik und der politi-

---

Dies verweist indes auch auf einen anderen Wissenschaftsbegriff als der hier anhand von Platon im ersten Kapitel entwickelte.

11 Es muss kritisch angefügt werden, dass zu den »freien Bürgern« nur die Männer gehörten. Die Sklaven waren ebenso ausgeschlossen wie die Frauen und die Kinder.

schen Philosophie, weil es dort um die Fragen nach der Lebensführung des Menschen geht. Sie spielen aber auch für die Metaphysik eine wichtige Rolle: Das ist jener Teilbereich der Philosophie, der die Möglichkeiten und die Grundlagen des menschlichen Wissens diskutiert. Die enge Verbundenheit der Pädagogik mit Aspekten der Politik, Ethik und Metaphysik ist bis heute von immenser Bedeutung. Wenn beispielsweise in heutiger Zeit Inklusion im Sinne der Ermöglichung der Teilhabe aller Menschen an gesellschaftlich organisierter Bildung gefordert wird, so berührt dies elementar Fragen des Zusammenlebens (Ethik), der Gerechtigkeit (z. B. von bisherigen institutionellen Strukturen der Schule; Politik) und weitergehenden Sinnbestimmungen der menschlichen Existenz (Metaphysik).

Die enge Bindung pädagogischer Fragestellungen an die Fragen der Lebensführung (verbunden mit der Frage nach einer »vernünftigen Gestaltung« der Gesellschaft) bildet einen roten Faden, der bis zu den neuzeitlichen Traditionen pädagogischen Nachdenkens reicht. Mit dem Erstarken von Aufklärung und Vernunftorientierung im 18. Jh. entwickelte sich die Idee einer bürgerlichen Gesellschaft, in der alle Menschen als frei und gleich gelten. Die Pädagogik war ein wesentlicher Teil dieses Modernisierungsprozesses: Sie begründete nicht nur systematisch die dafür relevanten Konzepte von Erziehung und Bildung; mit der Entwicklung eines allgemeinen Schul- und Unterrichtswesens war (und ist) sie aus institutioneller Sicht wesentlich an der Realisierung dieses Gesellschaftsmodells beteiligt. Von hier aus wird es nicht verwundern, dass pädagogische Fragen seit dem 18. Jh. zunehmend zum Gegenstand wissenschaftlicher Betrachtungen und Abhandlungen wurden.

Mit der Aufklärung entwickelte sich demnach eine wissenschaftliche Auseinandersetzung um pädagogische Fragen; allerdings führte dies noch nicht dazu, dass sich die »Pädagogik« als Wissenschaftsdisziplin etablierte. In den Universitäten, die sich seit dem Mittelalter herausbildeten, gab es zunächst drei zentrale Fakultäten, also Wissenschaftsabteilungen, die auf bestimmte Berufsfelder bezogen waren: Theologie, Jurisprudenz und Medizin. Eine vierte Fakultät (Artistenfakultät, später als Philosophische Fakultät bezeichnet) bereitete auf Wissenschaft vor. An der Universität Halle wurde zwar ein erster Lehrstuhl für Pädagogik eingerichtet, dessen Inhaber im Jahr 1779 kurzzeitig Ernst Christian

Trapp wurde. Der Lehrstuhl war allerdings an der Theologischen Fakultät angesiedelt, was letztlich auch die Grenzen der Neuausrichtung aufscheinen lässt.[12]

Die Pädagogik bzw. Erziehungswissenschaft als eigenständiges Fach an der Universität etablierte sich erst Anfang des 20. Jh.; denn damit sich ein Wissensgebiet als eigenständiges Fach entwickeln kann, müssen einige Voraussetzungen erfüllt sein. Zunächst einmal müssen genügend »Mitglieder« in dem Wissensgebiet vorhanden sein, die im gesamten Kreis der Wissenschaft die Bedeutung des Gebiets vertreten und an dessen Weiterentwicklung arbeiten. Sie benötigen dazu gemeinsame Foren des sachlichen Austauschs und geteilte Wissensgrundlagen. Diesen Zweck erfüllen insbesondere fachwissenschaftliche Publikationen: Während Lexika und Handbücher die Grundlagen des Wissensgebiets fassen, werden in Fachzeitschriften aktuelle gemeinsame Fragen behandelt. Die wissenschaftliche Literatur der Pädagogik entwickelte sich seit dem 18. Jh., ohne dass die Pädagogik als eigenständiges und von den anderen Disziplinen abgetrenntes Fach verstanden wurde. Es musste sich zunächst das Bewusstsein bilden, dass für Pädagogik eine eigene wissenschaftliche Qualifikation nötig ist.[13]

Es ist an dieser Stelle nicht möglich, die Entstehung des Fachs detaillierter zu verfolgen. Nur so viel: Erst in der Weimarer Zeit vollzog sich die Verankerung an den Universitäten. Es gab dann Unterbrechungen der Entwicklung zur Zeit des Nationalsozialismus, welche mit der nationalsozialistischen Ideologie (und der Entlassung von jüdischen und politisch unerwünschten Wissenschaftler*innen), aber auch mit der disziplinären Nachbarschaft bzw. Konkurrenz der Psychologie zu tun hatte. Nach dem Zweiten Weltkrieg kam es dann zu einer Expansion des Fachs, was sich an der Zahl von Professuren in Westdeutschland sehr

---

12 Die pädagogischen Denker der Zeit waren in dieser oder auch in der Philosophischen Fakultät verortet, also in jenen Bereichen, die – wie bereits beschrieben – mit Fragen der menschlichen Lebensführung und Gestaltung betraut waren.

13 Dazu muss man wissen, dass an der Universität mit einem jeweiligen Fachgebiet an einer Fakultät auch die entsprechenden Qualifikationen verbunden sind: Der Doktorgrad ist bereichsspezifisch ebenso wie die Habilitation, mit der die Lehrbefugnis an Universitäten vergeben wird.

gut nachvollziehen lässt: von 19 im Jahr 1945/46 zu 62 im Jahr 1965 (vgl. Horn 2003: 156). Für das Jahr 1964 ist ein weiteres wichtiges Ereignis zur Konsolidierung des Faches zu verzeichnen: In der BRD wird eine Fachgesellschaft gegründet, welche sich der Förderung von Wissenschaft und Forschung, Bildung und Erziehung auf dem Gebiet der wissenschaftlichen Pädagogik verpflichtet: die *Deutsche Gesellschaft für Erziehungswissenschaft*.

Wer verstehen will, wieso das Fach »Erziehungswissenschaft« in der zweiten Hälfte des 20. Jh. an Bedeutung und Größe gewann, muss sich die gesellschaftlichen Veränderungen zu dieser Zeit vor Augen führen. In den 1960er Jahren kam *erstens* eine unvergleichliche Bildungsexpansion als Reaktion auf den steigenden Bedarf qualifizierter Arbeitskräfte in Gang. Im Lichte der öffentlich debattierten »Bildungskatastrophe« (Picht 1965) vollzog sich eine Modernisierung und Öffnung des Bildungssystems; denn zu dieser Zeit wurden höherwertige Abschlüsse nur von einem kleinen Anteil der Bevölkerung erreicht. Wenn man sich klar macht, dass eine solche Bildungsexpansion eine Bereitstellung von mehr Lehrpersonal erfordert, das ausgebildet werden muss, so wird damit auf einen Schlag deutlich, dass aus einer solchen Bildungsreform ein starker Schub für die Erziehungswissenschaft als Fach resultierte.[14]

Ein *zweiter Aspekt*, der Fragen von Erziehung in die öffentliche Aufmerksamkeit rückte und damit das Fach Pädagogik bzw. Erziehungswissenschaft in seiner Bedeutung unterstrich, ist die Auseinandersetzung mit dem Verdrängen und Vergessen der nationalsozialistischen Vergangenheit. Ende der 1960er Jahre fragte die nachwachsende Generation nach der Verstrickung der Eltern- und Großelterngenerationen in den Nationalsozialismus. Es ging um die gesellschaftlichen und personellen Kontinuitäten nach dem Ende des Regimes und die Abwehr von Verantwortung und Schuld für ein unvergleichliches Verbrechen gegen die

---

14 Dieses Wachstum sei exemplarisch an der Zahl von Hochschulprofessuren im Bereich der Erziehungswissenschaft nachvollzogen. Im Jahr 1982 waren laut Datenreport von 2006 (Kaufmann/Merkens 2006) insgesamt 1.670 Professuren an deutschen Hochschulen der Erziehungswissenschaft zugeordnet. Nach dem Datenreport von 2016 sank diese Zahl allerdings im Jahr 2005 auf 861. Seit 2010 gibt es wieder einen Anstieg, so dass die Anzahl im Jahr 2014 bei 1.011 lag (vgl. Gerecht et al. 2016).

Menschlichkeit. In diese Fragen gingen auch kritische Einwände und Revolten gegen die immer noch an Disziplin und Dominanz orientierte Erziehung ein (Adorno 1971). Es wurde diskutiert, welchen Anteil eine solche Erziehung an der Entstehung und Verbreitung des Nationalsozialismus gehabt hatte. Die daraus sich ergebende Frage war: Wie muss Erziehung gedacht werden, um Mündigkeit und demokratisches Zusammenleben zu befördern?

Neben den Aspekten der Bildungsreform und der gesellschaftlichen Transformationen um »1968« soll als ein *dritter Aspekt* die Veränderungen des Wohlfahrtstaats seit den 1970er Jahren angeführt werden. Die Veränderungen des Wohlfahrtstaats, die sich an Arbeitsmarktreformen und veränderten Sozialgesetzgebungen nachvollziehen lassen, hatten (und haben) unmittelbar Folgen für pädagogische Berufsfelder. Wenn sich zum Beispiel der Arbeitsmarkt zusehends in Richtung einer leistungsbasierten Ökonomie verändert, so hat dies einen großen Einfluss auf die Weiterbildung. Der Ausbau von Institutionen früher Bildung im Horizont internationaler Wettbewerbsfähigkeit kann als gegenwärtiges Beispiel herangezogen werden, um eine Verschiebung von der Vorstellung sozialer Sicherung im Wohlfahrtsstaat zu einem individualisierten Risikomanagement in spätkapitalistischen Zeiten nachzuvollziehen. Die Finanzdefizite öffentlicher Haushalte und die Ausbreitung eines globalen Kapitalismus sind für diese Veränderungen bedeutsam.

Die hier nur knapp dargelegten gesellschaftlichen Entwicklungen um die Bildungsreform, die 68er-Bewegung und die Transformationen des Wohlfahrtstaats lassen die umfassenden Prozesse der Modernisierung erahnen, die sich im Bildungs- und Erziehungsbereich in den letzten ca. 60 Jahren vollzogen haben.[15] Deutlich wird auch, dass das Bildungs- und Erziehungssystem eine wichtige Schnittstelle von Ökonomie, Politik

---

15 Dass die Geschichte der Disziplin mit dem Fokus auf Westdeutschland wiedergegeben wird, hat maßgeblich damit zu tun, dass nach der Wiedervereinigung der Wissenschaftsbetrieb der DDR in den der BRD integriert und aber auch ›abgewickelt‹ wurde. Dieser Punkt ist auch im Zusammenhang der ideologischen Durchdringung von Wissenschaft zur Zeit der SED-Diktatur zu sehen. Dessen ungeachtet steht eine Aufarbeitung und Erforschung dieses Schritts für die Disziplin- und Wissenschaftsgeschichte Deutschlands weitgehend aus (vgl. Jergus 2017a).

und Gesellschaft darstellt; denn Ersteres ist verantwortlich, um Qualifizierung und Teilhabe für die Gesellschaftsmitglieder zu ermöglichen bzw. zu sichern. Von ihm hängt also die Bereitstellung qualifizierter Kräfte für den Arbeitsmarkt ab. Das Erziehungs- und Bildungssystem tritt schließlich auch als der Ort hervor, auf den bezogen Auseinandersetzungen um Bildungsungleichheit oder politische Indoktrinierung geführt werden. Alle diese Aspekte unterstreichen die Bedeutung, welche der Erziehungswissenschaft als wissenschaftlicher Disziplin zukommt. Der Aufstieg des Faches »Erziehungswissenschaft« ist also im engen Zusammenhang dieser Modernisierungsprozesse zu sehen.

Was für eine Wissenschaft ist die Erziehungswissenschaft?

In die Zeit der Expansion und Ausdifferenzierung des Faches seit den 1960er Jahren fielen auch zentrale Auseinandersetzungen um den Wissenschaftscharakter der Erziehungswissenschaft. Eine im Fach Soziologie geführte Auseinandersetzung war auch für die Erziehungswissenschaft wichtig: der so genannte »Positivismusstreit in der deutschen Soziologie« (Adorno 1972), der kurz skizziert wird. Der Konflikt entzündete sich 1961 auf einer Arbeitstagung der *Deutschen Gesellschaft für Soziologie*. Bei diesem Streit standen sich Vertreter des kritischen Rationalismus (Karl Popper und Hans Albert) und Vertreter einer kritischen Theorie der Gesellschaft, der so genannten Frankfurter Schule (Theodor W. Adorno, Jürgen Habermas; im Weiteren »Kritische Theorie«) gegenüber. Die Debatte ist interessant, weil beide Positionen einen Kritikanspruch anmelden, der aber sehr unterschiedlich gelagert ist.

Karl Popper trat in seinem Tagungsbeitrag für eine werturteilsfreie und hypothesengeleitete Wissenschaft ein, die sich am Theorem der Falsifikation orientiert. Ein ganz wesentlicher Referenzpunkt ist für Popper das Verhältnis von Wissen und Nicht-Wissen, ein Verhältnis, das der Mensch niemals wird austarieren können; denn die Grenzlinie von Wissen und Nicht-Wissen verschiebt sich permanent. Man dachte, man wisse, wie Schwäne aussehen, und dann kommt es doch ganz anders. Für Popper ist der Kern der Wissenschaft deswegen der Umgang mit »Problemen«, in denen wir uns systematisch und offensiv mit den Grenzen unseres Wissens auseinandersetzen. Ein wesentliches Moment einer solchen Wissenschaft ist die Orientierung an einer auf Objektivität zielenden und logisch vorgehenden Methode.

Theodor W. Adorno kritisierte demgegenüber, wie der kritische Rationalismus Objektivität und Werturteilsfreiheit beanspruchte. Der Zweifel geht dahin, dass die logischen und empirischen Verfahren ihrem Anspruch gerecht werden können, werturteilsfrei zu sein. Demgegenüber sei, so Adorno, gerade die Abstraktheit dieser Methoden hochproblematisch. Es entstehe ein Reflexionsdefizit: Der kritische Rationalismus übersehe, wie wissenschaftliche Forschung auf gesellschaftliche Zusammenhänge bezogen sei. Durch den Fokus auf formalisierte Methodenfragen würden die Forschungsgegenstände selbst aus dem Blick geraten. Adornos Kritik lautet demnach, dass die Forschung den zu beforschenden Gegenständen nicht gerecht wird. Die empirische Forschung ›stellt ihre Gegenstände fest‹. Adorno verwendet dafür den in der Tradition der Kritischen Theorie wichtigen Begriff der »Verdinglichung«[16]. Als Beispiel könnte eine medizinische Forschung dienen, die in ihrer objektivistischen Orientierung nicht mehr in den Blick zu bringen vermag, dass in »Gesundheit« subjektive Aspekte und individuelle Besonderheiten des Wohlbefindens eingehen.

In ihrem Streit vertraten sowohl Popper als auch Adorno einen kritischen und aufklärerischen Anspruch. Das Wissen und seine Grenzen sind zu berücksichtigen. Und doch sind die Positionen der Kontrahenten unvereinbar. Nach Popper muss eine kritische Sozialwissenschaft den Weg einer strengen und kritischen Empirie gehen, um zu verlässlichen Ergebnissen zu gelangen (z. B. hinsichtlich der klinischen Wirksamkeit eines Medikaments). Für Adorno geht es demgegenüber darum,

---

16 »Verdinglichung« bedeutet, dass Dimensionen des menschlichen Handelns den Charakter eines Dings annehmen und so dem Menschen gegenüberstehen. Der Begriff wurde in dieser Denktradition von Marx geprägt (MEW 23: 85ff.).

eine kritische Sozialwissenschaft auf ihre Verwicklung in gesellschaftliche Prozesse hin zu befragen und zu analysieren. Aus der Warte Adornos würde man z. B. danach fragen, was für eine Vorstellung von »Gesundheit« eine medizinische bzw. pharmazeutische Forschung selbst transportiert – und welche Möglichkeit die Patient*innen haben, dieser Vorstellung etwas anderes entgegenzusetzen.

Der Positivismusstreit erzeugte große Resonanzen in der Erziehungswissenschaft. Seit den 1960er Jahren wurde in der Erziehungswissenschaft eine empirische Ausrichtung immer wichtiger. Das kann im Zuge der vorausgehenden Ausführungen zur Bildungsexpansion nicht überraschen: Wer das bestehende System verbessern und weiterentwickeln will, muss wissen, womit er bzw. sie es zu tun hat. Es müssen Zahlen erhoben werden, wie es mit Abschlüssen an deutschen Schulen bestellt ist (zum Beispiel in verschiedenen Regionen des Landes oder mit Bezug auf die soziokulturelle Herkunft der Schüler*innen). Mit dem Ausdruck »von der Pädagogik zur Erziehungswissenschaft« wird häufig auf diesen Aufschwung empirischer Forschung im Fach Bezug genommen. Damit soll die Forderung ausgedrückt werden, die Aufgaben des Faches stärker von einer empirischen Forschung her zu denken (Brezinka 1971; Pollak 1994).

Ein wichtiger Vertreter der damaligen empirischen Erziehungswissenschaft ist Wolfgang Brezinka (*1928). Dieser verfocht die Auffassung, dass sich die Erziehungswissenschaft auf jenen Bereich des Wissens *beschränken* müsse, zu dem wissenschaftliches Wissen wertfrei gewonnen werden könne. Diese Wertfreiheit sei aber nur dadurch erreichbar, dass die Erziehungswissenschaft auf beschreibbare Kausalverhältnisse begrenzt werde. Sie soll, so Brezinka, eine »reine Erfahrungswissenschaft« sein. Sobald Meinungen und Weltanschauungen einbezogen werden, ist nach Brezinka ein normativer Streit unausweichlich, der mit wissenschaftlichen Mitteln nicht aufgelöst werden kann. Ein solches Sich-Verfangen in unterschiedlichen Deutungen und normativen Ausrichtungen kritisiert Brezinka als »unwissenschaftlich«: »Es gibt kaum eine andere Wissenschaft, in der sich unwissenschaftliches Gerede, parteiischer Eifer und dogmatische Beschränktheit so breit gemacht haben wie in der Pädagogik« (Brezinka 1978: V). Brezinka strebt also – Popper ähnlich – eine Objektivierung von Wissenschaft an. Dies bedeutet zugleich eine

Entscheidung, was Gegenstand der Erziehungswissenschaft sein kann und was nicht:

»Die Empirische Erziehungswissenschaft unterscheidet sich von den anderen Formen der Pädagogik dadurch, daß sie auf Probleme beschränkt ist, die die Wirklichkeit oder das Seiende betreffen. Hier wird danach gefragt, was ist, warum es so ist, was unter bestimmten Umständen möglich ist, was Menschen wollen, was sie tun und was zur Erreichung bestimmter Ziele getan werden kann. Dagegen wird nicht festgesetzt, was sein und getan werden soll. Auf die Aufstellung und Begründung von Sollensforderungen, auf die Setzung von Zwecken, Idealen und anderen Normen wird aus methodischen Gründen verzichtet. Es wird allein nach erfahrungswissenschaftlichen Erkenntnissen gesucht [...]. Entscheidungen für bestimmte Weltanschauungen und Bekenntnisse zu bestimmten Idealen werden als erfahrungswissenschaftlich unbegründbar angesehen und deshalb ausgeklammert« (ebd.: 8).

An dieser Stelle kann der Gesamtentwurf Brezinkas nicht ausführlicher dargestellt werden. Entscheidend ist, dass sich laut Brezinka der Wissenschaftsanspruch der Erziehungswissenschaft nur empirisch sichern lässt. Nehmen wir das Beispiel, dass Studierende sich nicht an der Arbeit im Seminar beteiligen. Nach Brezinka lässt sich nicht zum Gegenstand der Erziehungswissenschaft machen, ob und wie viel Mitarbeit von den Studierenden gefordert werden sollte. Erziehungswissenschaftlich bearbeiten lässt sich nur das, was durch eine erfahrungswissenschaftliche Betrachtung zugänglich ist, z.B. die empirische Erhebung, durch welches hochschuldidaktische Konzept eine Beteiligung von Studierenden im Seminar höher ausfällt. Die Frage nach der Mitarbeit wird also in ein empirisches Design übersetzt, das erlaubt, jene Bedingungen zu untersuchen, von denen man vermutet, dass sie für die (Nicht-)Beteiligung der Studierenden relevant sind.

Brezinka positionierte sich mit seinem Entwurf in Kritik zur so genannten geisteswissenschaftlichen Pädagogik, die in der bundesrepublikanischen Nachkriegszeit dominant geworden war. Zu deren namhaften Vertretern gehörten Erich Weniger (1894–1961), Wilhelm Flitner (1889–1990) und Herman Nohl (1879–1960). Wissenschaftlich schloss diese Richtung an das von Wilhelm Dilthey begründete Programm einer »Geisteswissenschaft« an, welches im Folgenden knapp skizziert werden soll.

Die Geisteswissenschaft sieht sich als ein Entwurf, der – anders als die »Naturwissenschaften« – seine Aufmerksamkeit nicht auf die »Erklärung« der Natur, sondern auf das Verstehen geistig-kultureller Phänomene richtet. Nehmen wir das Beispiel von Begrüßungspraxen unter Jugendlichen. Ein solches geistig-kulturelles Phänomen lässt sich nicht »erklären«. Sein Sinn lässt sich aber im Zusammenhang seines geschichtlichen, kulturellen und sozialen Auftretens erschließen und verständlich machen, z. B. dahingehend, dass es sich anders vollzieht als Begrüßungspraxen älterer Generationen. Darauf genau zielte Diltheys Programm einer Geisteswissenschaft. Zur aufstrebenden Naturwissenschaft sollte sie in Konkurrenz treten, indem sie jene »Produkte« menschlicher Kultur und Geistestätigkeit analysierte, die sich nicht »erklären« lassen.

Aus dieser ersten Beschreibung der Geisteswissenschaft lässt sich bereits ableiten, dass die geisteswissenschaftliche Pädagogik eine erziehungswissenschaftliche Empirie dann kritisch sehen wird, wenn diese nicht berücksichtigt, dass man es im Bereich von Erziehung und Bildung niemals mit reinen Tatsachen zu tun hat, die lediglich in kausalen oder korrelativen Zusammenhängen mit anderen Tatsachen stehen. Wenn Studierende sich nicht ins Seminar einbringen, ist das – aus der Perspektive der geisteswissenschaftlichen Pädagogik – nicht etwas, was man erklären könnte (so wie die Erklärung, warum das Fahrrad einen Platten hat). Der Sachverhalt muss vielmehr in seinem Sinn »verstanden« werden – im Zusammenhang der Frage, was es denn heißt, hier heute an einem Seminar teilzunehmen.

Worauf dieser letzte Punkt hinweist, ist, dass aus der Perspektive der geisteswissenschaftlichen Pädagogik *der Anlass der Frage selbst aus der Seminarerfahrung stammt.* Anders gesagt: Die Frage nach der fehlenden Seminarbeteiligung entsteht, weil wir im Seminar auf dieses Phänomen stoßen. Insofern wir dies als Anstoß nehmen, handelt es sich nicht um ein abstraktes Interesse. Der Anlass einer erziehungswissenschaftlichen Reflexion entsteht aus der pädagogischen Praxis. Aus ihr heraus stellt sich eine Aufgabe oder ein Problem: Wie ist es zu verstehen, dass sich die Studierenden nicht ins Seminar einbringen? Die geisteswissenschaftliche Pädagogik spricht in diesem Zusammenhang von einer »*réflexion engagée*« – wörtlich übersetzt: einer Reflexion, an und in die ich durch ein Interesse gebunden bzw. eingebunden bin. Das wissenschaftliche Fragen und Suchen ist als eine Bewegung zu verstehen, die sich aus der

Lebenspraxis heraus ergibt und wieder in diese zurückführen muss, um eine Veränderung des Sinns und der Lebenspraxis selbst zu ermöglichen. Das folgende Zitat von Wilhelm Flitner beschreibt genau diese Bewegung:

> »Die Quelle und vorwissenschaftliche Gestalt« der Erziehungswissenschaft sind »die Erziehungslehren, die in den Praktiken gründen, und diese wieder sind bezogen auf die erziehenden Lebensformen, welche sich in den geschichtlichen Verhältnissen ausgebildet haben. Nur so lang kann diese Disziplin gedeihen, als ihr Erziehungslehren voraufgehen und sie darauf zurückwirkt. [...] Diese Reflexion am Standort der Verantwortung des Denkenden ist die Mitte dessen, was im strengen Sinne pädagogische Wissenschaft heißen darf. Sie faßt alle Erziehungslehren zusammen, welche in einem Kreis gemeinsamen Lebens von den Praktikern als wahr erkannt werden. Sie vereinigt sie, ordnet sie in einem universalen pädagogischen Gedankengang ein, prüft sie, verbindet diesen Grundgedanken mit der wissenschaftlichen Reflexion in ihrer Gesamtheit, kritisiert die Erziehungslehren von da aus, reinigt sie von Irrtümern und Beengtheiten und klärt den Standort auf, an dem sie praktiziert werden« (Flitner 1989: 325, 328).

Wie Flitner hier schreibt, setzt die erziehungswissenschaftliche Reflexion bei der Praxis an, ist auf diese verpflichtet. Darauf weist insbesondere der Begriff der »Verantwortung« hin. Flitner sieht also ein Verständnis von Wissenschaft kritisch, bei der sich Wissenschaftler*innen in Distanz und Objektivität zu ihren Gegenständen positionieren. Gegen eine solche Ablösung stellt Flitner einen übergreifenden Horizont pädagogischen Nachdenkens: einen »universalen pädagogischen Gedankengang«, den Flitner an der Vorstellung eines pädagogischen Bezugs zwischen Erziehenden und jenen festmacht, die im Werden sind.

In seinem Text bemerkt Flitner kurz nach der oben zitierten Stelle, dass die Verantwortung der Erziehungswissenschaft eben jene ist, die Erziehende gegenüber jenen haben, die sich noch auf dem Weg befinden, ›gebildete Menschen‹ zu werden. Von der geisteswissenschaftlichen Pädagogik wurde dieses Verantwortungsverhältnis als umfassende Beziehung der Sorge und auch der Liebe und Leidenschaft[17] umschrieben. Gehen wir nochmals auf das oben angeführte Beispiel des Seminars zu-

---

17 Diese Vorstellung vom pädagogischen Verhältnis ist nicht unwidersprochen geblieben, weil sich damit eine problematische Emotionalisierung des pädagogischen Verhältnisses vollzieht (vgl. Meyer-Drawe 2012). Dies hat sich ins-

rück. Die hier beschriebene Verantwortung wäre u. a. als Verantwortung von Seiten der Lehrenden gegenüber den Studierenden zu verstehen. Die Studierenden haben sich bisher das zugehörige Wissensfeld noch nicht erschlossen – und die Lehrenden vollziehen ihre Reflexion, warum die Studierenden sich nicht ins Seminar einbringen, im Horizont der Verantwortung, dass im Seminar Bildungsprozesse der Studierenden ermöglicht werden.

Die Herangehensweise der geisteswissenschaftlichen Pädagogik, ihren engagierten wissenschaftlichen Einsatz an der Verantwortung der Erziehenden bzw. Lehrenden gegenüber den Menschen im Werden aufzuhängen, ist auf den ersten Blick sehr einleuchtend – auch hinsichtlich des Anspruchs, dass man damit eine »Grundlage« des pädagogischen Nachdenkens schaffen kann. Unter Bezugnahme auf ein weiteres erziehungswissenschaftliches Paradigma, die »Kritische Erziehungswissenschaft«, soll im Folgenden herausgearbeitet werden, wo die Probleme einer solchen Herangehensweise liegen.

Beginnen möchte ich mit einer kritischen Sichtung der pädagogischen Beziehung. Die geisteswissenschaftliche Pädagogik stellt das pädagogische Verhältnis ins Zentrum. Von hier aus meint sie den Eigenbereich der Pädagogik, ihre Autonomie, bestimmen zu können. Klaus Mollenhauer, der mit seinem Buch »Erziehung und Emanzipation« als ein zentraler Vertreter der Kritischen Erziehungswissenschaft gilt, kommentiert die geisteswissenschaftliche Vorstellung des pädagogischen Verhältnisses folgendermaßen:

> In der geisteswissenschaftlichen Pädagogik »wurde Erziehung in einem vorgesellschaftlichen, herrschaftsfreien, unpolitischen Raum angesiedelt, in dem das Kind zu ›seinem Wohle‹ kommen könnte, wenn nur der Erzieher sich entschlösse, das ›Wesen des erzieherischen Verhaltens‹ (Nohl) zu realisieren: eine idealistische Konzeption des guten Willens und der reinen pädagogischen Gesinnung« (Mollenhauer 1973: 24).

Mollenhauer kritisiert, dass die geisteswissenschaftliche Pädagogik ihren Blick auf das pädagogische Verhältnis richtet, ohne zu berücksichtigen, dass dieses Verhältnis immer in gesellschaftliche Bedingungsgefüge ein-

---

besondere an den Grenzverletzungen und Fällen sexualisierter Gewalt in pädagogischen Einrichtungen, wie zum Beispiel der Odenwaldschule, gezeigt.

gelassen ist. Zur Veranschaulichung lässt sich das obige Seminarbeispiel heranziehen. Die geisteswissenschaftliche Reflexion konzentriert sich auf das pädagogische Verhältnis von Lehrenden und Studierenden, ohne sich dafür zu interessieren, wie die Position und Situation der Studierenden durch vielfältige ökonomische und politische Bedingungen strukturiert ist: Ein Großteil der Studierenden muss arbeiten, um den eigenen Lebensunterhalt zu finanzieren. Die bildungspolitischen Reformen um »Bologna« haben ebenfalls verändert, was es heißt zu studieren. Die geisteswissenschaftliche Pädagogik blendet diese Bedingungen aus und meint, es reiche, sich im Kontext einer langen Theorietradition auf das pädagogische Verhältnis zu konzentrieren. Mollenhauer bezeichnet die geisteswissenschaftliche Konzeption deswegen als »idealistisch«, als ausgerichtet auf eine »pädagogische Gesinnung«.

Die Kritische Erziehungswissenschaft, für die Mollenhauer hier spricht, macht es sich nun gerade zur Aufgabe, das gesellschaftliche Bedingungsgefüge von Bildung und Erziehung zu analysieren. Dazu gehört nach Mollenhauer durchaus auch eine empirische Aufgeschlossenheit. Diese zielt allerdings nicht auf die Herstellung reibungsloser Verhältnisse. Die Kritische Erziehungswissenschaft richtet ihr Interesse daran aus, dass die gegebenen gesellschaftlichen Verhältnisse kritisch reflektiert und überschritten werden können. Nach Mollenhauer ist das zentrale Interesse der Erziehungswissenschaft die *Emanzipation*. Es geht um eine Befreiung aus Verhältnissen der Einengung und Verdinglichung, die gegenwärtige Gesellschaften kennzeichnen. Das Motiv, das Mollenhauer aus der Kritischen Theorie der Frankfurter Schule aufgreift, lässt sich unmittelbar auf das Seminar-Beispiel beziehen. Wenn Studierende heute ihr Studium als ›Jagd auf Kreditpunkte‹ begreifen und sie sich in der Mitte eines gesellschaftlichen Konkurrenzkampfes um soziale Positionen sehen, so ist dies als eine Quelle für Anpassung und Verdinglichung zu sehen. Hier setzt die Kritik der Kritischen Erziehungswissenschaft an. Die Gegenwart von Erziehung und Bildung ist daraufhin zu untersuchen, wie diese Gegenwart überschritten werden kann – im Hinblick auf eine andere bzw. bessere Gesellschaft.

An dieser Stelle sollen zwei Kritikpunkte aufgegriffen werden, die an die Adresse der Kritischen Erziehungswissenschaft gerichtet worden sind. Dazu gehört erstens, dass das Erziehungsziel der Emanzipation keine hinreichende Klärung erfahren hat: Wie lässt sich ein gesellschaftlich besserer Zustand bestimmen, wenn dieser doch immer aus einer gegenwärtigen und damit begrenzten Perspektive erfolgt? Ein zweiter Einwand betrifft die Interpretation des Verhältnisses von Erziehung und Gesellschaft: Die Kritische Erziehungswissenschaft denkt gesellschaftliche Problemstellungen als Probleme der Erziehung; aber es lässt sich bezweifeln, ob damit diese Problemstellungen angemessen verortet sind. Die Jagd auf Kreditpunkte verweist zum Beispiel auf eine globalisierte Wissensgesellschaft, auf die nicht allein pädagogisch geantwortet werden kann.

Zwischen Paradigmen und Schubladen

Die hier präsentierten Richtungen der Erziehungswissenschaft – die empirische Erziehungswissenschaft, die geisteswissenschaftliche Pädagogik sowie die Kritische Erziehungswissenschaft – werden bis heute als die drei zentralen Paradigmen gehandelt, an und mit denen sich die Erziehungswissenschaft im 20. Jahrhundert maßgeblich entwickelt hat. Dafür mitverantwortlich ist ein von Jürgen Habermas stammender Beitrag »Erkenntnis und Interesse« (Habermas 1969), den dieser im Rahmen seiner Antrittsvorlesung an der Universität Frankfurt im Jahr 1965 vorstellte. In seinem Text unterscheidet Habermas drei Wissenschaftsentwürfe, mit denen ein spezifisches »Erkenntnisinteresse« einhergeht. Weil diese Einteilung bis heute wirkmächtig ist, soll sie kurz aufgegriffen werden.

Die *empirisch-analytischen Wissenschaften* sind nach Habermas an der technischen Verfügung der Welt interessiert. Aus diesem Grund stehen die Erschließung und Sicherung von Wissen über technische und technologische Zusammenhänge im Vordergrund. Beispielhaft sei auf Galileis Fallexperimente aus dem ersten Kapitel zurückverwiesen. Habermas spricht von einem »technischen Erkenntnisinteresse«. Die *historisch-hermeneutischen Wissenschaften* sind nach Habermas methodisch und methodologisch anders ausgerichtet. Sie orientieren sich geisteswissenschaftlich an der Auslegung von (geschichtlich-kulturellen) Gegenständen, also an ihrem Verstehen. Dazu ist oben bereits einiges im Anschluss an Dilthey gesagt worden. Habermas stellt in seiner Beschreibung der historisch-hermeneutischen Wissenschaften heraus, dass aus der Perspektive der Gegenwart vergangene Sinnwelten erschlossen werden. Dabei entsteht so etwas wie eine ›Kommunikation‹ mit der Vergangenheit. Die Tradierung des Vergangenen ist nach Habermas also auch ein wichtiger Einsatzpunkt der wissenschaftlichen Reflexion. Hierbei handelt es sich um ein »praktisches« Erkenntnisinteresse, weil es die Orientierung des Handelns nach dessen Sinn und Zweck betrifft. Habermas nennt einen dritten Typus der *kritischen (Sozial-)Wissenschaft*, der die wissenschaftliche Aufgabe einer kritischen Überschreitung der gegenwärtigen Lebensverhältnisse hat. Hier ist sofort erkennbar, dass sich die Kritische Erziehungswissenschaft an dieser Beschreibung von Habermas orientiert hat. Er schreibt: Die Selbstreflexion »löst das Subjekt aus der Abhängigkeit von hypostasierten Gewalten. Selbstreflexion ist von einem emanzipatorischen Erkenntnisinteresse bestimmt« (ebd.: 159). Die Entwicklung der Menschheitsgattung geht nach Habermas nicht darin auf, sich immer mehr und immer besser in die Verhältnisse einzupassen, die der Mensch vorgefunden hat. Der Mensch lebt unter dem Anspruch, über Bestehendes hinauszugehen und ein besseres Leben zu ermöglichen.[18]

Habermas' Ausführungen verschiedener Erkenntnisinteressen haben nicht nur die Entwicklung der Kritischen Erziehungswissenschaft befördert. Die Dreiteilung der Erkenntnisinteressen hat auch dazu beigetragen, die oben dargestellten Richtungen im Sinne unterschiedlicher wissenschaftlicher Paradigmen aufzufassen. Damit entsteht der Eindruck einer scheinbar vollständigen Paradigmentafel. Dass eine solche Auffassung die Sachlage nicht angemessen wiedergibt, lässt sich mit Bezug auf

---

18 Dieses »Hinausgehen« vollzieht sich nach Habermas in und durch Sprache. Wir setzen die Sprache ein, um neue Horizonte zu eröffnen. Wo wir das Wort an jemand richten, müssen wir uns von der Vorstellung leiten lassen, dass der kommunikative Austausch mit anderen eine Verständigung hervorbringen kann, die uns über bestehende Positionen hinausführt.

andere Beiträge zeigen, welche die Landschaft der Erziehungswissenschaft vermessen haben. Im Folgenden greife ich eine Darstellung auf, die von Dietrich Benner und von Friedhelm Brüggen (2000) stammt. Sie stellen die Erziehungswissenschaft anhand von vier Entwicklungslinien dar. Damit betonen sie nicht die Einheit von Paradigmen, sondern den Fortgang unterschiedlicher Wissenschaftsdiskurse. Anhand dieser Darstellung kann gezeigt werden, dass ein Denken in Schubladen durchaus den Blick verstellen kann.

Was nicht in die Schubladen passt

In ihrer Beschreibung des erziehungswissenschaftlichen Feldes (▶ Tab. 1) skizzieren Dietrich Benner und Friedhelm Brüggen ein dynamisches Bild. Es werden nicht die Grenzen von Paradigmen betont, sondern größere Verläufe nachvollzogen. Daran lässt sich zum Beispiel nachvollziehen, dass geisteswissenschaftliche Pädagogik und Kritische Erziehungswissenschaft als enger verbunden betrachtet werden müssen (erste Entwicklungslinie). Wieso beschreiben die Autoren dies als eine Entwicklungslinie? Benner und Brüggen halten hier fest, dass es sich nicht um geschlossenen Schulrichtungen handelt. Des Weiteren legen sie dar, dass sich die Kritische Erziehungswissenschaft aus einer Gruppe von Personen der geisteswissenschaftlichen Position herausbildete, so dass Erstere aus einer kritischen Selbstreflexion der geisteswissenschaftlichen Position hervorging.

Eine zweite Entwicklungslinie machen die Autoren an der *empirischen Erziehungswissenschaft* fest, die sich *von ihren empirischen Anfängen zu Beginn des 20. Jahrhunderts hin zum kritischen Rationalismus* weiterentwickelt. Die Fortentwicklung, welche Benner und Brüggen beschreiben, lässt sich wissenschaftstheoretisch und wissenschaftsgeschichtlich deuten: Die empirische Forschung wird zunehmend verankert, so dass es zu einer »Normalisierung« kommt, z. B. hinsichtlich verwendeter Methoden und Verfahrensstrategien der Forschung. Benner und Brüggen bemerken außerdem, dass sich viele Hoffnungen der empirischen Forschung nicht realisieren ließen (z. B. eine an diese anschließende umgreifende Curriculum-Reform) und es aber wichtig sei, eben diese Entwicklungen zur Vermeidung von Geschichtslosigkeit mit zu verfolgen.

Tab. 1: Vier Entwicklungslinien der Erziehungswissenschaft nach Benner/Brüggen (2000)

Von der geisteswissenschaftlichen Pädagogik zur Pädagogik der Kritischen Theorie
Empirische Erziehungswissenschaft vom Beginn des 20. Jh. hin zum kritischen Rationalismus
Sozialwissenschaftliche Wende: Erziehungswissenschaft zwischen Identitätsgewinn und Identitätsverlust
Erziehungs- und Bildungsphilosophie nach dem Ende prinzipienwissenschaftlicher Letztbegründung

Die dritte Linie ist nach Benner und Brüggen die *sozialwissenschaftliche Wende: Erziehungswissenschaft zwischen Identitätsgewinn und Identitätsverlust*. Den Einsatz einer sozialwissenschaftlichen Wende seit den 1960er Jahren sehen Benner und Brüggen als Ausweg aus der Engführung, welche durch geisteswissenschaftliche und empiristische Positionen bedingt ist. Durch Nachbardisziplinen, insbes. der Soziologie wird der erziehungswissenschaftliche Blick geweitet. Benner und Brüggen bemerken dies vor allem in den Themenbereichen Interaktion und Sozialisation, Lehren und Lernen sowie Institution und Organisation. Hier kommen nun sozialwissenschaftliche Zusammenhänge in den Blick, Bezüge auf gesellschaftliche Systeme und institutionelle Funktionsweisen gewinnen an Gewicht. Mit dieser Entwicklungslinie wird nach Benner und Brüggen zugleich die Frage drängend, worin das zu sehen ist, was der Erziehungswissenschaft (in Differenz zur Soziologie und anderen Disziplinen) ihre Identität sichert.

Als vierte Linie beschreiben Benner und Brüggen die *Erziehungs- und Bildungsphilosophie nach dem Ende prinzipienwissenschaftlicher Letztbegründung*. Diese Linie ist in der vorausgehenden ›Paradigmentafel‹ gar nicht zur Sprache gekommen. Benner und Brüggen sichten verschiedene bildungs- und erziehungsphilosophische Ansätze des 20. Jh., die sich daran versucht haben, die Theoriegrundlagen einer wissenschaftlichen Pädagogik aufzuklären. Die Leitfrage lautet hier: Was muss vorausgesetzt werden, damit Pädagogik überhaupt möglich ist? Die Bildungstheoretiker Wolfgang Fischer (1928–1998) und Jörg Ruhloff (1940–2018) haben u. a. diese Frage bearbeitet und sind zu dem Schluss gekommen, dass es nicht möglich ist, diese Frage für alle und zu jeder Zeit zu beantworten. Wenn es aber keine überzeitliche prinzipielle Antwort geben kann, so bedeutet dies, dass man sich zu jeder Zeit skeptisch und kritisch mit den bestehenden Antworten auseinandersetzen muss: Welche undurchschauten Voraussetzungen gehen in unsere pädagogischen Definitionen und Bestimmungen ein? (vgl. Fischer/Ruhloff 1993).

Als Fazit kann man festhalten: Es gibt nicht nur verschiedene Paradigmen in der Erziehungswissenschaft, sondern auch unterschiedliche Auffassungen, wie diese selbst zu beschreiben sind. Mit der Bestimmung von Richtungen und Paradigmen ist also eine gewisse Vorsicht geboten, damit das Denken nicht in Schubladen verschwindet. Eine Einsortierung in Schubladen macht es schwer möglich, die zu betrachtende Sache noch anders zu sehen. Das aber ist ein wichtiger Einsatzpunkt des wissenschaftlichen Nachdenkens; denn nur auf diese Weise lässt sich das, was schon als geklärt erscheint, befragen.

So wäre es nun angezeigt, auch die Darstellung von Benner und Brüggen daraufhin zu überprüfen, welche Perspektiven darin gar nicht zum Ausdruck kommen. In den vergangenen Jahrzehnten wurden Arbeiten aus der Soziologie und der Philosophie in der Erziehungswissenschaft rezipiert: Dazu gehören u. a. Luhmanns Systemtheorie, Foucaults Studien zu einer Analytik der Macht oder auch Bourdieus Theorie des sozialen Raums. In welcher Weise sind diese Studien und Denkansätze für die Erziehungswissenschaft relevant? Indem Wissen aus anderen Disziplinen aufgenommen wird, verändert sich auch die Vorstellung, was der Erziehungswissenschaft zugehört. Gleichzeitig erneuern sich grundlegende Fragen der Disziplin.

Insgesamt bleibt der Widerstreit leitend. Nach dem Gesagten kann das Ziel ohnehin nicht in einer Auflösung und Vereinheitlichung der Erziehungswissenschaft liegen. Der Spielraum des eigenen Nachdenkens erweitert sich, indem man sich von dem irritieren lässt, was man vorher nicht gedacht hat. Ein solches skeptisches Nachdenken wendet sich gegen dogmatische Verfestigungen, bei denen keine andere Sicht als die jeweils eigene zugelassen wird. Der Fortgang der Wissenschaft beruht gerade auf der Bereitschaft, über die eigenen Deutungen hinauszugehen.

Kapitel 3: Wissenschaftlich arbeiten

Es gibt eine Erzählung des argentinischen Schriftstellers Jorge Luis Borges, in der eine Bibliothek beschrieben wird, in der *alle möglichen* Bücher enthalten sind. »Die Bibliothek von Babel« – so auch der Titel der Erzählung – besteht aus allen Büchern, die sich aus jeglichen Buchstabenkombinationen bilden lassen. Der Erzähler berichtet von der Entdeckung, dass alle Bücher aus 22 lateinischen Buchstaben, Komma, Punkt und Leerzeichen zusammengesetzt sind und dass jedes einen Umfang von 410 Seiten mit 3.200 Zeichen pro Seite hat. Durch die Bildung aller möglichen Kombinationen von 1.312.000 Zeichen pro Buch wäre *jedes Werk, das sich schreiben lässt,* enthalten – auch wenn es womöglich noch gar nicht geschrieben ist. Es wären auch Bücher aller Sprachen enthalten, zumindest solange sie sich lateinischer Buchstaben bedienten: Alles wäre Teil der Bibliothek. Wie Borges augenzwinkernd schreibt: Man hätte »die bis ins einzelne gehende Geschichte der Zukunft, die Autobiographien der Erzengel, den getreuen Katalog der Bibliothek, Tausende und Abertausende falscher Kataloge, den Nachweis ihrer Falschheit, den Nachweis der Falschheit des echten Katalogs [...]« (Borges 1974: 57).

Die mathematische Kombinatorik erlaubt, die Anzahl der Bücher dieser Bibliothek zu bestimmen. Es handelt sich um $25^{1.312.000}$ Bücher. Diese Zahl grenzt ans Unvorstellbare. Sie übersteigt die Anzahl von Atomen im Universum, die auf 10^{80} geschätzt wird. William Goldbloom Bloch (2008: 19) hat berechnet, dass es einer Anzahl von $10^{1.834.013}$ Universen in der Größe des unsrigen bedürfte, um alle Bücher der Bibliothek unterzubringen. Wie man sich vorstellen kann, werden viele Werke der Bibliothek aus Zeichenkombinationen bestehen, die in keiner Sprache Sinn ergeben. Da das Verhältnis der Anzahl von sinnhaften Ausdrücken zur Gesamtzahl von Kombinationen sehr gering ist, muss man davon ausgehen, dass es in der Mehrzahl sinnlose Bücher gibt. In der Erzählung haben die Bibliothekare deswegen die Aufgabe, nach sinnvollen Aussagen und Büchern Ausschau zu halten.

Der Erzähler – selbst Bibliothekar – berichtet, dass anfänglich die Nachricht, dass die Bibliothek *alle Bücher* enthält, einen großen Jubel hervorbrachte. Schließlich konnte man davon ausgehen, dass alle relevanten Kenntnisse in der Bibliothek aufbewahrt sind. Schnell aber wandelte sich die Begeisterung in eine tiefe Krise; denn der Sicherheit, dass die Bibliothek *alle* Wissensschätze enthält, stand die Erfahrung gegenüber, in der Bibliothek verloren zu gehen. An die Stelle von Einsicht und Wissen trat eine Verzweiflung, die sich nur durch die Vorstellung eines Bibliothekars abmildern lässt, der in der Bibliothek jenes Buch entdeckt haben will, das ein Kompendium aller anderen Bücher der Bibliothek wäre.

Die Erzählung von Borges greift das biblische Motiv der Sprachverwirrung auf und übersetzt es in ein phantastisches Spiel hinsichtlich der (Un)möglichkeit, das Wissen des Ganzen zu erfassen. Nicht zufällig entspinnt sich die Erzählung um die Einrichtung einer Bibliothek, die von je her als Speicher des menschlichen Wissens gilt. Ihr sehen sich die Einzelnen gegenüber und werden dabei von dem Gefühl überrollt, einen Geist in der Größe einer Streichholzschachtel zu besitzen. Die Erfahrungen können ähnlich sein beim Beginn des wissenschaftlichen Studiums. Ich erinnere mich, dass ein Bibliotheksbesuch im Rahmen meiner ersten Hausarbeit in dieser Art verlief.

Dies ist aber nicht der Grund, warum ich das Kapitel mit Borges, der übrigens selbst Bibliothekar war, beginne. Die Bibliothek von Babel zeigt anschaulich, dass Wissen verlorengeht, wenn es sich nicht *als zugänglich* organisieren lässt. Die Bibliothek von Babel enthält keine Hinweise, wie und wo man suchen kann. Man erkennt daran, wie entscheidend es ist, dass es in Bibliotheken Signaturen gibt, nach denen man die Bücher auffinden kann. Elektronische Suchmaschinen verwalten aber nicht nur Signaturen. Über Schlagworte, die Namen von Autor*innen und Erscheinungsjahre liefern sie wichtige Orientierungspunkte, um eine Ordnung des Wissens ausmachen zu können.[19]

---

19 Vor allem der Sachverhalt, dass Wissen mit dem Namen jener Autor*innen indiziert ist, die es hervorgebracht haben, ist anfänglich gewöhnungsbedürf-

Ordnungen des Wissens sind für das wissenschaftliche Arbeiten unerlässlich. Über die Reproduktion und Produktion von Wissen hinaus müssen Ordnungsgesichtspunkte mitgeführt und reflektiert werden, damit das Wissen angemessen eingeordnet und kommuniziert werden kann. Wie sich dies vollzieht und was dies erfordert, soll in diesem Kapitel erläutert werden. In einem ersten Schritt soll es um den Umgang mit wissenschaftlichem Wissen gehen, bevor dann im weiteren Verlauf wichtige argumentative Aspekte des wissenschaftlichen Arbeitens behandelt werden.

Zum Umgang mit wissenschaftlichem Wissen

Für den Umgang mit wissenschaftlichem Wissen sollen zwei Hinsichten unterschieden werden, die für dessen Bildung und Bearbeitung bedeutsam sind: zum einen die Hinsicht des Entstehungszusammenhangs und zum anderen die der Legitimitätsreflexion.

Erstens zum *Entstehungszusammenhang* von wissenschaftlichem Wissen: Ungeachtet des Strebens nach Allgemeinheit bleibt wissenschaftliches Arbeiten darauf angewiesen, die Kontexte, auf die bezogen wissenschaftliches Wissen gebildet wurde, nachzuvollziehen. Es genügt also nicht, sich auf die Positivität des wissenschaftlichen Wissens zu beziehen. Zu fragen ist, woher man das weiß und in welchem Rahmen das Wissen gebildet wurde. Verwiesen ist damit auf die lokalen und außerwissenschaftlichen Bedingungszusammenhänge, in denen das Wissen entstanden ist. Eine Studie wird beispielsweise in einer bestimmten Bildungsorganisation durchgeführt, so dass spezifische Verwaltungsstrukturen und ein bestimmtes Selbstverständnis der Organisation für die erziehungswissenschaftlichen Forschungsergebnisse bedeutsam sind.

---

tig. »Indiziert« bedeutet hier, dass der Name von Autor*innen an das Geschriebene angeheftet wird. Vgl. die Bezugnahme auf Borges in Thompson 2020.

Zum Entstehungszusammenhang wissenschaftlichen Wissens gehört auch die Einbettung in einen wissenschaftlichen Diskurszusammenhang. Wie man mit Fleck (▶ Kap. 1) sagen könnte, wird wissenschaftliches Wissen im Rahmen von Denkkollektiven ausgebildet. Es gliedert sich demnach in Forschungstraditionen, wissenschaftliche Schulen und Paradigmen. Im zweiten Kapitel (▶ Kap. 2) wurde dies auch an der Erziehungswissenschaft nachvollzogen. Je nachdem, womit man sich beschäftigt, hat man es also mit unterschiedlichen Forschungsstrategien, Methoden und Begriffen zu tun. Dies bedeutet, dass im Umgang mit wissenschaftlichem Wissen der Diskurskontext ebenfalls immer mitzudenken ist.

Den historischen Zusammenhängen der Bildung wissenschaftlichen Wissens durch außerwissenschaftliche und innerwissenschaftliche Bedingungszusammenhänge lässt sich eine *zweite Hinsicht* zur Seite stellen, die ich als *Legitimitätsreflexion* von wissenschaftlichem Wissen beschreibe: Wissenschaftliches Wissen bleibt auch nach seinem Entstehen in vielfältige Auseinandersetzung um seine Begründung und Legitimität eingebunden. Die damit verknüpfte Frage lautet: Wie weit reicht die Geltung des hervorgebrachten Wissens? Die Frage verweist darauf, dass dieses oder jenes wissenschaftliche Wissen nicht *in jeder Hinsicht* gilt. Es kann sein, dass die positiven Ergebnisse einer pädagogischen Intervention, die eine experimentelle Studie aufzeigte, nur für eine bestimmte Gruppe von Schüler*innen gelten. Die Reflexion des Studiendesigns könnte auch zeigen, dass das Experiment nur bestimmte Deutungen von Lernen zulässt, die man aber nicht teilt. Wissenschaftliche Untersuchungen erfassen niemals alle relevanten Gesichtspunkte ihres Gegenstands. Aus diesem Grund ist ihnen immer aufgegeben, die Aussagekraft der eigenen Ergebnisse zu diskutieren und zu reflektieren.

Die beiden hier genannten Hinsichten spielen in der wissenschaftlichen Reflexion ineinander. Nur so lässt sich verstehen, dass neue Studien vormalige Begriffsverständnisse herausfordern und sich neue Paradigmen herausbilden (vgl. Kuhn 1976, ▶ Kap. 1). Die Reflexion der historischen und epistemischen Rahmungen ist für das wissenschaftliche Arbeiten unerlässlich. Damit zeigt sich die Differenz zum schulischen Wissen. Zwar ist auch schulisches Wissen wissenschaftlich orientiert, so dass in der Schule Bedingungen und Begründungen von Wissen reflektiert werden. Allerdings liegt der Fokus wesentlich stärker darauf, sich das Wissen verstehend anzueignen. Wenig Raum ist vorhanden, um den Wegen des Wissens in Relation zu den entsprechenden Forschungs-, Entstehungs- und Diskurskontexten zu folgen.

Wissenschaftliches Arbeiten bedeutet demgegenüber, den Umgang mit den Anforderungen des wissenschaftlichen Wissens zu erlernen. Es geht also darum, das eigene Nachdenken an den oben genannten Fragen auszurichten: Woher weiß man das? Was ist der Entstehungskontext? Wo liegen die Grenzen des Wissens? In welchen Diskurszusammenhang gehört es? Diese wissenschaftliche Ausrichtung des eigenen Nachdenkens auszubilden ist eine große Herausforderung, wenn man sich überhaupt erst in ein Wissensgebiet einarbeiten muss. Damit wird dann auch klar, dass die Aneignung des wissenschaftlichen Arbeitens ein Prozess ist, der sich über das gesamte Studium – und darüber hinaus – erstreckt.

Ein eigenständiges wissenschaftliches Arbeiten ist also nur auf der Grundlage der Standortgebundenheit des wissenschaftlichen Wissens denkbar. Dazu sind vielfältige »Techniken« erforderlich. Das Wort »Technik« bezieht sich hier weniger auf formale Regeln (z. B. wie man richtig zitiert) als auf Verfahrensweisen, die das eigene inhaltliche Arbeiten unterstützen; denn das ist die Idee des wissenschaftlichen Arbeitens: dass ein eigenständiger Beitrag zur Sache in dem jeweiligen Wissensfeld entsteht.

Der Gedanke an einen eigenständigen Beitrag ist zu Beginn eine sehr einschüchternde Vorstellung. Mich beschlich dazumal die Befürchtung, dass von mir erwartet wird, »das Rad neu zu erfinden«, was eine geradezu blockierende Wirkung hatte. Gemeint ist im wissenschaftlichen Arbeiten aber nicht die (Neu-)Erfindung des Rades, sondern der kontrollierte Durchgang durch das Wissensfeld, der erlaubt, einen neuen Aspekt hinzuzufügen. Die Arbeit beginnt also mit einem Durchstreifen des Wissensgebiets (Recherche). Dabei macht man eine Beobachtung, die zum Denken anregt: z. B., dass sich zwei Beiträge in widersprüchlicher Weise auf dieselbe Sache beziehen. Dies könnte der Anlass für die wissenschaftliche Fragestellung sein, der aufgefundenen Widersprüchlichkeit genauer nachzugehen. Wer wissenschaftlich arbeiten will, generiert aus dem Bestehenden eine neuartige Frage, die nun verfolgt wird.

Eine wissenschaftliche Arbeit könnte beispielsweise bei dem Vergleich von zwei verschiedenen Theorieansätzen ansetzen. Sie könnte aber auch eine erziehungswissenschaftliche Diskursentwicklung rekonstruieren – oder ein pädagogisch relevantes geschichtliches Ereignis. Für alle diese Fragestellungen muss entschieden werden, in welcher Weise auf schon bestehendes Wissen zurückzugreifen ist und an welcher Stelle die eigene Arbeit darüber hinausgehen wird. Beim wissenschaftlichen Arbeiten geht es also darum, Fragen und Antworten in einen sinnvollen Arbeits- und Argumentationszusammenhang zu bringen. Der Weg in die Eigenständigkeit wissenschaftlichen Arbeitens ist demnach der Weg in eine Praxis geteilter Argumentation und Reflexion: In welchen Forschungs- und Diskurszusammenhängen bewege ich mich? Von woher lässt sich ein Wissen bilden? Wie ist es um seine Geltungsreichweite und Begründbarkeit bestellt? Für die Bearbeitung dieser Fragen ist man auf Argumentation verwiesen. Im Folgenden sollen einige zentrale Aspekte dieser diskursiven und argumentativen Arbeit skizziert werden. Sie gehen von der Logik aus, nehmen diese aber nicht als Denkgebot oder -verbot, sondern als orientierendes Instrument.

Orientierungspunkte der Argumentation: Identität und Widerspruch

Beginnen wir mit dem *Satz der Identität*, häufig gefasst in der mathematischen Schreibweise »A=A«. Eine andere Bezeichnung für diesen Satz ist »Identitätsprinzip«. Ich verzichte an dieser Stelle auf einen Blick in die wissenschaftsgeschichtlichen Hintergründe, der mit dem Ringen um die Suche und die Absicherung der Wahrheit zu tun hat (▶ Kap. 1). Wichtiger ist hier eine gedankliche Beschäftigung mit diesem Satz, der auf den ersten Blick doch so klar ist und keiner weiteren Erläuterung zu bedürfen scheint.

Die Grenze des Satzes der Identität zeigt sich da, wo man feststellt, dass eine bislang geteilte Auffassung gar nicht allgemein gilt. Als Beispiel sei die Auffassung herangezogen, der Behaviorismus lehne die Binnenperspektive auf das Individuum ab. Wie ein Blick in ein Handbuch der Philosophie der Psychologie zeigt (vgl. O'Donohue/Kitchener 1996), gibt es behavioristische Ansätze, die anders argumentieren (vgl. Kitchener 1996). Demnach gilt der oben genannte Aspekt nicht für alle Ansätze, die sich als behavioristisch verstehen. Mit diesem Hinweis nun wird der Satz der Identität nicht für falsch erklärt. Es wird damit nur klar, dass die Geltung dieses Satzes an Bedingungen gebunden ist: Die verhandelten Gegenstände müssen sich so verhalten wie das in der oben angeführten mathematischen Äquivalenzformel angegebene »A«. Es muss sich um eine klar umgrenzte Entität im Kontext anderer klar umgrenzter Entitäten handeln, wie wir das aus dem mathematischen Sprachgebrauch kennen: Sobald wir zeigen können, dass »A« und »B« *alle* mathematischen Eigenschaften teilen, können wir von ihrer Äquivalenz ausgehen: »A=B«.

Das Identitätsprinzip bildet einen wichtigen Anhaltspunkt wissenschaftlichen Denkens. Allerdings sollte es uns nicht übersehen lassen, dass sich die Gegenstände, mit denen wir – gerade im Kontext der Erziehungswissenschaft – zu tun haben, nicht wie mathematische Entitäten verhalten. Oft ist eine wissenschaftliche Untersuchung dadurch veranlasst, dass ein Gegenstand, den man zuvor als einfach und klar eingeschätzt hat, eine neue Seite oder eine höhere Komplexität entbirgt. Der Fortgang (erziehungs-)wissenschaftlichen Wissens verläuft gewissermaßen über die *Infragestellung* von Identität.

Man könnte nun die Vorstellung gewinnen, dass in der fortlaufenden Infragestellung von Identitäten die Forschungsarbeiten dem Satz der Identität immer besser gerecht werden: Nach vielen Lektüren zum Behaviorismus wird man eine umfassende Übersicht über die Landschaft behavioristischer Ansätze haben. Dass diese Vorstellung von einer sich immer weiter ausdifferenzierenden Begriffsanalyse nicht aufgeht, hat unter anderem Ludwig Wittgenstein (1960) in seinen sprachphilosophischen Arbeiten gezeigt. Am »Spiel« lässt sich das eindrücklich zeigen: Es gibt keinen gemeinsamen Referenzpunkt, der wirklich *allen* Spielen gemeinsam wäre. Dafür sind »Spiele« einfach zu unterschiedlich (Wettkampfspiele, Glücksspiele, darstellende Spiele etc.). Gleiches würde man in der Auseinandersetzung mit den verschiedenen Spielarten des

Behaviorismus feststellen. Man wird an den Punkt gelangen, wo die Entscheidung der Zuordnung zum Behaviorismus zu einer Sache der Auseinandersetzung wird. Mit ihr wird allerdings eine fest umgrenzte Identität zum Problem. Das mag verunsichernd und frustrierend sein, weil sie uns daran hindert, zum *letzten Wort* bezüglich des Behaviorismus zu gelangen. Gleichzeitig ist dies – wissenschaftlich gesehen – der beste Grund, sich weiter damit zu befassen.

Es gibt aber noch eine andere Hinsicht, die im Zusammenhang der Erziehungswissenschaft eine nicht zu unterschätzende Bedeutung hat, wenn es um den Umgang mit dem Satz der Identität geht: Die Erziehungswissenschaft beschäftigt sich mit Formen des menschlichen Werdens, mit Personenveränderung. Diesbezüglich erscheint die Frage der Identität geradezu als rätselhaft: Wer bin ich im Verhältnis zu denen, die ich nicht bin? Wie sehe ich mich im Anschluss an meinen Lebensweg, meine Erfahrungen? Bin ich (lernend) eine andere geworden? Weiß ich überhaupt, wer ich war oder wer ich bin? Was für ein Wissen habe ich von mir? Schon aus der Ich-Perspektive werden die Schwierigkeiten deutlich, die mit der Beschreibung pädagogischer Prozesse verbunden sind. Es kommt sehr darauf an, an welchen Kriterien so etwas wie »Identität« festgemacht wird. Mit dem Satz der Identität ist darauf noch keine Antwort gegeben.

Insgesamt sollte der Satz der Identität also nicht als restriktiver Grundsatz verstanden werden, der Denkverbote erteilt. Er sollte vielmehr als regulierender Anhaltspunkt des Denkens gesehen werden, der zur Prüfung und Sicherung des eigenen (begrenzten) Denkweges eingesetzt wird.

Der *Satz vom Widerspruch* beschreibt, dass nicht zugleich ein Sachverhalt und sein Gegenteil erfüllt sein können. Der Satz wird häufig in der mathematischen Schreibweise auch $\neg$ (A und $\neg$A) formuliert, wobei »$\neg$« für »nicht« steht (sprich »non«). Wie zuvor erscheint das, was der Satz meint, klar und evident. Die Sätze »Tippy ist ein Hund« und »Tippy ist kein Hund« können nicht gleichzeitig gelten. Wie auch immer zu klären ist, um was für ein Wesen es sich bei »Tippy« handelt, so wird es sich doch eindeutig zuordnen lassen: entweder in die Gruppe der Hunde oder in die Gruppe der »Nicht-Hunde«. »Tippy« kann nicht zugleich beiden Gruppen angehören.

Wie schon im vorausgehenden Abschnitt zum Satz der Identität ist es wichtig, den *Satz vom Widerspruch* nicht im Sinne der Erstellung rigider Denkverbote zu verstehen. Einiges spricht dafür, Widersprüche als etwas zu sehen, was den Fortschritt des Denkens in besonderer Weise befördert. Ein Philosoph, der mit dieser Überlegung ernst gemacht hat, ist Georg Wilhelm Friedrich Hegel (1770–1831). Seine philosophische Analyse wird als »Dialektik« bezeichnet und sie beschreibt, dass und wie das Denken sich – in Auseinandersetzung mit sich und seinem Wissen – in Widersprüche verwickelt. Diese Widersprüche überwindet das Denken nur dadurch, *dass es seine Vorstellung vom Wissen und seine Denkweise verändert*. So legt es Hegel in seiner berühmten »Phänomenologie des Geistes« dar (Hegel 1986).

Es ist in unserem Zusammenhang nicht entscheidend, die Details der Hegel'schen Dialektik zu verstehen. Nur so viel: Wenn es um die Beschreibung unseres Wissens geht, so reicht es nicht, sich auf das zu konzentrieren, was der jeweilige Gegenstand ist; denn die Bestimmung des Gegenstands bleibt immer bezogen auf die Rahmungen und Kontexte, in denen jemand diese Bestimmung vollzogen hat. In die Bestimmungspraxis gehen Logiken der Unterscheidung ein, die auch zu befragen wären: Was bedeutet es, die Welt in »Hunde« und »Nicht-Hunde« einzuteilen? Das Beispiel mag oberflächlich erscheinen – und doch erkennt man, dass die Welt hier einem von der Logik diktierten Schema unterworfen wird. Es entsteht eine dichotome Perspektive, in der es nur zwei Möglichkeiten gibt. Dies führt dann zur Verengung, wenn der Logik die Macht über die Wirklichkeit zugesprochen wird. An vielen Grenzphänomenen des menschlichen Lebens und der menschlichen Kultur ließe sich zeigen, wie schnell solche dichotomen Denkweisen totalitär werden können: z. B. zwischen Leben und Tod oder im Kontext von Geschlechtlichkeit.

Die Schlussfolgerung aus dem Gesagten ist nicht, den »Satz vom Widerspruch« aufzugeben. Eher geht es um die Einsicht, sich die Gegenstände des Denkens nicht von der Forderung der Widerspruchsfreiheit vorgeben zu lassen. Widersprüche, die auftreten, sind also als Anlass zu sehen, sich in seinen bisherigen Denkweisen befremden zu lassen. Dieses Befremden wäre erst einmal zur Kenntnis zu nehmen und genauer zu beschreiben. So ließe sich womöglich eine neue Sicht auf die Dinge entwickeln. Dabei kappt das Denken nie seinen Bezug zur Forderung der Widerspruchsfreiheit. Sich mit Widersprüchen auseinanderzusetzen, bedeutet also gerade nicht einfach, ›die 5 gerade sein zu lassen‹.

Wie nicht anders zu erwarten, gibt es eine Kontroverse zum Umgang mit dem Satz des Widerspruchs. Um sich diese weiter aufzuschließen, ist ein Text von Karl Popper zu »Was ist Dialektik?« (1968) sehr lesenswert. In seinem Text wendet sich Popper gegen die Aufwertung der Dialektik mit ihrer produktiven Sicht auf den Widerspruch, so wie Hegel das formuliert hat. Nach Popper ist klar: Wie auch immer im Prozess des Denkens auf Widersprüche Bezug genommen wird, so kann das Ziel am Ende nur darin bestehen, die Widersprüche *aufzulösen*.

Demgegenüber trifft man auf eine ganz andere Position, wenn man sich den Schriften des Erziehungswissenschaftlers Michael Wimmer (2017) zuwendet, der sich intensiv mit dem Paradoxieproblem in der Pädagogik beschäftigt hat. Das griechische Wort »*paradoxon*« enthält in sich genau das Unmögliche und Widersprüchliche. Nach Wimmer machen Paradoxien erfahrbar, dass die Welt nicht in ihren logischen Beschreibungen aufgeht. Über sie werden die Engführungen des logischen Denkens zugänglich, aber auch ihre Unvermeidbarkeit im Zusammenhang der Sprache (was Wimmer dann weiter pädagogisch diskutiert). Dass Paradoxien bzw. Widersprüche eine zentrale Bedeutung im Zusammenhang menschlicher Kommunikation und Sprache haben, soll kurz an einem Beispiel gezeigt werden, das von Gregory Bateson stammt.

Bateson beschreibt in seinem Text »Eine Theorie des Spiels und der Phantasie« (2007) zwei Affen, die *spielen, dass sie miteinander kämpfen*. Damit dies als Spiel funktioniert, muss die Interaktion der Affen einerseits von »Kampf« bestimmt sein und andererseits muss aus der Interaktion klar hervorgehen, dass es sich *nicht wirklich* um einen Kampf handelt. Kampf und Nicht-Kampf also – zur gleichen Zeit. Bateson diskutiert nun weitere Phänomene der menschlichen Kultur und Kommunikation. Er zeigt, dass es darin nie nur um einfache Mitteilungen geht; vielmehr sind immer verschiedene Ebenen der Metakommunikation enthalten. Wie hier nur ansatzweise am Beispiel der Affen aufgezeigt worden ist, haben Paradoxes und Widersprüchliches dabei einen wesentlichen Anteil. »Spiele« erscheinen unmöglich, wenn nicht »Wirklichkeit« und »Fiktion« der Situation zugleich präsent gehalten werden.

Wenn nun aber soziale und kulturelle Phänomene konstitutiv auf Paradoxes und Widersprüchliches bezogen sind, dann fordert dies dazu auf, sich den Horizont wissenschaftlichen Denkens nicht von logischen Gesetzmäßigkeiten vorwegnehmen zu lassen; dies würde letztlich zu einer reduktiven Perspektive führen, die bestimmte soziale und kulturelle Phänomene aus wissenschaftlichen Untersuchungen ausgrenzen würde. Michael Wimmer (*1951) macht in eben diesem Sinn geltend, dass man sich mit den Paradoxien auseinandersetzen muss, um die Pädagogik zu verstehen und alles andere eine Reduktion der Pädagogik darstellen würde. Wimmer beschreibt die Pädagogik in einem seiner jüngsten Bücher sogar als »Wissenschaft des Unmöglichen« (Wimmer 2014a).

Zum Ethos der Argumentation

Im vorausgehenden Abschnitt ist argumentiert worden, dass der Satz der Identität und der Satz vom Widerspruch wichtige Orientierungspunkte eines schlüssigen Denkens bilden, dass dies aber gerade nicht dazu führen darf, dem Denken »Scheuklappen« anzulegen. Neues Wissen bildet sich gerade dadurch, dass infrage gestellt wird, was bisher als klar bestimmt und erkannt galt. Es ist überdies hervorgehoben worden, dass logische Schemata immer auch Einschränkungen und Verkürzungen bedingen. Zusammenführen lassen sich diese Überlegungen so, dass wissenschaftliches Arbeiten mit einer Haltung zu tun hat, die sich im Bewusstsein des Nicht-Wissens bewegt: »Eigentlich weiß ich noch nicht genau, wie es sich mit dieser oder jener Sache verhält.« Nur am Rande sei erwähnt, dass diese Umschreibung eines wissenschaftlichen Ethos, einer offenen Haltung des Nachfragens, auf die Ursprünge des abendländischen pädagogischen und philosophischen Denkens verweist: auf die Figur des Sokrates, der vom Delphischen Orakel als der »weiseste Mensch« bezeichnet wurde, weil er sich seines Nicht-Wissens bewusst gewesen sei. Im Folgenden soll aufgezeigt werden, welche Leitlinien der Argumentation sich aus dem beschriebenen wissenschaftlichen Ethos ergeben.

Die wichtigste Leitlinie hierfür ist die Selbstverpflichtung auf »Prüfen und Explizieren«. Wenn es sich mit der Wahrheit nicht wie mit einer Münze verhält, die man einstreichen kann – so hat das Hegel einmal gesagt (Hegel 1986: 40) –, dann kommt alles darauf an, Sachverhalte und Argumente auszuführen, zu explizieren. Wer etwas schreibt und sich nicht daran gebunden sieht, Gründe oder zumindest Plausibilisierungen für das Geschriebene anzugeben, der vollzieht eine »dogmatische Setzung«. Es gibt viele Zusammenhänge im normalen Leben, wo dogmatische Setzungen kein Problem sind, z. B. bei Geschmacksurteilen: »Die beste Schokoladensorte ist Zartbitter.« Unser Gegenüber kann einem solchen Urteil zustimmen oder es lassen, weil Geschmacksurteile subjektiv sind und also keine allgemeine Geltung beanspruchen. Ganz anders verhält es sich im Zusammenhang des wissenschaftlichen Arbeitens. Ein Urteil beansprucht, eine angemessene Sachaussage zu dem besprochenen Gegenstand zu sein: den beurteilten Gegenstand also der Sache nach zu bestimmen. Dann aber muss eine sachliche Begründung des Urteils erfolgen (können). Es muss ausgeführt werden, woran das eigene Urteil festgemacht wird.

Man spricht von einer *petitio principii*, einem »Zirkelschluss«[20], wenn im Rahmen angeführter Begründungen und Explikationen dasjenige, was gezeigt werden soll, schon vorausgesetzt wird.[21] Eine solche »Tautologie« liegt vor, wenn durch eine Aussage keine Wahrheit hinzugewonnen wird. In der Aussage »Ich komme an, wenn ich eintreffe« wird die Ankunft der sprechenden Person in Relation zu einem Sachverhalt gebracht, der sich gleichermaßen auf die Ankunft bezieht. Die Aussage ist wahr; es wird aber mit dieser Aussage nichts hinzugewonnen.

Mit Tautologien und Zirkelschlüssen bewegt sich das Denken in leerlaufenden Beschreibungen. Das Denken scheint nicht zu den Sachen

---

20 Wörtlich übersetzt heißt *petitio principii*: »Inanspruchnahme des Beweisgrundes«.
21 Ein Beispiel: Gott ist vollkommen. Einem vollkommenen Wesen fehlt es an nichts, also auch nicht an Existenz. Es gibt also Gott.

vorzudringen, sie nicht aufzuschließen. Eine aktive Auseinandersetzung mit dem Gegenstand entsteht mit der Orientierung an Explikation und Prüfung. Es hilft, sich vorzustellen, das eigene Thema argumentativ vor Personen auszubreiten, die noch nie etwas davon gehört haben, oder von denen man weiß, dass sie eine andere Position vertreten.

Der Aufklärungsphilosoph Immanuel Kant (1995) hat einmal formuliert, dass ein an Wahrheit orientiertes Denken darauf angewiesen ist, sich den Entgegnungen von anderen auszusetzen. Ein argumentativer Perspektivwechsel erweitert das Sichtfeld auf den Gegenstand. Vor allem die Auseinandersetzung mit formulierten Einwänden ermöglicht, den Gegenstand genauer zu erfassen und zu durchdenken. Kant weist auf eine spannende Tradition philosophisch-pädagogischen Nachdenkens hin, die mit Platon begonnen hat. Hier wird der Dialog als Quelle der Erkenntnis beschrieben und zwar genau aus dem angeführten Grund: Im Dialog[22] mit anderen müssen wir uns auf das Denken der anderen einlassen. Wir beginnen, die Sache aus dem Blickwinkel der anderen zu sehen. Indem wir uns von dem Standpunkt lösen, den wir bisher zur Sache eingenommen haben, erweitern wir unseren Horizont; denn wir erfahren, dass eine Sache auch anders betrachtet werden kann und tatsächlich von anderen auch so betrachtet wird. In Platons frühen Dialogen wird übrigens für dieses Tun der Begriff »skopeo« – umherschauen – eingesetzt, aus dem sich unser Begriff der Skepsis gebildet hat.

Es wird deutlich, dass das hier beschriebene wissenschaftliches Ethos viel mit der Bereitschaft zu tun hat, das eigene Denken Entgegnungen auszusetzen und es auf Prüfung zu verpflichten: zu erforschen, wo sich das Denken bisher »zu schnell« mit einer vermeintlichen Wahrheit eingerichtet hat. Wissenschaftliches Arbeiten hat demnach viel mit Vorsicht und mit (Selbst-)Prüfung zu tun. Dafür gibt es sich Zeit und verzögert das ergebnisorientierte Denken (vgl. Dörpinghaus 2014).

Wenn die Weiterentwicklung wissenschaftlichen Wissens mit der Bereitschaft des Perspektivwechsels verbunden ist, dann leiten sich daraus

---

22 Der Begriff »Dialog« geht auf den altgriechischen Begriff »dialegesthai« zurück. Dieser ist wörtlich mit »durchsprechen« zu übersetzen. Aus diesem Begriff hat sich übrigens auch das Wort »Dialektik« entwickelt.

auch Regeln für die wissenschaftliche Kommunikation ab. Das lässt sich klar in Abgrenzung zu einer Form der Auseinandersetzung ersehen, die wir alle kennen: Zwei Parteien streiten sich, aber der Streit wird ohne einen wirklichen Austausch über die Streitsache ausgetragen. Beide Seiten vertreten dogmatisch ihre eigene Position und sind nicht gewillt, die Sache aus der Warte des anderen zu betrachten. Die Wissenschaft ist von dieser Form des Streitens nicht ausgenommen. Nach dem bisher Gesagten begrenzt das die Bildung neuer Erkenntnisse.

Eine dem dogmatischen Standpunktdenken zuneigende Position zeigt sich oft daran, dass die Gegenposition nur in Form eines »Pappkameraden« aufgebaut wird. Die Rekonstruktion eines Ansatzes erfolgt verkürzt und oft werden jene Gesichtspunkte, die im Anschluss kritisiert werden sollen, bereits entsprechend stilisiert. Die nachfolgende kritische Arbeit hat dann keine anspruchsvolle Aufgabe mehr zu leisten. Die Darstellung vermittelt schon, dass der Ansatz nicht ernst genommen wird. Die anschließende Kritik macht nur explizit, was zuvor schon implizit gesagt wurde.

Der Dogmatismus einer solchen Vorgehensweise ist offensichtlich. Er zeigt sich daran, dass die Wahrheit über den Ansatz bereits *vorgegeben* ist: Die Maßstäbe, mit denen der Ansatz rekonstruiert und kritisiert bzw. destruiert wird, werden als »evident« und unbefragbar gehandelt. So wird nicht einmal sichtbar gemacht, dass der betrachtete Ansatz von anderen Personen vertreten wird, die ihm Rationalität und Erschließungskraft zuerkennen. Eine solche Vorgehensweise kann einer wissenschaftlichen Untersuchung, die durch ein nicht vorentschiedenes Verhältnis zur Wahrheit gekennzeichnet ist, nicht genügen.

Eine wissenschaftliche Haltung kennzeichnet eine Offenheit gegenüber dem Denken der anderen. Im Zwig der analytischen Philosophie ist diese Haltung im Rahmen des *»principle of charity«* aufgegriffen worden. Das *»principle of charity«* – übersetzt: das »Prinzip der wohlmeinenden Interpretation« – beschreibt, dass wir uns im Verständnis der uns gegenüberstehenden Äußerungen an eine Interpretation halten, welche die Falschheit bzw. Absurdität der Äußerungen minimiert (vgl. Quine 1960: 59, 1969; vgl. Scholz 2016). Übersetzt in eine wissenschaftliche Haltung impliziert das die Forderung, den ›gegnerischen‹ Ansatz in seiner ganzen Stärke darzustellen – und also nicht auf Thesen zentriert zu bleiben, die wir als unzutreffend beurteilen. Denn möglicherweise impliziert der von der Gegenseite vertretene Ansatz gar nicht die problematischen Thesen. Mit dem »*principle of charity*« geht die Forderung einher, die »fremde Person als rationale Person« zu verstehen (Scholz 2016: 117).

Die Ausrichtung der eigenen Haltung an einer solchen Regel wird nicht nur die Atmosphäre der wissenschaftlichen Wahrheitssuche verändern. Die intensive Auseinandersetzung mit dem Denken der anderen wird unsere Aufmerksamkeit auf unsere eigenen Denkgewohnheiten lenken und diese einer neuerlichen kritischen Reflexion zugänglich machen. Damit findet ein weiterer Aspekt Beachtung, der im Rahmen wissenschaftlichen Arbeitens nicht hoch genug eingeschätzt werden kann und der am Ende dieses Kapitels stehen soll: Es ist der Gedanke, dass niemand leichthin beanspruchen kann, das letzte Wort in einer Sache zu haben. Einspruch bleibt möglich.

Kapitel 4: Erziehung und die Herausforderung der Autonomie

Im Herbst 2016 verbreitete sich während des US-Wahlkampfs ein Gerücht in den sozialen Netzwerken: Danach würde die demokratische Partei mit Hilary Clinton an der Spitze einen Kinderpornoring in einer Pizzeria in Washington betreiben. Anfang Dezember stürmte ein 28-Jähriger bewaffnet das Restaurant, weil er den Fall »untersuchen« wollte. Wie kurz darauf öffentlich wurde, hatten sich Mitglieder des Wahlkampfteams von Donald Trump an der Verbreitung des Gerüchts in den Sozialen Medien beteiligt. Das Gerücht kann als Beispiel für »Fake News« gelten – erfundene Nachrichten, die (oft aus kommerziellen Gründen) auf Internetseiten platziert und über diese verbreitet werden.

»Fake News«, die den öffentlichen Diskurs generell betreffen (auch schon vor der Digitalisierung, wenngleich weniger ausgeprägt), sind oft nicht als solche erkennbar. Dies gilt insbesondere dann, wenn es einen wahren Kern gibt (z. B. ein echtes Foto), der dann in manipulativer Absicht verfälscht wird (so genannte »Hybrid Fakes«). Mittlerweile gibt es Computer-Programme, mit denen auch bewegte Bilder manipuliert werden können. Damit ist allerdings das Problem gar nicht in Gänze erfasst; denn korrelativ kommt in der Politik ein Verhalten auf, bei dem die seriöse Arbeit von Journalist*innen unter den Verdacht von »Fake News« gestellt wird. In Deutschland ist in den letzten Jahren der Begriff der »Lügenpresse« wieder in Gebrauch gekommen, ein Begriff, mit dem insbesondere im Nationalsozialismus die ›Feinde des Regimes‹ verunglimpft und herabgewürdigt werden sollten. Die Geschichte des Begriffs ist nicht nur in diesem historischen Kontext eng mit der Unterdrückung einer aufklärerischen und liberalen Presse verbunden.

Für demokratische Gesellschaften sind diese Entwicklungen eine große Herausforderung; denn Demokratien beruhen darauf, dass die Entscheidungen, wie das gemeinsame Leben gestaltet werden soll, an öffentliche und zwanglose Beratungsprozesse geknüpft ist, die an Wahrheit und Argumenten ausgerichtet sind. Umgekehrt wird ein totalitäres System zur Sicherung der eigenen Herrschaft immer kontrollieren, welche Informationen der Bevölkerung verfügbar sind, und es wird politische Entscheidungen immer von einer öffentlichen und freien Diskussion abschirmen. Dass sich in Gesellschaften mit einer freien Presse das Problem in gleicher Weise stellt, weiß man spätestens seit dem Facebook-Skandal um die Firma »Cambridge Analytica«. Dieses US-amerikanische Datenanalyse-Unternehmen hatte Millionen von Facebook-Datensätzen ohne Wissen der Nutzer*innen verwendet, um den Wahlkampf von Donald Trump zu unterstützen, z. B. durch personalisierte Wahlwerbung. Was bedeutet es für eine demokratische Wahl, wenn das öffentliche Parteiprogramm in den Hintergrund und an seine Stelle die personalisierte Ansprache (je nach Alter, Bildungsabschluss etc.) tritt?

Fragen wie diese weisen zurück in jene Epoche, in der das Zusammenleben unter den Zeichen von Vernunft und Fortschritt bestimmend wurde: die Zeit der »Aufklärung« im 18. Jh. Zwei Aspekte seien genannt, die in dieser Zeit als besonders relevant erkannt wurden: Zum einen muss eine aufklärerische Gesellschaft dafür sorgen, dass der öffentliche Diskurs nicht durch staatliche oder kirchliche Instanzen begrenzt wird. Wenn zum Beispiel wissenschaftliche Werke einer Zensur unterworfen werden, weil den Machthabenden die Inhalte des Werks nicht passen, so schränkt dies die Möglichkeiten eines »Vernunftfortschritts« ein. Die so genannte »Pressfreiheit« (es ging um die freie Nutzung der Druck*presse*) stellt ein wichtiges Element für einen unreglementierten öffentlichen Diskurs dar. Zum anderen hängt eine Ausrichtung des Zusammenlebens an der Vernunft elementar davon ab, dass Menschen aufhören, etwas zu glauben, was ihnen irgendjemand erzählt. Wenn ein »öffentlicher Diskurs« im Zeichen der Vernunft funktionieren soll, dann ist das nur möglich, wenn alle Beteiligten selbst ihren Verstand einsetzen. Die Menschen müssen darüber nachdenken, ob das, was sie da zu hören bekommen, der Wahrheit entspricht und auf welche Weise sie den Wahrheitsgehalt prüfen können.

Mit den beiden Aspekten »freier öffentlicher Diskurs« und »eigenständiger Vernunftgebrauch« ist schon der innere Zusammenhang von

Aufklärung und Erziehung angesprochen. Anhand einer zentralen Position der deutschen Aufklärung, der Position des Königsberger Philosophen Immanuel Kant (1724–1804), soll gezeigt werden, warum sich ein Zeitalter der Aufklärung und Vernunft vor allem über »Erziehung« Gedanken machen muss. Im letzten Teil des Kapitels wird diskutiert, wie Kants Verständnis von unabhängigem Denken und Autonomie in gegenwärtigen Erziehungstheorien aufgegriffen wird.

Aufklärung und die Aufgabe der Vernunft

Mit »Aufklärung« ist gleichermaßen eine geschichtliche Epoche wie ein erkenntnisbezogenes politisches Programm bezeichnet. Grundlegend ist die Wendung gegen eine bestehende Unbefragtheit oder Unmündigkeit eines Zustands. Man beschreibt das 5. vorchristliche Jh. als »griechische Aufklärung«, weil sich dort unter der Blüte von Philosophie und Wissenschaft ein Wandel des politischen Zusammenlebens vollzog. In der Hauptsache wird der Begriff der Aufklärung aber für Entwicklungen verwendet, die sich grob im 18. Jh. ansiedeln lassen. Hier verdichtet sich die Idee einer Orientierung des Zusammenlebens an der Maßgabe der Vernunft.

Im Folgenden wird genauer auf einen kurzen Text von Immanuel Kant eingegangen, den man geradezu als »epochal« für das aufklärerische Denken verstehen kann. Er trägt tatsächlich auch den Titel »Was ist Aufklärung?«[23] Erschienen ist er in der »Berlinischen Monatsschrift« im Jahr 1784. Dieser Text hebt mit einer Forderung an: »Habe Mut

---

23 Natürlich gibt es auch andere Dokumente und Texte, die man heranziehen könnte, um sich dem Zeitalter der Aufklärung zu nähern. Schon knapp einhundert Jahre vor Kant hatte Christian Thomasius in seinen Schriften gefordert, dass Menschen ihr vorurteilsbehaftetes Denken reflektieren. In der zweiten Hälfte des 18. Jahrhunderts, um noch ein anderes Beispiel zu geben, haben die französischen Gelehrten Denis Diderot und Jean-Baptiste le Rond d'Alembert an der Herausgabe einer umfassenden Enzyklopädie gearbeitet,

dich deines eigenen Verstandes zu bedienen!« (Kant 1985: 55). So lautet nach Kant der Wahlspruch der Aufklärung. Es kommt also darauf an, selbst zu denken, anstatt sich vorherrschenden Meinungen einfach anzuschließen oder Ratschlägen blind zu folgen. Ein Beispiel könnte die Einnahme von neuartigen Vitaminpillen sein, die in der Werbung angepriesen werden.

Nach Kant hängt das aufklärerische Denken nicht an einer besonderen Ausbildung oder Fähigkeit. Es ist nicht eine Frage des Könnens, selbst zu denken. Es ist eine Frage des Entschlusses. Daher fordert Kant dazu auf, *den Mut zu haben*, sich des eigenen Verstandes zu bedienen. Die Formulierung weist darauf hin, dass wir im alltäglichen Leben den Dingen meist ihren Lauf lassen. Wir haben zum Beispiel Ernährungsgewohnheiten, die mehr oder minder an den jeweiligen kulturell spezifischen Lebensformen ausgerichtet sind. Diesen folgen wir, da wir sie als Teil einer alltäglichen Normalität begreifen. Es erfordert nun deswegen Mut, den eigenen Verstand einzusetzen, weil mit diesem Einsatz genau die zuvor beschriebene alltägliche Normalität außer Kraft gesetzt wird. Mit anderen Worten, bestehende Autoritäten und aber auch die mit anderen geteilte Lebensform werden auf ihre Rechtmäßigkeit bzw. Angemessenheit befragt. Leicht vorstellbar ist, dass ein solches Handeln Gegenwind erzeugen kann. Möglicherweise wird einem unterstellt, man wolle die Grundlagen des Zusammenlebens zerstören. Es könnte auch sein, dass man zum Opfer von Angriffen seitens derer wird, welche sich mit der in Frage gestellten Lebensform identifizieren. Relativ wahrscheinlich ist, dass man sich bei einer solchen kritischen Befragung einer Mehrheit gegenübersehen wird und sich gegen diese behaupten muss.[24]

Kants Hoffnung richtet sich darauf, dass der Mensch mit der Aufklärung alle seine Lebensverhältnisse auf den Boden rationaler Verstandestätigkeit stellen kann. In allen Hinsichten der Lebensführung – poli-

---

die alles Wissen verfügbar machen und es dem Einfluss der herrschenden Autoritäten entziehen sollte (vgl. Berger 2013).

24 Dass eine solche Herausforderung der Autoritäten und bestehenden Lebensgewohnheiten tödlich enden kann, zeigt – unter anderem! – das Beispiel des Sokrates. Er wurde im Jahr 399 vhZr. wegen »Verführung der Jugend« angeklagt und zum Tode mit dem Schierlingsbecher verurteilt.

tisch, ökonomisch, sozial – lässt sich dann eine Verbesserung des Zusammenlebens erwarten, wenn die Organisation dieser Lebensführung auf rational begründeten Entscheidungen beruht. Für Kant ist nun die Erziehung der Ort, an dem eine solche Orientierung an Aufklärung Fuß fassen kann; denn wenn es gelänge, die Erziehung so zu gestalten, dass die Erzogenen sich an der selbständigen Tätigkeit ihres Verstandes ausrichten, dann sollte dies zu einer besseren Welt führen. In den Worten Kants:

> »[...] daß die Erziehung immer besser werden und daß jede folgende Generation einen Schritt näher tun wird zur Vervollkommnung der Menschheit; denn hinter der Edukation steckt das große Geheimnis der Vollkommenheit der menschlichen Natur. Von jetzt an kann dieses geschehen. Denn nun erst fängt man an, richtig zu urteilen und deutlich einzusehen, was eigentlich zu einer guten Erziehung gehöre. Es ist entzückend, sich vorzustellen, daß die menschliche Natur immer besser durch Erziehung werde entwickelt werden und daß man diese in eine Form bringen kann, die der Menschheit angemessen ist. Dies eröffnet uns den Prospekt zu einem künftigen glücklichern Menschengeschlechte« (Kant 1963: 11f.).

In diesem Zitat führt Kant die enge Verbundenheit von moderner Erziehung und Aufklärung vor. Kant sieht die Verbesserung des gesamten Menschengeschlechts in der Erziehung verankert. Das hat seinen Grund in der Bedeutung der Erziehung für das Werden des Menschen. Die Erziehung ist sozusagen das Scharnier zwischen den Generationen und damit der Ort, an dem Lebensformen und -gewohnheiten an die nächste Generation weitergegeben werden. Nach Kant heißt das, dass die Erziehung der Ort der möglichen Verbesserung der Menschen ist: der Ort, wo die Frage nach einem besseren Leben aufgenommen und bearbeitet werden kann. Wenn es gelingt, die Erziehung als Scharnier der Generationen an der Maßgabe der Aufklärung aufzuhängen, *könnte* die Aufklärung selbst zu einer Tradition werden (auf das »könnte« gehe ich später noch genauer ein).

Die Erziehung soll allerdings nicht nur ein aufklärerisches Denken »tradieren«. Sie soll auch selbst Gegenstand einer rationalen Betrachtung werden. Kant stellt sich vor, dass die Erfahrungen mit der Erziehungspraxis eine wissenschaftliche Reflexion in Gang setzen. Damit wird man das moderne Erziehungsprojekt selbst immer weiter verbessern. »Erziehung« soll also nicht einfach ihren Lauf nehmen, sondern sich auf der Grundlage eines rationalen Nachdenkens vollziehen.

Für Kant waren aus diesem Grund die Experimentalschulen des Philanthropismus[25] ein positives und wichtiges Beispiel. Hier wurde nicht einfach stupide auswendig gelernt, wie das in den Lateinschulen dazumal üblich war. Die Aufwertung der Anschauung im Unterricht der Philanthropen – eine berühmte dieser Schulen befand sich in Dessau – förderte das eigene Verstehen und richtete damit auch den Unterricht an einem wissenschaftlich-systematischen Nachdenken aus. Was Kant nun besonders hervorhebt, ist, wie die Philanthropen in ihren Schulen mit Anschauungsmaterialien und Fachbezügen experimentierten; denn nur ein solches experimentelles Arbeiten ermöglicht nach Kant rationale Schlussfolgerungen, in welcher Richtung ein Fortschritt möglich ist. Das ist nach Kant der Weg in ein »aufgeklärtes Zeitalter«[26] – ein Zeitalter, in der jede*r Einzelne sich in allen Dingen des Lebens seines Verstandes ohne Leitung durch andere bedienen könnte.

Man kann auch Kants eigene Vorlesung »Über Pädagogik«[27] als einen Einsatz verstehen, das Nachdenken über »Erziehung« auf eine neue aufklärerische Grundlage zu stellen; denn Kant versucht in dieser Vorlesung, das Feld der Erziehung systematisch einzuteilen, z. B. indem er die physische Erziehung von der praktischen bzw. moralischen Erziehung unterscheidet. Der aufklärerische Einsatz wird dort besonders greifbar, wo Kant sich den Schwierigkeiten widmet, mit denen eine aufklärerische Erziehung konfrontiert ist: Angesichts der eingefleischten Lebensgewohnheiten ist der Weg der Aufklärung nicht leicht zu beschreiten. Es bereitet weniger Mühe und Anstrengung, den bestehenden

---

25 Die Philanthropen, wörtlich übersetzt: Menschenfreunde, stehen für eine Erziehung nach der Maßgabe einer Glück versprechenden Brauchbarkeit in der Gesellschaft. Damit wurde eine weltzugewandte Erziehung begründet, die sich an dem Maßstab gesellschaftlicher Entwicklung orientierte. Wichtige Vertreter des Philanthropismus waren Joachim Heinrich Campe, Johann Bernhard Basedow und Peter Villaume.
26 Kant hebt für seine Zeit hervor, dies sei ein »Zeitalter der Aufklärung«. Das »aufgeklärte Zeitalter« stehe dagegen noch aus (Kant 1985: 60).
27 Diese Vorlesung ist uns durch eine Aufzeichnung von Theodor Rink überliefert.

Verhältnissen einfach zu folgen. Gleiches gilt für den Bereich der Erziehung: Auch hier müssen bislang tradierte Verhältnisse durchbrochen werden, z. B. die Angewohnheit der körperlichen Züchtigung von Kindern, die Kant als besonders schädlich angesehen hat. Die Tatsache, dass die Erziehung von den schon Erzogenen geleistet wird, verweist grundsätzlich auf das Problem, dass die moderne Erziehung immer nur auf dem Boden des Bestehenden erfolgt. Es gibt keinen absoluten Neuanfang. Im Folgenden wird Kants Erziehungskonzeption näher beleuchtet. Dabei wird sich zeigen, dass mit der Aufgabe einer aufklärerischen Erziehung noch weitere Herausforderungen verbunden sind.

Zur Gliederung der Erziehungsaufgabe nach Kant

Kant denkt die Erziehung als viergliedrige Aufgabe der *Disziplinierung*, der *Kultivierung*, der *Zivilisierung* und der *Moralisierung*. Die *Disziplinierung* bzw. disziplinieren heißt nach Kant »suchen zu verhüten, daß die Tierheit nicht der Menschheit zum Schaden gereiche« (Kant 1963: 16). Der Begriff der Menschheit bezieht sich auf den einzelnen Menschen wie auch auf die gesellschaftliche Existenzweise des Menschen. Wie aus dem Zitat geschlossen werden kann, versteht Kant die Disziplinierung als ein »negatives Handeln«. Es ist ein Handeln, das verhüten, also verhindern soll. Außerdem weist Kant diesem Handeln den Status eines Versuchs zu. Diese Hinweise sind wichtig, da Kants Verständnis von unserer Vorstellung von »Disziplinierung« abweicht, die von aktiver Bestrafung geprägt ist. Bestrafung ist aber kein verhütendes oder verhinderndes Handeln, sondern ein klar nachgängiges Verhalten, das entweder in Form einer Vergeltung für ein Fehlverhalten oder als Anreiz bzw. Zwang einer zukünftigen Verbesserung eingesetzt wird. Genau dies aber ist bei Kant mit »Disziplinierung« nicht gemeint. Nach Kant sollte Disziplin »bloß [als] Bezähmung der Wildheit« (ebd.) betrachtet werden. Das schließt natürlich auch Zwang ein, z. B. wenn ein Kind nach einem scharfen Messer greift. Hier haben die Erziehenden zu verhindern, dass die Tierheit durchbreche. Kant macht aber ebenso deutlich, dass der Einsatz des Zwanges darauf ausgerichtet ist, dass das Kind damit zum zukünftigen Gebrauch der Freiheit angeleitet wird.

Dass Disziplinierung als Teil einer Befreiung durch Erziehung verstanden werden muss, ist zunächst ein sehr ungewöhnlicher Gedanke. Am geläufigen Beispiel des Süßwarenregals im Supermarkt lässt sich erläutern, wie Kant hier denkt. Die Süßigkeiten türmen sich an der Kasse vom Supermarkt vor dem im Kinderwagen sitzenden Kind auf. Sie sind für das Kind zum Greifen nah. Wenn wir noch mitdenken, dass das Greifen für Kinder eine wichtige Art und Weise darstellt, sich die Welt heranzuholen und zu erforschen, dann kann kaum noch überraschen, dass Kinder zugreifen wollen. Das Kind ist seinem eigenen Drängen auf Süßigkeiten und dem vor ihm platzierten Süßigkeitsregal *ausgeliefert*. Es ist, mit anderen Worten, in seiner ganzen Existenz gefangen in der Gegenwart des Süßwarenregals.

Das Gefangen-Sein in Wunsch und Wunscherfüllung bezeichnet Kant als »Tierheit«; denn hier gibt es kein Verhältnis zum eigenen Tun, nur ein den Trieben und Neigungen folgendes Verhalten. Wer erzieht, ist vor die schwierige Aufgabe gestellt, dieses unmittelbare Verhältnis des Kindes zum Regal mit dem Naschwerk zu unterbrechen – und damit den Spielraum der Freiheit zu eröffnen. Diese Freiheit kann man zunächst einfach als Freiheit von den Süßigkeiten denken. Wie lässt sich eine solche Freiheit hervorbringen? Und wie lässt sich das eigene Vorgehen legitimieren? Diese Fragen haben Erziehende sich immer wieder vorzulegen.

Ein Vater oder eine Mutter könnte zum Beispiel in der Supermarkt-Situation eine Wunscherfüllung in der Zukunft eröffnen. Damit würde nicht der Wunsch des Kindes versagt, aber die Bedeutung der Süßwaren in der Gegenwart relativiert. Wenn das Kind von den Süßigkeiten abließe, wäre das als erster Schritt einer Distanzierung von der unmittelbaren Bezogenheit auf die eigenen Wünsche und Neigungen zu werten. Wir können uns vorstellen, dass nachfolgend mit Kindern über diese Waren und das Verhalten in ihrer Umgebung gesprochen werden kann. Überhaupt gäbe es viel zu erforschen, wie Kinder, die in der Gegenwart ihrer Wünsche, ihrer Müdigkeit oder ihres Hungers gefangen sind, angesprochen werden können. Die Disziplinierung sollte also nicht als unterwerfende Herrschaft gedacht werden.

Der zweite Teil der Erziehungsaufgabe ist die *Kultivierung,* die Kant mit der »Verschaffung einer Geschicklichkeit« verbindet (Kant 1963: 16). Dabei ist unter Geschicklichkeit der Besitz eines Vermögens zu verstehen, das für allerhand Tätigkeiten eingesetzt werden kann. Die Kultivierung erfolgt als Belehrung und Unterweisung.

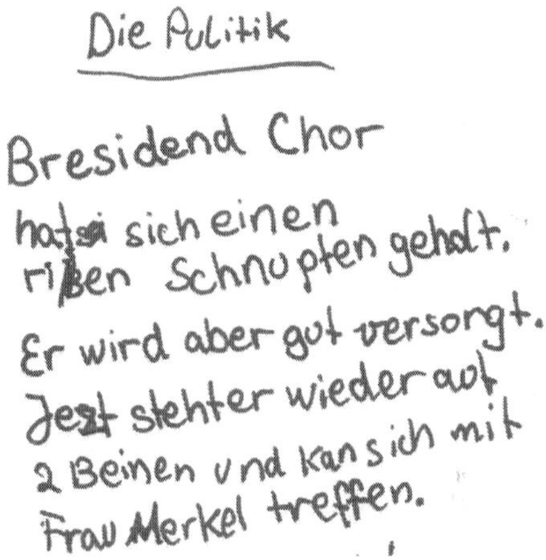

> Die Pulitik
>
> Bresident Chor hat sich einen riben Schnupten gehalt. Er wird aber gut versorgt. Jest stehter wieder auf 2 Beinen und kan sich mit Frau Merkel treffen.

Abb. 2: Zum Verständnis der Kultivierung bei Kant: Zeitungsbericht einer Grundschülerin

Das hier abgebildete Werk einer Grundschülerin, welche die Erstellung eines Zeitungsberichts übt, lässt sich als Beispiel für Kultivierung anführen. In seiner Vorlesung nennt Kant selbst das Lesen und Schreiben als Geschicklichkeiten, die für viele Zwecke bzw. Tätigkeiten relevant sind. Einige Geschicklichkeit hat sich die Grundschülerin schon angeeignet; Weiteres wird noch zu üben sein: z. B. die Abgrenzung von »b« und »p« sowie »d« und »t«.

In dem Beispiel gibt es aber noch andere Hinsichten der Kultivierung. Die Erstellung eines Berichts lässt sich auch als eine Geschicklichkeit auffassen, die nicht schon über das »Schreiben-Können« eingeholt ist. Zum Bericht gehört eine sachorientierte Sprache, die sich vom Erzählen abgrenzt. Der Text der Grundschülerin ließe sich daraufhin betrachten, an welcher Stelle diese Geschicklichkeit schon erworben wurde. Beide hier angesprochene Aspekte der Kultivierung, das Schreiben und das Erstellen eines Berichts, können durch Belehrung und Unterweisung erlangt werden.

»Geschicklichkeiten« legen nach Kant nicht fest, zu welchen Zwecken sie eingesetzt werden. Das Schreiben ist für viele Zwecke einsetzbar, das wurde oben bereits angeführt. Dass die Erstellung eines Berichts nicht nur der Informationsübermittlung dient, wird mit dem Kontext deutlich, in dem der Text der Grundschülerin entstanden ist. Dieser Text, der sich übrigens fortsetzt und mit einem Ukulelenkonzert von Präsident Chor endet, war verfasst worden aus »Jux und Tollerei«. Witz und Vergnügen – und ihr Verhältnis zum Ernst (des Lebens, der Schule etc.) – sind auch Dimensionen der Kultur.

Als dritten Aspekt der Erziehungsaufgabe bestimmt Kant die *Zivilisierung*. Mit ihr geht es um den Erwerb von sozialen Umgangsformen. Zu diesen gehören nicht nur die Formen eines höflichen Umgangs miteinander (»bitte«, »danke«), sondern überhaupt die Fähigkeit, mit anderen umzugehen. Dazu einige Beispiele: Wie überzeugen wir jemanden davon, sich für uns einzusetzen? Wie mit jemand streiten? Wie lässt sich die Zusammenarbeit mit einer Person gestalten, die wir nicht gut kennen? In diesen Fragen geht es nie nur um die Tätigkeit im engeren Sinn: den Gegenstand der Zusammenarbeit, den Streitsachverhalt oder die Argumente, die den anderen überzeugen sollen, sich für uns einzusetzen. Die Sachen sind sozial eingebettet – und je nachdem, wie wir die anderen ansprechen, wird etwas ganz anderes dabei herauskommen. Ein Streit kann – je nach Umgangsform – mit einer Schlichtung oder einer blutigen Nase enden.

Kant weist darauf hin, dass die Umgangsformen sich »nach dem wandelbaren Geschmacke jedes Zeitalters« richten (Kant 1963: 16f.). Dass zu Luthers Zeit das Rülpsen und Furzen zu Tische als Bestätigung des Wohlgeschmacks der Mahlzeit verstanden wurde, weist auf die Wandelbarkeit sozialer Umgangsformen hin (hier: der Tischsitten). Hinsichtlich zukünftiger Umgangsformen könnte man sich auch vorstellen, dass bei den vielen Möglichkeiten, Mahlzeiten und Getränke »to go« einzunehmen, sich die Bedeutung von »*Tisch*sitten« in ganz anderer Hinsicht wandeln wird.

Der vierte und wichtigste Aspekt der Erziehung ist die *Moralisierung*. Die »Moralisierung« steht nach Kant über allem, durchwirkt den Erziehungsprozess als Ganzen. Damit ist gemeint, dass die vier Aspekte der Erziehung nicht einfach nebeneinander stehen, sondern dass alles in Ausrichtung auf die Moralisierung zu denken ist. Mit »Moralisierung« meint Kant, dass der zu Erziehende *ein guter Mensch* wird. Ein guter Mensch wird man, nach Kant, wenn man sein Handeln an guten Zwecken ausrichtet. Als »gut« lassen sich Zwecke dann bestimmen, wenn sie mit dem moralischen Gesetz übereinstimmen. Dieses »moralische Gesetz«, das in Kants Philosophie eine wichtige Stellung hat, soll kurz erläutert werden.

Wir können uns vorstellen, dass verschiedene Menschen unterschiedliche Auffassungen davon haben, was »gutes Handeln« ausmacht. Von hier aus stellt sich für jede Moralphilosophie das große Problem, wie eine Bestimmung »guten Handelns« erfolgen kann, die für jede*n zustimmungsfähig wäre. Kants Weg ist die Formulierung eines moralischen Gesetzes, das auf Allgemeinheit zielt. Das Argument lautet, wenn ich von der Handlungsregel, der ich folge, fordern könnte, dass sie ein *für alle geltendes, allgemeines Gesetz* wird, dann kommt ein gutes Handeln heraus.

Kant nennt diesen Sachverhalt den »kategorischen Imperativ«[28] und hat ihn u. a. in die folgende Formulierung gebracht: »Handle nur nach derjenigen Maxime, durch die du zugleich wollen kannst, daß sie ein allgemeines Gesetz werde« (Kant 1961: 68). »Maxime« ist bei Kant die Bezeichnung für die Handlungsregel eines einzelnen Individuums. Mit dieser Umschreibung verschiebt Kant das Problem des möglichen Streits unterschiedlicher ethischer Auffassungen und Handlungsregeln dadurch, dass die Kontrahent*innen sich darüber auseinandersetzen müssen, ob ihre Auffassungen für ein allgemeines Gesetz taugen. Dies macht zugleich erforderlich, *dass die Menschen sich gedanklich mit ihren Maximen auseinandersetzen müssen*. Der kategorische Imperativ begreift in sich die Aufgabe einer moralischen Reflexion der eigenen Handlungsregeln. Dies können wir als eine Form der Aufklärung verstehen,

---

28 »Kategorisch« steht für »ausnahmslos«, also für »unbedingt geltend«. »Imperativ« steht für eine befehlsmäßige Forderung.

wie oben eingeführt: als Einsatz des eigenen Verstandes, der mit der unbefragten Geltung von Lebensgewohnheiten bricht.[29] Damit zeichnet sich nun ab, was Kant mit Moralisierung in der Erziehung meint. Es geht darum, dass die zu Erziehenden dahin gebracht werden, ihr Handeln am kategorischen Imperativ auszurichten. Der schwierige Punkt ist nun aber folgender: Die moralische Reflexion, auf die der kategorische Imperativ abzielt, kann den jeweiligen Personen nicht abgenommen werden. Damit würde genau der Anspruch der Aufklärung – den eigenen Verstand einzusetzen – unterlaufen. Ein ähnliches Bild zeigt sich, wenn wir das Handeln selbst betrachten. Ein Handeln, das auf einem Zwang zum guten Handeln beruht, lässt sich nicht als moralisches Handeln nach Kant begreifen; denn der Clou ist ja, die je *eigenen* Handlungsregeln und die Ausrichtung des *eigenen* Handelns moralisch zu prüfen. Für Kant kann es ein moralisches Handeln nur dort geben, wo das Handeln aus einer moralischen Reflexion im Sinne des kategorischen Imperativs und also im Sinne einer Überzeugung, aus Pflicht zu handeln, hervorgeht.

Was bedeutet das für den Prozess der Moralisierung? Es bedeutet, dass die Erziehenden sich auf einem schwierigen, wenn nicht widersprüchlichen Gelände bewegen, das oben bereits zur Sprache gekommen ist: die Ermöglichung der Freiheit angesichts von Erziehungshandlungen, die von den zu Erziehenden immer auch als Zwang erlebt werden. Wie kann eine moralische Einsicht angebahnt werden, wenn sie nicht erzwungen oder programmiert werden kann, was ohnehin nicht wünschenswert wäre? Wie können Kinder und Jugendliche in ihrem moralischen Lernen unterstützt werden, ohne die Begleitung der Erwachsenen als »Besserwissen« zu erleben? Für Kant sind dies Fragen, welche die Herausforderung der Aufklärung ernst nehmen. Erziehenden sind daher Reflexion und Prüfung ihres eigenen Erziehungshandelns aufgegeben.

---

29 Es soll nicht verschwiegen werden, dass es an Kants Ethik auch einiges Kritikwürdiges gibt. Ein Aspekt soll hier nur als Frage aufgegriffen werden: Ist das moralische Leben des Menschen, in dem es auch um Erfahrungen des Leids und moralische Gefühle geht, hinreichend eingeholt, wenn es auf ein allgemeines Gesetz verpflichtet wird?

Wie im vorausgehenden Abschnitt bereits festgehalten, besteht das enge Verhältnis von Erziehung und Aufklärung auch darin, dass die Erziehung selbst zu einem Feld der systematischen Betrachtung und Erforschung wird. Wo kippt das Erziehungshandeln angesichts der Uneinsichtigkeit der Kinder – oder auch der Erwachsenen – in Dressur und Zwang um? Wie hätte anders gehandelt werden können? Aus welchen Handlungen und Situationen ist die Einsicht des Kinders hervorgegangen? Kant beschreibt die Erziehung als »Herausforderung der Aufklärung« – als eine Herausforderung, die *alle* – Erziehende wie zu Erziehende – betrifft.

Aufklärung und das Problem der Autonomie

Mit der Aufklärung geht es um das »Selbst-Denken«, sich einen eigenen Kopf machen, wie manchmal gesagt wird. Es geht darum, sich von den Auffassungen der anderen »unabhängig« und ein eigenes Bild von der Sache zu machen. Das alles sind unterschiedliche Formulierungen für ein »vernunftgeleitetes Denken und Handeln«. Am kategorischen Imperativ hatten wir gesehen, wie Kant sich die Sache vorstellt: Das eigene Denken überschreitet die subjektiven Handlungsregeln dadurch, dass es sie einer Prüfung unterzieht: ob sie als allgemeines Gesetz taugen würden. Kant stellt sich vor, dass der Mensch sich damit gegenüber seinen bislang unbefragten Lebensgewohnheiten *verselbständigt*. Der Mensch orientiert sich nun nicht mehr an seinen Lebensgewohnheiten, sondern an der »allgemeinen Vernunft« (die sich durch die Reflexion im Lichte des kategorischen Imperativs vollzieht).

In diesem Zusammenhang verwendet Kant den Begriff der »Autonomie«[30]. Kant bezieht diese Autonomie auf die allgemeine Vernunft, an

---

30 Das Wort stammt ursprünglich aus dem Altgriechischen (autonomia) und bedeutet »Selbstgesetzgebung«. Weitere Ausführungen zur Begriffsgeschichte finden sich bei Meyer-Drawe (1998).

der der Mensch Anteil hat, wenn er ihr folgt. Man kann nun fragen, ob auf diesem Wege tatsächlich eine Unabhängigkeit des Menschen bezüglich der ihn umgebenden sozialen Verhältnisse gedacht werden kann. Mit anderen Worten: Setzt Kant vielleicht eine zu große Hoffnung in die »allgemeine Vernunft« und in die Möglichkeit, sich an dieser zu orientieren? Kann das Denken und Handeln der Menschen einer Prüfung durch den »Gerichtshof der allgemeinen Vernunft« unterstellt werden, so dass nach und nach der Irrtum der Einzelnen ausgeräumt werden könnte?

Diese optimistische Sicht teilten nicht alle Denker*innen der Aufklärung. In Frankreich hatte Jean-Jacques Rousseau bereits 1750 eine umfassende Kritik des Fortschrittsoptimismus der Aufklärung formuliert. Auf die Frage, ob der Fortschritt der Wissenschaft und Künste das Zusammenleben der Menschen verbessert habe, reagierte Rousseau mit einem bestimmten »Nein«. Rousseau interpretierte die Situation des Menschen so, dass Aufklärung und Wissenschaft nicht als Gegenpart zum traditionsbehafteten und vorurteilsbehafteten Denken zu verstehen seien. Demgegenüber behauptete er, dass der Mensch in gesellschaftlicher Entfremdung existiere. Damit ist gemeint, dass die Gesellschaft verhindert, dass der Mensch mit sich in Übereinstimmung lebt. Nach Rousseau haben Aufklärung und Wissenschaft Anteil an dieser Entfremdung, da sie die Ausrichtung des Menschen an gesellschaftlichen Vorteilen und Vorurteilen nicht unterbrechen. Aus dieser Perspektive durchbricht das aufklärerische Denken gerade nicht die gesellschaftlich verbreiteten Lebensgewohnheiten. Schlimmer noch: Im Glauben, diesen Gewohnheiten enthoben zu sein, vertieft sich nach Rousseau die gesellschaftliche Täuschung. Obgleich Rousseau die Vernunft als ein wichtiges Vermögen des Menschen interpretiert, glaubt er also, dass diese gesellschaftlich durchdrungen ist.

Diese knappe Skizze zu Rousseau zeigt, dass die Bezugnahme der Erziehung auf das aufklärerische Selbstdenken nicht ganz einfach ist; in Kants Überlegungen ist ein starker Optimismus der Vernunft enthalten. Daraus resultiert die Vorstellung, dass die Erziehung die Menschen im Hinblick auf die Eigenständigkeit und Unabhängigkeit ihrer Lebensführung stärkt. An dieser Stelle lässt sich aber die Frage aufwerfen, inwiefern die Aufklärung ein Menschenbild favorisiert, das der Sache nach eine Engführung darstellt. Es handelt sich um das Bild vom Menschen als handlungsfähiges und unabhängiges – oder wie man auch sagt: autonomes – Subjekt. Die Erziehungswissenschaftlerin Käte Meyer-Drawe (1998) hat aufgezeigt, dass der Vorstellung von »Autonomie« in der Neuzeit eine zentrale Rolle zur Beschreibung des Menschen zugemessen wird. Zugleich habe sich damit eine Überhöhung vollzogen, weil durch die Betonung der Autonomie aus dem Blick rücke, dass der Mensch als leiblich-soziales Wesen existiere (ebd.). Sein Leben in der Welt vollzieht sich nicht als Blick durch ein Fenster aus dem Zimmer der Vernunft.

Die Vorstellung von Autonomie als menschliche Eigenschaft impliziert demnach eine Verkürzung menschlichen Existierens. Wenn sich dann noch zeigen würde, dass dieser Sachverhalt mit gesellschaftlichen Interesselagen in Verbindung steht, dann könnte man dem Aufklärungskritiker Rousseau ein Stück Recht geben. Tatsächlich lassen sich eine Reihe von Beispielen angeben, wo die Bezugnahme auf Autonomie bestehende gesellschaftliche Interessen verschleiert. In einer Gesellschaft, die mit der sukzessiven Abschaffung abhängig Beschäftigter jeden zu einem »unternehmerischen Selbst« (Bröckling 2007) machen möchte, folgt die Ausrichtung an Autonomie den Interessen von Wirtschaftsunternehmen, von Sozialversicherungsabgaben entlastet zu werden. Wo Lernende dahingehend beraten werden, ihren Lernprozess selbst zu managen, wird den Lernenden die Verantwortung für ihr Lernen aufgebürdet (vgl. Pongratz 2005). In der Forderung der Autonomie können also auch Zwänge und »Heteronomie« (Fremdbestimmung) impliziert sein.

Wie nun wären die klassischen Diskurse der Erziehungstheorie in der Gegenwart weiterzuführen? Sollte an dem engen Verhältnis von Erziehung und Selbstdenken festgehalten werden? Und wie ist es möglich, dabei nicht einem blinden Optimismus der Aufklärung zu unterliegen? In diesem Zusammenhang sind die erziehungstheoretischen Studien von Roland Reichenbach (*1962) von Interesse, da dieser am Begriff der Autonomie festhält und zugleich die Grenzen bzw. das Versagen beim Erziehen im Blick behält.

Verurteilt zur Inkompetenz: Reichenbach über Erziehung

Ein wichtiger Ausgangspunkt für Reichenbachs Darstellung von Erziehung in der Spätmoderne[31] ist, dass er diese als »nicht-souveräne« Veranstaltung begreift. Pädagogisches Handeln finde, so Reichenbach, *immer* unter nicht-idealen, intransparenten und kritischen Bedingungen statt (vgl. Reichenbach 2001: 365). Es ergeben sich Differenzen, Unstimmigkeiten, Widersprüche. Das Vorhandensein von Widersprüchen war schon von Kant artikuliert worden, der nach der Vereinbarkeit von Freiheit und Zwang in der Erziehung fragte. Reichenbach (2000) wirft ganz in dieser Linie die Frage auf, wer schon gern erzogen werden wolle. Die Erziehung sei für den Zu-Erziehenden letztlich eine Zumutung, da sie eine Position der Unterordnung impliziere (ebd.). Dass das Verhältnis von Erziehenden und Zu-Erziehenden[32] ein *asymmetrisches* ist, wird laut Reichenbach gern übergangen. Die idealistische Ausrichtung an einer Begegnung auf Augenhöhe habe dazu geführt, dass überhaupt keine Sprache vorhanden sei, um diese Zumutung und dieses Feld von Widersprüchen in Worte zu fassen. Unter den Vorstellungen von Harmonie und Eintracht wird die Erziehung zu einem machbaren Unternehmen.

Reichenbach greift die existenzphilosophische Pädagogik Otto Friedrich Bollnows auf, weil diese eine Sprache für die inneren Grenzen der Erziehung anbietet. Ein wichtiger Begriff ist »Nicht-Souveränität«, also die Unmöglichkeit, »drüber zu stehen«. Bollnow setzt dafür den Begriff der »Begegnung« zweier Subjekte[33] ein:

---

31 Mit dem Begriff der Spätmoderne knüpft Reichenbach an die Steigerung von Ungewissheitserfahrungen an – an die moderne Einsicht, dass Wissen ebenso wie Traditionen hinterfragbar sind. Menschen müssen im Zusammenhang dieser grundlegenden Ungewissheit und des Glaubensverlusts hinsichtlich großer Ideen ihr Leben führen, Entscheidungen treffen und diese verantworten.

32 Der Begriff »Zögling«, der in zahlreichen Schriften für die Zu-Erziehenden eingesetzt wird, verweist auf einen Objektstatus im Erziehungsverhältnis. Man kann ihn auf dieser Grundlage problematisieren.

33 Reichenbach spricht dann auch von der »Bisubjektivität« der Erziehung (Reichenbach 2001: 367).

»Eine ›pädagogische Begegnung‹ ist nicht nur nicht planbar oder willkürlich herbeiführbar [...], sondern auch nicht möglich, weil die Erzieherin und/oder der Zögling in der Situation der Begegnung buchstäblich ›aus der Rolle‹ fällt/fallen [...] und sich und/oder die anderen – je nach Art und Gegenstand der Begegnung – zu einer Neuinterpretation der Situation zwingt« (Reichenbach 2001: 367).

Reichenbach hebt mit Bollnow hervor, dass mit der Begegnung zweier Subjekte zwei Wirklichkeiten aufeinandertreffen. Dies lässt sich an zahlreichen Erziehungssituationen nachvollziehen, z. B. in Auseinandersetzungen zwischen Eltern und Kindern um die Nutzungsdauer von Smartphones. Für die Kinder besteht die ›Wirklichkeit‹ darin, dass alle ihre Freund*innen in den sozialen Netzwerken unterwegs sind und sie es als Notwendigkeit empfinden, dabei zu sein, um den sozialen Anschluss nicht zu verlieren. Die ›Wirklichkeit‹ der Eltern sieht ganz anders aus. Sie haben die Gefahren des Netzes vor Augen, die Veränderung des familiären Zusammenlebens, die permanente Ablenkung etc.

Reichenbach behauptet nun, dass bei dem Zusammentreffen der Wirklichkeiten der Subjekte beide Seiten »aus der Rolle fallen«. Denkbar ist z. B., dass das Kind sich nicht an die vereinbarte Nutzungspause hält, sich der Aufforderung der Eltern widersetzt. Dieses Verhalten des Kindes macht den Erziehenden klar, dass sie sich in der Reichweite ihres erzieherischen Handelns verschätzt haben. Möglicherweise lassen Eltern ihr Kind wissen, dass sie vom Verhalten des Kindes ›persönlich enttäuscht‹ sind. Möglicherweise wird ein rigoroses Handyverbot erteilt.

Nach Reichenbach ist der hier beschriebene beispielhafte Verlauf kein Versagen in der Erziehung; vielmehr macht die beschriebene Kollision der Wirklichkeiten gerade den »Realitätsgehalt« der Erziehung aus. Deswegen ist es problematisch, wenn unser Sprechen über Erziehung so stark an Harmonie und Symmetrie ausgerichtet wird. Für Reichenbach ist klar, dass wir im Bereich der Erziehung zur Inkompetenz verurteilt sind:

»Weil das Erziehen so reich an Inkompetenz und Dilettantismus ist, so reich an Situationen, in denen die eine Seite oder beide dieses Prozesses ›aus der Rolle fallen‹, ist es auch zugleich reich an Schamgefühlen. Gemessen an ihren Erwartungen an sich selbst versagt die erziehende Person einfach zu oft. Dieses Versagen ist in die Struktur der Erziehungssituation eingebaut. Die Erzieherin sieht sich verantwortlich für etwas, das sie nicht kontrollieren kann: die Freiheit des kindlichen Subjekts« (Reichenbach 2001: 368).

Wenn die Erziehenden die Erziehung nur von sich her denken (»Wie kann ich das Kind dazu bringen, dass...«), ist nach Reichenbach die Erziehungssituation noch gar nicht erreicht. Die Erziehung beginnt erst mit der Erfahrung der Begegnung. Das erfordert, sich von Anfang an darauf einzulassen, dass der eigene Handlungseinsatz inkompetent und dilettantisch ist. Die Inkompetenz besteht darin, für etwas verantwortlich zu sein, was der Reichweite des eigenen Handelns entzogen ist: die Freiheit des Kindes. Was aber bedeutet das in der Erziehung »eingebaute« Versagen für das Erziehungshandeln? Reichenbach sieht im *Eingeständnis* der Inkompetenz, die sich insbesondere in Form von Scham äußert, ein wichtiges Moment der Erziehung.

Reichenbach interessiert sich dafür, wie mit dem Versagen in der Erziehung umgegangen wird. Wird das Handeln »prinzipiengeleitet – souverän – vollstreckt« beim Erziehungsakt wie bei einem Racheakt, »dann geschieht er sozusagen ›kaltblütig‹, als ob es kein pädagogisches Verhältnis gäbe; erfolgt er aber im Affekt, so ist er dilettantisch, bezeugt die Schwäche des Erziehers oder der Erzieherin, welcher bzw. welche sich dafür *schämen* wird« (ebd.). Reichenbach votiert dafür, dass die der Erziehung innewohnende Inkompetenz der nachwachsenden Generation gegenüber nicht verschleiert wird. In einer Welt, in der wir mit anderen leben und letztlich immer auch auf andere angewiesen sind, bleiben wir im engen Kontakt mit der »Inkompetenz«. Wer demgegenüber nach Prinzipien handelt, tut so, als wäre das Erziehungshandeln gänzlich unabhängig von der Erziehungssituation, als hätte die Reaktion der Erziehenden überhaupt nichts mit der vorausgehenden Begegnung zu tun. Deshalb zieht Reichenbach den Begriff »kaltblütig« heran. Hinsichtlich der oben angeführten Erziehungsreaktionen im Handybeispiel wäre also entscheidend, mit welcher Haltung eine Reaktion auf das Handeln der Zu-Erziehenden erfolgt.

Das bedeutet, dass ein Erziehungsideal der Autonomie dann problematisch wird, wenn es die Augen vor der Wirklichkeit des sozialen Lebens verschließt. Nach Reichenbach kann es immer nur um »zugemutete Autonomie« gehen, also *um ein Handeln, das so tut, als ob es autonom wäre*. Es ist die Bereitschaft gemeint, sich die Verantwortlichkeit für ein

Handeln *zuzurechnen*, am Beispiel formuliert: sich für die Nutzung des Handys verantwortlich und darin autonom zu betrachten – ungeachtet der zahlreichen technischen und sozialen Abhängigkeiten, die mit dem Handy verbunden sind. Reichenbach formuliert das so: »*Obwohl du überfordert bist, mußt du Verantwortung übernehmen.*‹ Gegen Unfähigkeit, Unwissen und Uneinsichtigkeit hilft nur die kontrafaktische Zumutung, dennoch als autonomes Subjekt behandelt und bewertet zu werden« (ebd.: 371, Hervorh. i.O.). Dies gilt natürlich nicht nur für die Zu-Erziehenden, sondern auch die Erziehenden, die ungeachtet der Überforderung in der Erziehungsverantwortung bleiben.

Die Inkompetenz der Erziehung ist nicht defizitär; vielmehr gilt sie Reichenbach als Einführung »ins große Reich der menschlichen Inkompetenz« (ebd.: 369). Kinder und Jugendliche erhalten sozusagen ein realistisches Bild von der sozialen Welt. Sie entwickeln ein Verständnis für menschliche Schwächen – die Inkonsequenzen des menschlichen Handelns und sein Versagen. In einer solchen Erziehung erfahren Kinder und Jugendliche aber auch, dass die Realität des Versagens nichts an der zugemuteten Autonomie ändert: Wer seinen Umgang mit dem Handy nicht zu kontrollieren lernt, wird früher oder später Probleme haben – und in einer sozialen Welt mit anderen nicht für voll genommen werden. Zusammenführend gesagt: Erziehung hat schon etwas damit zu tun, autonom zu sein – und zwar mit der »*Zumutung*, autonom zu sein« (ebd.: 369, Hervorh. C.T.).

Reichenbachs Ausführungen hinsichtlich der »Zumutung« der Erziehung zur Autonomie bringen Widersprüche in den Blick, die schon Kant artikuliert hat. Anders aber als bei Kant, der auf die Vervollkommnung des Menschengeschlechts durch eine aufklärerische Erziehung hoffte, weist Reichenbach darauf hin, dass in der Erziehung und ihrer Ausrichtung auf die zugemutete Autonomie einiges an Härte enthalten ist. Obgleich wir an der Aufgabe der Eigenständigkeit und der Autonomie immer wieder scheitern, bleiben wir auf diese verwiesen.

Für Reichenbach liegt genau darin ihre Angemessenheit für die spätmodernen Lebensverhältnisse: Sie hält im Blick, dass das Selbst »eine ewige ›Baustelle‹« bleibt (ebd.: 408). Dieser Sachverhalt kann aber nur bedeuten, dass das, was Kant Moralisierung nannte, an der Fehlbarkeit und Inkompetenz menschlichen Handelns festgemacht werden sollte – und nicht an moralischer Perfektion. In der Akzeptanz dieser Umstände könnten sich veränderte Handlungs- und Freiheitsräume auftun: Die spätmoderne Einsicht in den dilettantischen Charakter des Menschen könnte »bedeuten, den menschlichen Dilettantismus als Quelle einer *zweideutigen* Freiheit zu interpretieren und als *uneindeutige* Quelle wechselseitiger Achtung« (ebd.: 409). Nach Reichenbach kann die Orientierung an der Inkompetenz die Möglichkeitsräume der Begegnung erweitern, wenn die Beteiligten mit dem Bewusstsein des Dilettantismus aufeinander zugehen. Diese Haltung stellt nicht nur die Erziehung, sondern das Zusammenleben überhaupt in ein anderes Licht.

Aufklärung und Autonomie bleiben also wichtige Bezugspunkte in der Diskussion um Erziehung und Gesellschaft in der Gegenwart, auch wenn der starke Glaube an den Fortschritt der Vernunft, wie Kant ihn artikuliert hat, nicht mehr aufrechterhalten werden kann. Die epochale Beschreibung der Spätmoderne steht für die Erfahrung von Pluralismus und die Einsicht in den Dilettantismus menschlichen Handelns. Das wird auch den Blick auf die eingangs genannten »Fake News« verändern. Zum aufklärerischen Anspruch, Sachverhalte einer Prüfung zuzuführen, tritt eine Anforderung hinzu: sich damit auseinanderzusetzen, dass sich auf der Grundlage des westlichen Vernunftdenkens die gegenwärtige gesellschaftliche Wirklichkeit nicht hinreichend verständlich machen lässt.

Kapitel 5: Bildung – im Horizont der Selbstbestimmung des Menschen

»Die Sprachen sind nicht kompatibel. Ich habe das selbst in 40 Jahren Unterricht immer wieder erlebt. Die haben alle gelernt und verstanden, dass der Russe nicht sagen kann: Ich habe ein Bankkonto. Grammatisch – das kann man nicht sagen. Die russische Sprache hat im Präsens kein Hilfsverb – ›haben‹ und ›sein‹. Man drückt das dann so aus, dass das, was im Deutschen Objekt ist und von mir abhängig zum Subjekt wird. Und ich werde dadurch, dass es sich bei mir aufhält zu einem regierten Teil: ›Die Tasse ist bei mir‹. Wenn ich die Tasse besitze, verliere ich meinen Nominativ. Ich verliere meine Autonomie. Ich verliere meine Handlungsfreiheit – alles, weil ich die Tasse habe« (Geier 2009: 39:26).

Die preisgekrönte Dostojewskij-Übersetzerin Swetlana Geier spricht im obigen Zitat über die Erfahrungen beim Erlernen einer fremden Sprache. Das Fremdsprachenlernen erschöpft sich nicht darin, neue Wörter in einer anderen Sprache zu lernen. Beim Erlernen einer fremden Sprache wird vielmehr deutlich, dass in ihr eine andere Art und Weise einbehalten ist, die Welt und unsere Position darin zu verstehen. Geier kommentiert die Besonderheit der russischen Sprache, nicht über ein entsprechendes Verb zu verfügen, das besitzanzeigend ist. Daraus folgt eine veränderte grammatische Konstruktion. Zum Subjekt des Satzes wird, was zuvor als Gegenstand, als Objekt, zugeordnet war. Es verändert sich demnach nicht nur die Satzkonstruktion. »Besitz« erhält einen anderen Sinn. Es ist nicht so, dass ›ich‹ als Besitzende über die Tasse bestimmte. Vielmehr hängt sie ›mir‹ gewissermaßen an. Geier spricht im obigen Zitat von einem Verlust der Handlungsfreiheit. Das Fremdsprachenlernen bringt also eine Fremdheitserfahrung mit sich.

Von dieser Art Fremdheitserfahrung mit und durch andere Sprachen gibt es wohl unzählige. Sie zeigen, dass Sachverhalte und Zusammenhänge auch ganz anders ausgedrückt und verstanden werden können als wir dies in der jeweiligen eigenen Sprache tun. Diese Fremdheitserfahrungen lenken überdies unsere Aufmerksamkeit darauf, wie wir bisher die Sache verstanden und ausgedrückt haben. Dabei kann eine Befremdung auftreten, die auf unsere eigene Sprache zurückschlägt: Mit der russischen Sprechweise kann uns die vormals selbstverständliche eigene Sprechweise sonderbar und fremd vorkommen. Vor allem mit längeren Auslandsaufenthalten wird gewissermaßen ein Abstand von der Erstsprache erfahrbar. Dabei kann das Befremden die Sprechenden einnehmen: Man bleibt sozusagen zwischen dem Besitz der Tasse und ihrem Anhängen stecken. Das Verhältnis von »ich« und »Tasse« scheint sich nicht aufzuklären.

Die Erfahrungen von Swetlana Geier bilden den Auftakt dieses Kapitels, weil das Erlernen fremder Sprachen oder der Besuch anderer Länder immer wieder als Bildungsmöglichkeit gedacht worden ist. Man spricht von Bildung als Horizonterweiterung (vgl. z. B. Buck 1981), und das vorausgehende Beispiel lässt sich in der Tat so verstehen: Über die Zunahme von Sprachkompetenzen hinaus verändern sich mit dem Erlernen der fremden Sprache umfassend meine Weltbegegnung und mein Weltverstehen. Dadurch erscheint auch die eigene Sprache in einem neuen Licht.

Bildungsprozesse sind selbstverständlich nicht auf die Auseinandersetzung mit Fremdsprachen begrenzt. Wir können uns vorstellen, dass eine soziale Krisenerfahrung genauso wie die Aneignung einer pädagogischen Theorie bislang selbstverständliche Deutungen in unserem Welt- und Selbstverstehen herausfordern bzw. verändern können. Damit stehen wir bei einer ersten Umschreibung dessen, was in der Erziehungswissenschaft unter dem Begriff der »Bildung« verstanden wird: eine Horizonterweiterung, die für unsere Welt- und Selbstdeutungen mehr oder minder weitreichende Veränderungen mit sich bringen.

Da der Bildungsbegriff der deutschsprachigen Erziehungswissenschaft in die ideengeschichtliche Entwicklung des Humanismus einerseits, in die historischen Entwicklungen um die bürgerliche Gesellschaft andererseits eingespannt ist, soll im Folgenden zunächst der rote Faden des Humanismus aufgenommen werden, an den die Darstellung einer der einflussreichsten Bildungstheorien anschließen kann: der Bildungstheorie Wilhelm von Humboldts. Auf diese wird in der Bildungstheorie bis heute Bezug genommen, wenngleich auch ihre Grenzen thematisiert werden. In diesem Kapitel sollen daher auch kritische Anfragen an die Bildungsidee aufgenommen werden.

Ideengeschichtliche Perspektiven auf »Bildung«

Die ideengeschichtlichen Herkünfte von »Bildung« liegen in der Antike, genauer in der philosophisch verankerten Frage, was den Menschen als Menschen auszeichnet. Diese als Humanismus bezeichnete Strömung (»*homo*« steht im Lateinischen für »Mensch«) zieht sich in verschiedenen Linien und Knoten durch die abendländische Geistesgeschichte bis in die Gegenwart. Auf die Frage, was den Menschen in seinem Menschsein ausmacht, hat die klassische Philosophie der Antike die Antwort gegeben, dass der Mensch ein *sprachbegabtes Wesen* sei: »*zoon logon echon*«, so lautet die Formulierung im Griechischen bei Aristoteles (Pol. 1253a9, »*animal rationale*« in lateinischer Fassung). Dabei ist von Bedeutung, dass der griechische Begriff »*logos*« zugleich Sprache und Vernunft bzw. Denken bezeichnet. Der Mensch wird also als ein Wesen betrachtet, dass der Einsicht fähig ist. Der Mensch gilt als Wesen der Vernunft und der Erkenntnis. Dieser Gesichtspunkt ist in der abendländischen Denktradition hochbedeutsam, wird in der Renaissance (15./16. Jh.) aufgegriffen und entfaltet neuzeitlich sein ganzes Gewicht.

Der Bezug auf Denken und Erkennen gibt der humanistischen Frage nach dem Menschen eine spezifische Qualität; denn die Frage beruht selbst darauf, dass der Mensch sich mit seiner eigenen Bestimmung auseinandersetzen kann. Damit ist zugleich klar, dass der Mensch nicht einfach ist, was er ist; denn dann wäre die Frage nach dem Menschen von Anfang an erledigt. Die Frage würde sich gar nicht stellen. Mit der Frage nach dem Menschen ist eine *Offenheit* impliziert, die man als Spielraum des Fragens nach sich selbst fassen kann. Es ist nun genau dieser Spielraum, der geistesgeschichtlich eine ungeheure Wirkung entfaltet hat und als Freiheit, Würde und Möglichkeit der Selbstbestimmung des Menschen ausformuliert und sogar gefeiert[34] worden ist.

Bildung beschreibt darin nun genau jenen Vorgang, in dem der Mensch seine Selbstbestimmung vollzieht. Um zu erläutern, wie diese Verwirklichung des Menschen durch Bildung zu begreifen ist, gehe ich kurz auf eine in der bildungstheoretischen Tradition bedeutsame Erzählung ein, die von Platon stammt: das berühmte »Höhlengleichnis«. Von hier aus kann auf das Bildungsideal des Redners eingegangen werden, das Cicero formuliert hat und das ein wichtiger Durchgangspunkt in der Entwicklung der *»artes liberales«* (»freien Künste«), also des abendländischen Bildungsprogramms geworden ist.

Das Höhlengleichnis Platons (427–347 vhZr.) findet sich in dessen staatsutopischer Schrift »Politeia« zu Beginn des siebten Kapitels (Platon 1990). Sokrates, der in zahlreichen Schriften Platons als Gesprächspartner von jungen Erwachsenen auftritt, berichtet vom Leben in einer Höhle, in der gefesselte Menschen, den Blick nur auf eine Höhlenwand gerichtet, ihr Dasein fristen (▶ Abb. 3).

Die Höhlenbewohner*innen verfolgen die Schatten an den Wänden, welche durch Gegenstände erzeugt werden, die hinter ihnen vorbeigetragen werden. Das die Schatten erzeugende Feuer wie auch die Personen, welche die Gegenstände tragen, sind jedoch nicht wahrnehmbar. Sokrates fragt nun seinen Gesprächspartner Glaukon danach, was sich vollziehen würde, wenn einer dieser Menschen von seinen Fesseln befreit würde. Es ist klar: Eine Befreiung aus der Lage würde zunächst gar nicht als solche wahrgenommen, weil der Mensch an seine gefesselte Existenz gewöhnt ist. So ist zu erwarten, dass sich der Mensch gegen seine Befreiung wehren würde. Diese reißt ihn nicht nur aus seinem ge-

---

34 Im Renaissance-Humanismus wird diese Würde und Freiheit des Menschen als etwas hervorgehoben, das ihn von allen anderen Lebewesen unterscheidet – und ihn auch gegenüber den Engeln auszeichnet. Der Mensch hat daher die Möglichkeit, so Pico della Mirandola (1463-1494), sein Leben als Bewunderer der Schöpfung aufzuwerten und fast Gott gleich zu werden (oder aber er kann das erbärmliche Leben ›niederer Geschöpfe‹ leben, vgl. Pico della Mirandola 1990).

Abb. 3: Skizze zum Höhlengleichnis

wohnten Leben heraus. Eine Umwendung hin zu dem, was zuvor im Rücken lag, wird äußerst schmerzhaft sein, weil die Augen auf die anderen Lichtverhältnisse nicht eingestellt sind. Sokrates beschreibt nun den schrittweisen Aufstieg aus der Höhle zum Tageslicht als einen mehrschrittigen schmerzhaften Prozess der Umwendung, der zugleich als eine Abkehr vom ›Höhlendasein‹ verstanden werden muss. Der Aufstieg endet, wenn der Befreite in die Sonne als Quelle des Lichts blickt. Zum Höhlengleichnis gehört auch ein Abstieg zurück in die Höhle. In dieser findet sich der Befreite nach seinem Aufenthalt im Tageslicht nicht mehr zurecht. Der Befreite muss damit rechnen, von den Gefesselten als unfähig und abtrünnig erklärt zu werden. Sollte er versuchen, weitere Menschen zu befreien, muss er damit rechnen, von diesen getötet zu werden.

Platon fasst den Bildungsgang des Menschen als Gleichnis. Dem Verhaftet-Sein in der Höhle entspricht die Verhaftung des Menschen in der Welt der Wahrnehmung und der darauf bezogenen Meinungen. Der Aufstieg steht für den Weg von Erkenntnis und Wissen, und er endet bei der Idee des Guten – das ist die Idee, auf die nach Platon alles Wissen bezogen ist. Im Gleichnis wird sie durch die Sonne symbolisiert. Bildung ist als ein Vorgang der Befreiung zu verstehen, der allerdings nicht freiwillig abläuft. Den Menschen beschreibt Platon als in der Wahrnehmungswelt verhaftet: Der Mensch entzieht sich einer Perspektive, die ihn auf den Weg des Wissens bringen würde. Im ersten Kapitel ist diese Differenz von Meinung und Wissen bereits zur Sprache gekommen. Für das Höhlengleichnis resultiert daraus ein wesentliches Moment im Bildungsgang: die »Umwendung« (griech.: »*periagogé*«), die als schmerzhaft und anstrengend erfahren wird. Bildung ist nach Platon etwas, was Täuschung und Unwahrheit im vorausgehenden Weltverständnis entlarvt.

Es gäbe sicherlich vieles, was zu diesem Gleichnis noch zu sagen wäre. Es hat mit dem Charakter des Gleichnisses zu tun, dass es das bildungstheoretische Nachdenken immer wieder zu (auch kritischen) Nachfragen angeregt hat. Das Gleichnis vom Aufstieg eines Einzelnen aus der Höhle provoziert bei den Lesenden die Frage, wo sie selbst auf dem Weg des Wissens stehen, wie sie sich darüber Aufschluss verschaffen können. Es ist eben diese Idee einer Selbsterkenntnis, die eine wichtige ideengeschichtliche Wurzel des Bildungsbegriffs darstellt. »Bildung« bedeutet eine Hinwendung des Menschen zum Wissen (und eine Abkehr vom Unwissen), wobei das Wissen auch eine Perspektive auf das Gelingen des eigenen Lebens eröffnet.

Platons Erzählung mutet allerdings auch sehr elitär an; es wird der Aufstieg eines Einzelnen beschrieben. Wird hier der Einzelne den Vielen gegenübergestellt oder soll mit der Anlage des Gleichnisses eher beschrieben werden, dass der Bildungsgang als ein Weg zu verstehen ist, den man selbst aufnehmen muss? Interpret*innen des Gleichnisses haben diese Frage im Kontext von Platons aristokratischer Perspektive diskutiert: Bei Platon sollen die Philosophen als die Klugsten und Weisesten (und damit die Besten – wörtlich »Aristokratie«) herrschen. Ein weiterer bildungstheoretisch vielbeachteter Aspekt ist, wie Platon den Weg der Bildung als ein Weg des Schmerzes und des Leidens[35] beschreibt. Diesen Weg nimmt der Einzelne nicht aus sich heraus auf. Es muss vielmehr jemand oder etwas geben, das befreit. Lässt sich das Höhlengleichnis selbst als ein solches Instrument der Befreiung denken?

---

35 Den Zusammenhang von Lernen und Leiden hat Käte Meyer-Drawe erforscht (vgl. Meyer-Drawe 2005).

Die Wirkungsmacht, die diese Bildungserzählung entfaltet hat, legt dies jedenfalls nahe.[36]

Cicero (106–43 vhZr.), ein berühmter Philosoph und Redner zur Zeit der römischen Republik, hat wie kein anderer die Schriften der klassischen griechischen Philosophie rezipiert, in den römischen Kontext übertragen und damit den Ausgangspunkt für ein in seiner Wirkung kaum zu überschätzendes humanistisches Bildungsideal geschaffen. Blickt man in Ciceros Schrift »Vom Redner« aus dem Jahr 55 vhZr., so fühlt man sich unmittelbar an Platon erinnert. Die Schrift ist als Dialog gestaltet, niedergeschrieben in Form eines Briefes. Der darin beschriebene Dialog soll im Jahr 91 vhZr. in einem Landhaus stattgefunden haben. Die verschiedenen beteiligten historischen Personen führen unter einer Platane ein philosophisches Gespräch über die Kunst der Rede, die Rhetorik. In einer Zeit, in der die römische Republik ihrem Untergang entgegenging (27 vhZr. wird die Republik endgültig vom Prinzipat abgelöst), lässt Cicero ihre zurückliegende strahlende Verwirklichung aufleben, indem er die dafür zentrale Bedeutung des *Redens* von wichtigen Persönlichkeiten philosophisch diskutieren lässt.

Was ist so bedeutsam am »Reden«? In Ciceros Dialog bildet die oben genannte Bestimmung des Menschen als sprach- und vernunftbegabtes Wesen den entscheidenden Dreh- und Angelpunkt. Wer gut redet, ist nach Cicero am besten in der Lage, Sachverhalte aus einem beliebigen Kontext sprachlich-argumentativ aufzuarbeiten. Wer gut redet, versteht, *was Sache ist*, kann dies anderen mitteilen und damit dem gemeinsamen Handeln eine Orientierung geben. Die sich hier zeigende Bedeutung des Redners für das Zusammenleben der Menschen, also für das Gemeinwesen – die *res publica* –, drückt Cicero folgendermaßen aus:

> »Welche andere Kraft [als die der Rede] hätte die verstreut lebenden Menschen an einem Orte sammeln oder sie vom Leben ungesitteter Wilder zu unserer wahrhaft menschlichen Kultur, zum Leben in der Bürgergemeinde führen oder ihnen schließlich, nachdem Gemeinwesen geschaffen waren, Gesetze, Recht und Gerichtsverfahren vorschreiben können?« (Cicero orat. I: 33).

---

36 Es ist uns bekannt, dass Platon seine Dialoge als Werbeschriften für seine Akademie, seine philosophische Schule begriff. Dies legt eine pädagogische Deutung des Höhlengleichnisses nahe.

Gesetz, Recht, Kultur – sie alle bilden sich nach Cicero auf der Grundlage einer Auseinandersetzung mit den Mitteln der Rede, wobei Rede immer zu denken ist als ein erschließendes bzw. eröffnendes Sprechen von Sachverhalten, die der Mensch zum Wohle seines Lebens gestalten kann. Verwunderlich ist daher nicht, dass Cicero den Redner als eine kultiviert-kultivierende Aufklärungsfigur denkt. Der Redner in einem Gemeinwesen (im obigen Zitat wird »*res publica*« mit »Bürgergemeinde« übersetzt) ist ein Statthalter des Wissens und damit ein Vorbild, das die Bedeutung guten Redens immer wieder aufs Neue vorführt und verwirklicht.

In seiner Schrift erläutert Cicero, wie die Redefähigkeit (auch »Beredsamkeit«) ausgebildet werden kann. Das muss hier nicht en detail ausgeführt werden. Nur so viel, dass die rhetorischen Mittel und Techniken gleichermaßen als Mittel zu denken sind, die Situation des gemeinsamen Handelns im Gemeinwesen zu verstehen und zu analysieren, wie auch: durch eine schöne und gelungene Darstellung eine maximale Überzeugungskraft und kulturelle Erhabenheit zu entfalten. Die Rhetorik geht als eine der freien Künste in das abendländische Bildungsprogramm der »*septem artes liberales*«[37] ein.

Wie an dem Bogen von Platon zu Cicero deutlich wird, stehen Bildung, Wissen und ein erfülltes, glückliches (Zusammen-)Leben in einem engen Zusammenhang. Es überrascht nicht, dass die humanistischen Wurzeln von Bildung traditionsmächtig werden, auch über Zeiten hinweg, in denen sich – mit dem Aufstieg von Kaisertum und Papsttum als Weltmächte – eine Entwertung der Rhetorik vollzieht. In der Neuzeit kommt der Kern der humanistischen Denkfigur, dass der Mensch ein Wesen des Wissens und der Vernunft sei, zum Tragen. Im bereits angeführten Renaissance-Humanismus wird der Mensch als Krönung der göttlichen Schöpfung und als Wesen der Freiheit bzw. der Würde verstanden. Man kann sich diese Vorstellung beispielhaft am be-

---

37 Die sieben freien Künste sind Arithmetik, Astronomie, Geometrie, Musik, Rhetorik, Grammatik und Dialektik. Die ersten vier genannten wurden als »Quadrivium«, die letzten drei als »Trivium« bezeichnet. Das Quadrivium bezog sich auf jene Fächer, die Zahlenverhältnisse zum Gegenstand hatten (das ist auch bei den Tonharmonien der Musik der Fall), während das Trivium sich auf das Sprachliche richtete.

rühmten Deckenfresko Michelangelos aus der Sixtinischen Kapelle vor Augen führen. Gezeigt wird der Moment, kurz bevor der heranschwebende Gott den ausgestreckten Zeigefinger von Adam berührt. Das Fresko stellt die *göttliche Belebung* des Menschen dar. Es ist die von Gott ausgehende Dynamik und Lebendigkeit, die Gott im Begriff ist, in Adam zu legen. Die schöpferische Kraft geht also in den Menschen ein. Der kraftvolle und wohlproportionierte Körper des Adam ist in der Darstellung ganz darauf ausgerichtet, diese Kraft zu empfangen.[38] Im ersten Kapitel wurde bereits erläutert, dass mit der Entwicklung von Wissenschaft, Philosophie und Kunst das menschliche Handeln bzw. die Handlungsmöglichkeiten des Menschen immer stärker in den Fokus treten. Der Mensch wird nun so verstanden, dass er aus der Gesamtheit der geschaffenen Kreaturen heraustritt. Er nimmt für sich in Anspruch, die Welt zu gestalten.

Diese Stellung und Vorstellung vom Menschen verdichtet sich im neuzeitlichen Bildungsdenken. Das lässt sich in aller Kürze an Johann Gottfried Herder nachvollziehen. Für ihn steht »Bildung« genau für jenen Prozess, mit dem der Mensch positive Veränderung und geschichtlichen Fortschritt konzeptualisiert und realisiert:

> »Ich wünschte, daß ich in das Wort Humanität alles fassen könnte, was ich bisher über des Menschen edelste Bildung zur Vernunft und Freiheit, zu feineren Sinnen und Trieben, zur zartesten und stärksten Gesundheit, zur Erfüllung und Beherrschung der Erde gesagt habe [...]« (Herder 1961: 105).

Das Zitat verdeutlicht, welche übergeordnete Bedeutung »Bildung« für die Humanität des Menschen gewinnt. Im Zitat artikuliert sich die zuvor schon angesprochene Überhöhung und Aufladung der menschlichen Würde. Bei Herder wird über »Bildung« eine Weltordnung konzipiert, die anthropologisch[39] und geschichtsphilosophisch[40] ausgerichtet ist.

Sicherlich wären an dieser Stelle vielfältige Kontexte und Traditionen einzubeziehen, um die ideelle Konstruktion von »Bildung« genauer

---

38 Die Schönheit des nackten Körpers galt in der Renaissance selbst als Zeichen der Erhabenheit des Menschen.
39 Die Anthropologie ist die ›Lehre vom Menschen‹ (▶ Kap. 11).
40 Geschichtsphilosophie steht hier dafür, dass durch das Handeln des Menschen eine planvolle und sich erfüllende Geschichte der Menschheit entsteht.

auszubuchstabieren.[41] Die Ausführungen sind aus Platzgründen auf das humanistische Motiv begrenzt, dass der Mensch mit »Bildung« seinen Anspruch auf Selbstbestimmung und Selbstgestaltung geltend macht. Wie sich dies im Neuhumanismus[42] (ab ca. 1750) artikuliert, soll anhand einer einflussreichen Bildungstheorie nachvollzogen werden: derjenigen von Wilhelm von Humboldt.

Das Bildungsdenken Wilhelm von Humboldts

Wilhelm von Humboldt[43] (1767–1835) wuchs in einer geadelten bürgerlichen Familie (mit seinem Bruder Alexander von Humboldt, dem bekannten Naturforscher und Entdecker) auf Schloss Tegel bei Berlin auf. Um die Bildung der beiden Humboldt-Brüder kümmerte sich die Mutter, die berühmte Denker und Persönlichkeiten der Aufklärung als Hauslehrer engagierte. Darunter war der Aufklärungsdenker und Philanthrop Joachim Heinrich Campe, mit dem Humboldt später zur Zeit der Französischen Revolution nach Paris reiste. Studien und Tätigkeit der Jurisprudenz vermochten Humboldt nicht auszufüllen. Nach seiner Heirat mit der wohlhabenden Caroline von Dacheröden vertiefte sich Humboldt in anthropologische und philosophische Studien. Er bewegte

---

41 Hier seien nur die philosophisch-systematischen Beiträge von Leibniz, Shaftesbury, Blumenbach, aber auch Traditionen des Pietismus und der Mystik genannt. Vgl. dazu Liechtenstein (1966).
42 Die Bezeichnung »Neuhumanismus« stammte aus späterer Zeit: vom Altertumsforscher Friedrich Paulsen aus den 1880er Jahren. Dies verweist auf eine wichtige Dynamik im Humanismus: dem Wiederaufgreifen von Denkmotiven, die gleichwohl rekontextualisiert und reformuliert werden. So ist die »Renaissance« weniger als Wiedergeburt im Sinne der Wiederholung zu begreifen, denn als Hervorkommen eines neuen Ursprungs, der sich auf die Antike zurückbezieht.
43 Eine Darstellung zum Leben und Wirken Humboldts, an der sich auch die weiteren Ausführungen orientieren, sei empfohlen: Müller-Vollmer/Messling (2017).

sich im Kreis berühmter Gelehrter und Schriftsteller (Goethe, Schiller, die Brüder Schlegel, Fichte etc.) und unternahm extensive Kultur- und Sprachstudien in Frankreich und im Baskenland. Humboldt wurde auch politisch tätig: als Preußischer Gesandter in Rom. Nach der Niederlage Preußens gegen Napoleon (1806) kehrte Humboldt 1808 nach Preußen zurück und übernahm bald darauf jenes Amt, das wir heute als das eines Kultusministers bezeichnen würden. In diesem Amt strengte Humboldt umfangreiche Reformen des Bildungswesens vom Elementarunterricht bis zur Universität an. Die Grundidee bestand darin, eine allgemeine und freie Bildung für alle Menschen als Sinn und Zweck des Bildungswesens zu verankern. Für die Universität formulierte Humboldt die bis heute wirksame Leitidee: In der Universität solle eine Einheit von Forschung und Lehre bestehen, die durch den gemeinsamen freien Austausch von Professor*innen und Studierenden vollzogen werden soll.

Humboldt geriet allerdings mit seinen liberalen bildungspolitischen Vorstellungen in Konflikt mit den aristokratischen Machthabern in Preußen, was schon 1810 dazu führte, dass er seinen Posten im Bereich des Kultus aufgab. In den folgenden Jahren setzten sich die reaktionären Kräfte[44] in Preußen durch mit der Folge der Entlassung Humboldts aus dem Staatsdienst im Jahr 1819. Von da an widmete sich Humboldt als Privatgelehrter seinen Sprachstudien. Das daraus hervorgegangene sprachwissenschaftliche Werk Humboldts ist erst in den letzten Jahren aufbereitet und erschlossen worden.

Wie aus dieser knappen Darstellung hervorgeht, war Humboldt ein liberaler Denker, der den Staat in der Pflicht sah, seinen Bürger*innen weitgehende Freiheiten zu gewähren und die Voraussetzungen für die je besondere Entwicklung der Individuen zu sichern. Genau diese je besondere Entwicklung der Individuen wird von Humboldt mit dem Begriff der »Bildung« umschrieben. Wie Humboldt in einem wichtigen und viel zitierten Text von 1792[45] mit dem Titel »Ideen zu einem Ver-

---

44 Die Karlsbader Beschlüsse von 1819 richteten sich auf die Einschränkung von Pressefreiheit und andere demokratische Freiheiten.
45 Dieser Text erschien aus der Sorge vor Zensur erst posthum (1851; vgl. Müller-Vollmer/Messling 2017).

such, die Gränzen der Wirksamkeit des Staates zu bestimmen« ausführt, ist der »wahre Zwek des Menschen – nicht der, welchen die wechselnde Neigung, sondern welchen die ewig unveränderliche Vernunft ihm vorschreibt – [...] die höchste und proportionirlichste Bildung seiner Kräfte zu einem Ganzen. Zu dieser Bildung ist Freiheit die erste, und unerlassliche Bedingung« (Humboldt 2002, I: 64). Humboldt verbindet Wesen und Bestimmung des Menschen mit der Bildung, die nur aus Freiheit hervorgehen könne.

Der Äußerung können wir bereits mehrere wichtige Aspekte von Humboldts Bildungsdenken entnehmen. Dazu gehört, dass Bildung nicht als etwas verstanden werden kann, das im Sinne eines Wissenskanons oder kulturellen Programms schon bestehen würde. »Bildung« ist als ein Tätigkeitsprozess zu denken, durch den der Mensch sich verändert. Die Art der Veränderung durch Bildung hat mit den je besonderen Kräften des Menschen zu tun. Humboldt bedient sich eines wichtigen Begriffs aus der philosophischen Metaphysik seiner Zeit: des Begriffs der Kraft, der Anwendung fand, um die Wirksamkeit bzw. Verwirklichung eines (geistigen) Vermögens zu beschreiben. Humboldt versteht den Menschen als ein Wesen mit Kräften. Diese kommen erst dadurch zum Tragen, dass sie eingesetzt werden. Der Mensch wird damit zu einem Wesen, das sich nur betätigend verwirklicht und auch erst auf diese Weise seine je besonderen Vermögen zu entfalten vermag.

Wie man sich einen so gefassten Bildungsprozess vorzustellen hat, beschreibt Humboldt in einem berühmten Textfragment, das posthum den Titel »Theorie der Bildung des Menschen« erhalten hat. Der Text stammt aus dem Jahr 1793, ist aber erst Anfang des 20. Jahrhunderts von Albert Leitzmann publiziert worden. Hier führt Humboldt aus:

> »Im Mittelpunkt aller besonderen Arten der Thätigkeit nemlich steht der Mensch, der ohne alle, auf irgend etwas Einzelnes gerichtete Absicht, nur die Kräfte seiner Natur stärken und erhöhen, seinem Wesen Werth und Dauer verschaffen will. Da jedoch die blosse Kraft einen Gegenstand braucht, an dem sie sich üben, und die blosse Form, der reine Gedanke, einen Stoff, in dem sie, sich darin ausprägend, fortdauern könne, so bedarf auch der Mensch einer Welt ausser sich« (Humboldt 2002, I: 235).

Humboldt stellt deutlich heraus, dass die Kraft auf ein Gegenüber, auf die Welt angewiesen ist, um eine innere und äußere Wirkung zu entfalten. Ohne einen Gegenstand, auf den die Kraft einwirkt, könnte diese gar nicht zum Vorschein kommen. Nehmen wir ein Beispiel aus dem künstlerischen Bereich. Ein künstlerisches Vermögen steht nicht einfach für sich, ist nicht bloß gegeben. Es artikuliert sich erst durch eine Kraft, z. B. ein Interesse oder eine Lust am Malen, was durch einen Gegenstand oder vielleicht auch ein anderes Kunstwerk hervorgebracht wird und zum Tätigsein auffordert. Mit dem Malen eröffnet sich die Welt des Malens: Techniken und Verfahren, aber auch eine bestimmte Art des Sehens. Mit dem Malen wird dem Individuum auch eine Perspektive auf sein Können (und sein Nicht-Können oder Noch-nicht-Können) gegeben. Bildungsprozesse sind demnach als Prozesse der Wechselwirkung von Ich und Welt zu denken, über die der Mensch Aufschluss über sich erhält und in der er seine Auseinandersetzung mit Welt als frei und unabhängig erfährt.

Ein Bildungsprozess kann also nicht mit der Entwicklung einer Pflanze verglichen werden, deren Entwicklungsrichtung und -ziel immer schon bestimmt ist. Die Auskunft aus der Ideen-Schrift, dass eine höchste und proportionierliche Bildung der Kräfte zu einem Ganzen erfolgen sollte, belegt Humboldts Auffassung, dass dem Menschen aufgegeben ist, seine unterschiedlichen, vielleicht auch widerstreitenden Kräfte bzw. Interessen in ein angemessenes Verhältnis zu bringen. Sie müssen alle ›unter einen Hut‹ gebracht werden, was Humboldt mit der harmonistisch klingenden Formulierung »zu einem Ganzen« beschreibt.

Im Bildungsfragment zeigt sich auch, welche große Bedeutung Humboldt der Bildung für Wissenschaft und Kultur zuweist:

> »Die letzte Aufgabe unseres Daseyns: dem Begriff der Menschheit in unsrer Person, sowohl während der Zeit unseres Lebens, als auch noch über dasselbe hinaus, durch die Spuren des lebendigen Wirkens, die wir zurücklassen, einen so grossen Inhalt, als möglich, zu verschaffen, diese Aufgabe löst sich allein durch die Verknüpfung unsres Ichs mit der Welt zu der allgemeinsten, regesten und freiesten Wechselwirkung. Diess allein ist nun auch der eigentliche Massstab der Beurtheilung der Bearbeitung jedes Zweiges menschlicher Erkenntniss« (ebd.: 235f.).

Kultur und Wissenschaft kommen nach Humboldt durch die bildende Tätigkeit des geistigen Vermögens des Menschen zustande und bleiben als manifestierte Ergebnisse, Werke etc. über die Person hinaus bestehen. Auf diese Weise tragen die Individuen durch ihre Tätigkeit je besonders zum Begriff der Menschheit (im Sinne der Totalität all dieser Manifestationen) bei. Humboldt denkt »Bildung« auf ein jeweiliges Individuum bezogen. Die gesamte Menschheit kommt dann zu einer Erfüllung, wenn alle Individuen ihre jeweilige Besonderheit auszubilden vermögen.

Die Mannigfaltigkeit der Welt und die je individuelle Besonderheit der Auseinandersetzung bilden nach Humboldt den Weg, auf dem die Welt zu erforschen ist. Man stellt sich vor, dass durch die immer wieder anders denkenden Individuen neue Impulse und Perspektiven in der Wissenschaft eröffnet werden und dass auf diese Weise die unterschiedlichsten Facetten der zu erforschenden Gegenstände in den Blick kommen:

> »Das Verfahren unseres Geistes, besonders in seinen geheimnissvolleren Wirkungen, kann nur durch tiefes Nachdenken und anhaltende Beobachtung seiner selbst ergründet werden. Aber es ist selbst damit noch wenig geschehen, wenn man nicht zugleich auf die Verschiedenheit der Köpfe, auf die Mannigfaltigkeit der Weise Rücksicht nimmt, wie sich die Welt in verschiedenen Individuen spiegelt« (ebd.: 239).

Indem der Mensch seine Aufmerksamkeit auf »Bildung« richtet, kann er dem Verständnis seines Geistes und damit dem Verständnis von Kultur und Wissenschaft näherkommen; denn der Mensch erschließt sich nicht nur die Erforschung von Gegenständen, sondern auch die Entwicklung der Wissenschaft (in einem bestimmten Zeitalter und Kontext). »Bildung« ist demnach nicht darauf begrenzt, die Verbesserung bzw. Veredelung des Einzelnen zu beschreiben. Sie stellt sozusagen einen Bewusstwerdungsprozess der gesamten Menschheit in Aussicht (auch wenn noch nicht klar ist, wie und in welche Richtung dieser verlaufen wird).

Mit dem zuletzt angeführten Zitat wird die zentrale Bedeutung von »Bildung« für Kultur und Wissenschaft unübersehbar. Verständlich wird damit auch Humboldts Auffassung, dass eine auf spezifische Zwecke zugeschnittene Ausbildung die oben entwickelte »allgemeine« Bildung (im Sinne einer selbsttätigen und freien Auseinandersetzung des Ich mit Welt) nicht ersetzen dürfe. Eine solche Reduktion würde die von Humboldt geforderte »höchste und proportionirliche Bildung der

Kräfte zu einem Ganzen« unterlaufen und damit auch eine Stagnation von Kultur und Wissenschaft mit sich bringen.

Immer wieder wird der neuhumanistische Bildungsbegriff in einen schroffen Gegensatz zu den aufklärerischen Vorstellungen des Philanthropismus[46] gestellt, welche Erziehung und Bildung an der Nützlichkeit orientierten: Philanthropen wie Joachim Heinrich Campe und Peter Villaume argumentierten, dass die Ausbildung der individuellen Vermögen sich an der gesellschaftlichen Brauchbarkeit orientieren solle, weil diese letztlich auch das Glück der Individuen befördere. Der immer wieder angeführte Gegensatz mag zunächst hilfreich sein, um die unterschiedlichen Argumentationsweisen in Philanthropismus und Neuhumanismus kennen zu lernen. Humboldt hatte allerdings nichts gegen eine spezielle Bildung einzuwenden, wenn sie an die allgemeine Bildung *anschließt*.

Kritik der Bildungsidee aus historischer Perspektive

Die vorgenommene Lektüre des Bildungsfragments macht verständlich, dass und warum »Bildung« ab 1800 zu einem Leitbegriff der politischen und sozialen Sprache in Deutschland zu werden vermochte. In diesem Begriff laufen alle Hoffnungen einer auf Fortschritt, Aufklärung und Freiheit gründenden menschlichen Existenz zusammen. Eine Idee nimmt Gestalt an, und mit dieser Idee wird zugleich auf die antiken Wurzeln der abendländischen Kultur und Wissenschaft zurückgegriffen. Kein Wunder also, dass sich an »Bildung« das Versprechen heftet, ein tiefes Verständnis des menschlichen Geistes und damit von Kultur und Wissenschaft zu erhalten. Problematisch ist allerdings Folgendes: Bewegt man sich mit und entlang dieser humanistischen Idee, dann gera-

---

46 Auf diese Denkrichtung wurde im 4. Kapitel kurz eingegangen.

ten bedeutsame historische und gesellschaftliche Bedingungen und Kontexte aus dem Blick.

Bei den Ausführungen zu Humboldts Leben und Wirken wurde das politische Scheitern Humboldts bei der Verwirklichung seiner Idee allgemeiner Menschenbildung angeführt. Dass Humboldt bei seinen Versuchen, Bildung unabhängig von staatlicher Bevormundung zu machen, nicht erfolgreich war, ist für sich genommen noch kein Einspruch gegen die Bildungsidee. Allerdings lassen sich von hier aus zwei wichtige historische Situierungen vornehmen.

Die erste dieser Situierungen besteht darin, dass die Bildungsidee – wenngleich auf den Menschen als solchen bezogen – das Denken *einer bestimmten* gesellschaftlichen Schicht prägte. Es war das aufstrebende Bürgertum, das sich nicht auf Geburtsprivilegien adeliger Herkunft zurückbeziehen konnte. Dessen Streben nach politischer Macht und sozialer Stellung band sich gerade an die tragende Bedeutung, *die sie sich selbst im Lichte von Kultur und Bildung zuschrieben*. Es entwickelte sich daraus eine »›kulturelle Hegemonie‹ des Bildungsbürgertums«, wie Georg Bollenbeck in seiner wichtigen Studie »Bildung und Kultur. Glanz und Elend eines deutschen Deutungsmusters« ausgeführt hat (Bollenbeck 1996: 129). Am Zitat eines Popularphilosophen, das Bollenbeck anführt, lässt sich diese Wirkungskraft von »Bildung« auf ein bürgerliches Selbstbewusstsein vor Augen führen:

> »Bisher ist es in Europa nur der Adliche gewesen, von welchem man eine durchgängige Ausbildung der ganzen Person [...] gefordert [...]. Von Unadlichen verlangte man vorzüglich Brauchbarkeit zu irgendeinem bestimmten Geschäfte; und der Unadliche war, in Vorbereitung auf dieses Geschäft, seine übrige Ausbildung zu vernachläßigen, beynah genöthigt. So wie sich zu unserer Zeit der Bürgerstand mehr hebt, mehr in Gesellschaft lebt: so wird auch unter ihm die Anzahl der Personen immer größer, die nach einer vollständigen persönlichen Ausbildung des Geistes wie des Körpers Verlangen tragen, und darauf Anspruch machen« (Garve zit. nach Bollenbeck 1996: 132).

Mit einer solchen Argumentation wird »Bildung« selbst zum *Privileg* einer Gruppe – des Bildungsbürgertums. Theodor W. Adorno hatte bereits 1959 in seinem berühmten Text zur »Theorie der Halbbildung« die Geschichte des Bildungsbürgertums aufgenommen und argumentiert, dass sich damit ein Verrat der Bildungsidee vollziehe:

»Die Qualitäten,« so führt Adorno bezugnehmend auf die Entwicklung der kapitalistischen Gesellschaft aus, »die dann nachträglich den Namen Bildung empfingen, befähigten die aufsteigende Klasse zu ihren Aufgaben in Wirtschaft und Verwaltung. Bildung war nicht nur Zeichen der Emanzipation des Bürgertums, nicht nur das Privileg, das die Bürger vor den geringen Leuten, den Bauern, voraus hatten. [...] Die Besitzenden verfügten über das Bildungsmonopol auch in einer Gesellschaft formal Gleicher« (Adorno 2003: 98f.).

Wie Adorno hier deutlich macht, blieb der soziale Aufstieg der Klasse der Besitzenden vorbehalten. Jene, die nichts besaßen und zum Lebensunterhalt ihre Arbeitskraft verkaufen mussten – die Arbeitenden, das Proletariat –, waren von Bildung ausgeschlossen. Man kann die erste historische Situierung so zusammenfassen, dass die auf allgemeine Menschenbildung angelegte Idee die Funktion eines sozialen Privilegs annahm.

Die zweite historische Situierung bezieht sich darauf, wie mit der Bildungsidee auf eine historische Situation *geantwortet* wurde. Ich erwähnte, dass Humboldt mit seinem Lehrer Campe zur Zeit der Französischen Revolution Paris besucht hatte. Die Revolution mit ihrem Terror und Schrecken wurde von den meisten deutschen Gelehrten als Weg der politischen Veränderung oder Erneuerung *abgelehnt*. Diese Auffassung teilte auch Humboldt, der die Veränderungen und Reformen an die Ansprüche von Kultur und Aufklärung knüpfte. In der Ideen-Schrift heißt es: Es ist »keine andre Art der Reform unserm Zeitalter so angemessen, wenn sich dasselbe wirklich mit Recht eines Vorzugs an Kultur und Aufklärung rühmt« (Humboldt 2002, I: 58). Humboldt stimmt also mit der Ansicht überein, dass sich eine Veränderung des Staates über Prozesse der Bildung und Kultivierung vollziehen solle – also über die Individuen, welche den Staat auf seine Verfassung hin prüfen. Die Bildungsidee befördert also eine Sichtweise, die Reform und Veränderung in den Registern eines aufgeladenen Begriffs von Kultur und Individualität transportiert (vgl. hierzu Bollenbeck 1996: 143ff.).

Blickt man nun noch auf die politischen Entwicklungen des 19. Jahrhunderts, drängt sich die Frage auf, wie es sein kann, dass restaurative Phänomene und Strömungen (die Beschränkung der Pressefreiheit, die Unterdrückung liberaler Kräfte etc. – nach den Karlsbader Beschlüssen und nach der Revolution von 1848) und die Bildungsidee unproblematisch nebeneinander existieren konnten. Müsste man das nicht gerade als Selbstaushöhlung oder Abschreibung des Anspruchs von Bildung und Aufklärung fassen? Für diese Zeit ist der Begriff der »defensiven Modernisierung« (Wehler 1987) geprägt worden: Veränderungen und Reformen vollzogen sich »von oben«, unter staatlichen Kontrollen und Interessen. Die zweite historische Situierung verweist also auf einen Bruch zwischen Idee und Realität von »Bildung« – einen Bruch, der von der Idee selbst verdeckt wird.

Sicherlich wäre einiges mehr zu den historischen Bezügen – der Geschichte des Bürgertums, der flächendeckenden Institutionalisierung der Schule, dem Wandel hin zur urbanisierten Industriegesellschaft etc. – auszuführen, um die geschichtlich-gesellschaftliche Signatur zu begreifen, die »Bildung« und »Modernisierung« verknüpft. Die knappen Ausführungen belegen, dass ein in sich geschlossener, selbstgenügsamer humanistischer Bildungsdiskurs, der auf die wahre Bestimmung des Menschen abhebt, nicht genügen kann. Wer sich im affirmativen Verhältnis zur »wahren Bestimmung des Menschen« bewegt, kann nicht nach bestehenden Zusammenhängen, Strukturen und Prozessen fragen, über die sich Bildungs- und Erziehungsverhältnisse historisch entwickelt haben.

Neueinsätze mit Humboldt: Bildung als »Transformation von Welt- und Selbstverhältnissen«

Nach den vorausgehenden Ausführungen könnte man geneigt sein, die wissenschaftliche Tragfähigkeit des Bildungsbegriffs in Frage zu stellen. Und in der Tat ist häufiger die Frage gestellt worden, ob der Bildungsbegriff nicht durch andere Konzepte ersetzt werden sollte (Lenzen 1997) oder ob wir ihn heute noch benötigen (Masschelein/Ricken 2003). Nach den vorausgehenden Ausführungen erscheint jedenfalls wichtig, sich nicht von der humanistischen Aura des Bildungsbegriffs vereinnahmen zu lassen. Dessen ungeachtet besteht in der Erziehungswissenschaft weitgehend Einigkeit darüber, dass »Bildung« als pädagogische Kategorie unverzichtbar ist; denn mit ihr lassen sich Erfahrung und Erfahrbarkeit des Selbst fokussieren. So können also Veränderungsprozesse bzw. »gesellschaftliche Rahmungen« in den Blick genommen werden: Dazu gehören gesellschaftliche Zweckbestimmungen oder auch kritische Debatten zu Aspekten gesellschaftlicher Teilhabe an Bildung, wie Adorno diese in seiner »Theorie der Halbbildung« herausstellt.

In der gegenwärtigen Bildungstheorie gibt es eine Distanznahme gegenüber humanistischen und idealistischen Vorstellungen von Bildung. Hervorgehoben wird die Gebrochenheit und Ungewissheit von Welt- und Selbstdeutungen, mit der auch Enttäuschung und Versagung einhergehen (vgl. Schäfer 1996). »Bildung« ist in diesem Zusammenhang kein Heilskonzept, sondern ein kritischer Begriff. Er provoziert Auseinandersetzungen, ohne dass diese sich leichthin in Rhetoriken der Steigerung oder Höherentwicklung einfügen ließen (vgl. Thompson 2009). Bildungstheorie wird selbst als kritischer Theorietypus gedacht, in dem Fragen von Macht und Herrschaft verhandelt werden müssen (vgl. Heydorn 2004; dazu Bünger 2013). Aus dem weiten Feld gegenwärtiger Ansätze möchte ich im Folgenden auf die Hamburger Bildungsprozesstheorie näher eingehen, die Rainer Kokemohr (1989, 2007), Winfried Marotzki (1990) und Hans-Christoph Koller (1999) ausgearbeitet haben, da sie gegenwärtig viel Beachtung gefunden hat.

Die Bildungsprozesstheorie setzt bei Humboldts Bildungsdenken an, ohne aber dessen Anthropologie der Kräfte und sein aufgeladenes Verständnis von »Kultur« zu teilen. Kokemohr (*1940), Marotzki (*1950) und Koller (*1956) verstehen unter »Bildung« vielmehr einen Prozess, der eine Veränderung des Selbst nachvollziehbar macht. Um zu verdeutlichen, wie die »Transformation von Selbst- und Weltverhältnissen« zu denken ist, können wir auf das Eingangsbeispiel von Swetlana Geier zurückgehen.

Geier erläutert, dass das Sprechen einer Fremdsprache die Welt auf eine völlig andere Weise eröffnet. Eine Sprache steht demnach für eine Weltansicht[47], die im Kontakt mit einer anderen Sprache bzw. Weltansicht herausgefordert wird. Hans-Christoph Koller (2009) hält dieses bildungstheoretische Motiv für gegenwartsbedeutsam, wenn man die Existenz von Pluralität und Differenz verschiedener Weltansichten betont. Eine solche Verschiedenheit habe auch Humboldt in seinen späteren sprachwissenschaftlichen Studien ausgearbeitet (ebd.). Diese Pluralität und Konfrontation unterschiedlicher Weltansichten bzw. Weltinterpretationen führt zu jener horizonterweiternden Befremdung, von der am Anfang des Kapitels die Rede war.

Koller beschreibt das Bildungspotenzial verschiedener Sprachen also genau so, dass er sie mit unterschiedlichen Weltansichten in Verbindung bringt: »Denn sofern Sprache das entscheidende Medium jener bildenden ›Wechselwirkung‹ von Ich und Welt darstellt, die Humboldt als Vollzugsform von Bildung begreift, kommt der Verschiedenheit und Vielfalt sprachlicher Weltansichten eine zentrale Auseinandersetzung für die bildende Auseinandersetzung des Menschen mit der Welt zu« (Koller 2012: 13). Andere Sprachen bieten andere Weltansichten, z. B. darauf, was es heißt, eine Tasse zu besitzen. Durch die Eröffnung anderer Weltansichten werden zugleich die Grenzen der bisherigen Perspektive offenbar.

Koller et al. haben begonnen, diese als Prozessstruktur verstandene Transformation von Selbst- und Weltverhältnissen biographieanalytisch zu rahmen; denn mit diesen Transformationen verändert sich, wie ich mich in dieser Welt verstehe. Eröffnet ist damit eine Perspektive, Lebensgeschichten im Hinblick auf bildende Ereignisse und Erfahrungen zu untersuchen. Damit ergibt sich eine Möglichkeit der empirischen Untersuchung von Bildungsprozessen, die für die Erziehungswissenschaft der Gegenwart sehr anschlussfähig geworden ist. Dieser Aspekt war sicherlich auch entscheidend für die Einsicht, dass man mit dem Bildungsbegriff nicht in das Reich idealistischer Spekulationen übergehen muss.

Zuletzt ist mit Adorno aber auch anzuführen, dass die Bildungstheorie gerade auch durch ihre Bezugnahme auf die problematische Geschichte der Bildungsidee eine wichtige pädagogische Kritik aufbewahren und erneuern kann. Aktualisiert wird diese Kritik durch die Frage, wie es um die gesellschaftlichen Bedingungen von Bildungsprozessen

---

47 Dieser Begriff findet bereits bei Humboldt Verwendung.

bestellt ist. Täuscht die Rede von »Bildung« über gesellschaftlich bestehende Ungleichheiten hinweg? Ist »Bildung« in einer Zeit, in der es wirtschaftlich um die vollständige Selbstmobilisierung geht, noch ein tragfähiger Begriff? Die Bildungstheorie der Gegenwart setzt sich mit diesen Fragen auseinander.

Kapitel 6: Lernen aus pädagogischer Sicht

Auf einer Internetseite der Bayerischen Landesanstalt für Landwirtschaft wird über ein Kursangebot zum Thema »Schafe scheren« mit dem folgenden Text informiert:

> »Schafe scheren lernt niemand von heute auf morgen. Für das Einstudieren und Üben eines so komplexen Bewegungsablaufs sind elf Stunden praktische Unterweisung eine sehr kurze Zeit. Zur effektiven Umsetzung des Seminars sollte sich jeder anhand der Scheranleitung, die alle Teilnehmer vorab zugesendet bekommen, das System einprägen. Wer zu Beginn des Kurses den Ablauf der Schur im Kopf hat, bekommt ihn schneller in Arme und Beine. Wer zuhause ein Schaf oder einen beweglichen Hund oder auch nur ein größeres Stofftier besitzt, soll sich nicht scheuen schon mal den Bewegungsablauf am Objekt zu üben. Zur effektiven praktischen Betreuung ist die Teilnehmerzahl auf zehn Personen begrenzt« (LFL 2018).

Über die Inhalte dieses Kursangebots erfahren Interessierte wenig. Im Vordergrund stehen Empfehlungen an die Teilnehmer*innen des Kurses, wie sie sich auf den Kurs am besten vorbereiten können, damit sie viel davon haben: damit sie viel *lernen*. An diesem Text lassen sich bereits eine Reihe von Aspekten benennen, die für den Begriff des »Lernens« eine wichtige Rolle spielen. Der erste und zunächst ziemlich trivial erscheinende Punkt ist, dass das Lernen mit einem Nicht-Wissen bzw. einem Nicht-Können beginnt. Dies impliziert, dass wir mit der zugrunde liegenden Sache *nicht vertraut sind und daher auch nicht so recht wissen, wie wir sie überhaupt ›lernen‹ können*. Die Ankündigung für den Kurs geht so damit um, dass den Kursteilnehmer*innen bereits vor dem Kurs eine Anleitung zugesandt wird, in der die Schritte des Scherens von Schafen beschrieben werden. Den Teilnehmer*innen wird empfohlen, sich diese Schritte einzuprägen, damit sie sich im Kurs auf die praktische Umsetzung der Schritte konzentrieren können.

Damit deutet sich ein zweiter Punkt an, nämlich dass Lernen Zeit benötigt: »Schafe scheren lernt niemand von heute auf morgen.« Im Text wird gesagt, dass die Lernenden die Abläufe einstudieren und üben müssen. Den Schriften von Malte Brinkmann (2012: 253ff.) folgend kann man formulieren, dass »Lernen« ein »wiederholendes Üben« erfordert, bei dem wir immer besser erkennen und in unserer Auseinandersetzung mit dem Lerngegenstand erfahren, worauf es ankommt.[48] In der Übungswiederholung können wir uns dann auf das konzentrieren, was uns noch nicht gelungen ist, was wir noch nicht bewältigt oder verstanden haben. Selbst dann, wenn wir den Bewegungsablauf erst einmal nur »trocken« üben, z. B. an einem Stofftier, wie das in der Ankündigung empfohlen wird, können wir uns auf den Weg des Lernens machen.

Der Aspekt, dass Lernen Zeit erfordert, verweist auf einen dritten Punkt, der sehr selbstverständlich anmutet: Um zu lernen, müssen wir es tun! Es ist zwar so, dass uns jemand beim Lernen unterstützen kann, uns zeigen kann, worauf es ankommt – z. B. wie man am besten ein Schaf hält, wenn man es scheren möchte. Lernen können wir aber erst, wenn wir selbst in einen Lernvollzug eintreten. Wir müssen uns dem Gegenstand des Lernens zuwenden, uns auf ihn einlassen und in die Lernbewegung eintreten. Jede*r hat schon einmal erfahren, wie schwierig es ist, etwas zu lernen, sich zum Beispiel ein Wissen anzueignen, wenn man sich nicht recht darauf einlässt. Dann sagen wir beispielsweise, dass wir uns selbst ›im Weg stehen‹. Der Vollzug und die Verantwortung des Lernens können nicht von jemand anders übernommen werden. Eine Schwimmlehrkraft kann zwar die Armbewegung für das Rückenschwimmen erläutern und vorführen. Es obliegt aber den Teilnehmer*innen des Schwimmunterrichts, sich auf dieses Lernen einzulassen, dieses Lernen zu wollen und die Lernschritte zu vollziehen.

Mit diesem ersten Beispiel bin ich bereits mitten in einer pädagogischen bzw. erziehungswissenschaftlichen Perspektive auf »Lernen«. Diese orientiert sich – kurz gesagt – daran, dass Lernen ein sinnhafter Pro-

---

48 In einem Text von Gert Biesta (2010: 540) ist übrigens zu erfahren, dass man in Queensland, Australien, erst nach 10.000 Schafen nicht mehr als Anfänger*in gilt.

zess ist, der etwas mit Erfahrungen zu tun hat, welche die Lernenden mit den Gegenständen des Lernens und mit sich machen. Gerade diese Sicht auf Lernen als Lernerfahrung hat in den dominanten Lerndiskursen seit Beginn des 20. Jahrhunderts wenig Aufmerksamkeit erhalten. An drei zentralen Paradigmen des Lernens – Behaviorismus, Kognitivismus und Konstruktivismus – wird in einem ersten Schritt eine eher objektivierende und psychologische Sicht auf das Lernen skizziert, die vom Ergebnis her denkt: einer dauerhaften Verhaltensänderung, einer geistigen Entwicklung oder einem konstruierten Wissen. Im zweiten Schritt sollen verschiedene Formen des Lernens nach Michael Göhlich und Jörg Zirfas (2007) skizziert werden, die den Weg zu einer erfahrungs- und sinnbezogenen Vorstellung des Lernens weisen. Dies wird hier als dezidiert ›pädagogische‹ Perspektive gefasst, die im dritten Schritt – den Studien der Erziehungswissenschaftlerin Käte Meyer-Drawe (2005, 2008) folgend – im Hinblick auf die »Anfänge« des Lernens vertieft wird. Daraus ergibt sich eine Kritik an gegenwärtigen Vorstellungen zu Lernmanagement und Lerneffizienz.

Drei dominante Diskurse des Lernens

Der *Behaviorismus* ist eine Theorie des Lernens, die sich an der Steuerung von Verhalten (»*behaviour*«) orientiert: »Lernen« wird im Behaviorismus als eine Veränderung des Verhaltens gedacht. Dieses wird darüber erforscht, wie bestimmte Umweltreize an einem Organismus bestimmte Reaktionen hervorrufen. Burrhus Frederic Skinner (1904–1990), ein zentraler Vertreter des Behaviorismus, hat in zahlreichen Experimenten mit Ratten und Tauben untersucht, wie die wiederholte Gabe von Futter, wenn die Tiere ein bestimmtes Verhalten zeigen, dazu führt, dass sie dieses Verhalten öfter zeigen (Skinner 1973). Die folgende Abbildung zeigt den Versuchsaufbau (▶ Abb. 4). Die Ratte wird mit Futter belohnt, wenn sie nach einem Signal einen Reaktionshebel betätigt. Das Verhalten wird also durch die Belohnung mit Futter »verstärkt«. Genau diese Möglichkeit der Beeinflussung von Verhalten war von großem Interesse, versprach sie doch die Möglichkeit, ein erwünschtes Verhalten auch bei Menschen verhaltenstechnologisch zu programmieren und ihnen umgekehrt unerwünschtes Verhalten – z. B. durch das Ausbleiben von Belohnungen – abzugewöhnen.

Abb. 4: Die Skinner-Box – Versuchsaufbau der Experimente zur Verhaltenssteuerung

Der Behaviorismus nach Skinner schließt dabei die Binnenperspektive des lernenden Organismus aus: Vom lernenden Organismus wird als »*black box*« gesprochen, in die sich nicht hineinschauen lässt. Die Experimente sind darauf beschränkt, Reize und Reaktionen zu erfassen und zu quantifizieren. Das, was sich im jeweiligen Organismus abspielt, entzieht sich demgegenüber einer systematischen Beobachtung. Der wissenschaftliche Blick wird deswegen auf den Zusammenhang von Reiz und Reaktion gelenkt, der im Sinne von »Verhalten« und »Verhaltensänderung« untersucht werden kann.

Mit seinen Forschungen zur Verhaltenssteuerung ist der Behaviorismus für viele Akteure von großem Interesse – vom Militär bis zur Werbung. Diese Konzeptualisierung des Lernens ist an der Steuerbarkeit von Verhalten orientiert, ohne dass dies als unmittelbarer Zwang erfahren wird. Dementsprechend ist die Frage, welche Haltung und Einstellung zum je eigenen Verhalten besteht, weniger relevant. Wenn es gelingt herauszufinden, mit welchen Reizen der Organismus zu dem gewünschten Verhalten gebracht werden kann, ist das Ziel erreicht. Die Perspektive des Behaviorismus im Sinne eines »Verhaltensengineering« ist übrigens bis heute aktuell, wie sich an der Arbeit von so genannten »Verhaltensarchitekt*innen« zeigt, die ihre Tätigkeit als »*Nudging*« beschreiben. »*Nudging*« stammt aus dem Englischen und bedeutet »anstupsen«. Beim Nudging geht es darum, Räume und Situationen so zu gestalten, dass Menschen ein erwünschtes und für sie förderliches Verhalten zeigen. Dazu ein Beispiel von Thaler und Sunstein, die vor einigen Jahren das Nudging ins Gespräch gebracht haben: Die Information in einem Brief der Steuerbehörde, dass bereits 90% der Bevölkerung ihre Steuern ordnungsgemäß bezahlt hätten, erhöhte in einem Experiment in erheblicher Weise die Zahlungsmoral der Versuchspersonen (Thaler/Sunstein 2008: 97f.). Auch beim Nudging wird also überlegt, was als Anreiz für ein bestimmtes Verhalten dienen kann, wenngleich keine Konditionierung des Verhaltens durch Verstärkung erfolgt. »*Nudges*« werden mittlerweile in den unterschiedlichsten Bereichen (Verkehr, Ernährung etc.) eingesetzt, um Verhalten zu lenken. Der Einsatz kleinerer Teller führt dazu, dass Menschen weniger essen. Aufleuchtende Smileys am Straßenrand haben zur Folge, dass Autofahrer*innen sich häufiger an die Geschwindigkeitsbegrenzung halten. Es gibt mittlerweile auch ein Nudge, um Toilettenverunreinigungen durch spritzenden Urin zu vermeiden. Im Urinal wird an jener Stelle eine Fliege abgebildet, die bei entsprechenden Zielversuchen zu geringeren Verschmutzungen führt.

Man kann mit Blick auf das Nudging wie auf die verhaltenstechnologische Sicht des Behaviorismus im Allgemeinen fragen, ob solche Strategien der Beeinflussung von Verhalten legitim und angemessen sind. Müsste man nicht von Manipulation sprechen? Lassen sich solche Strategien dadurch begründen, dass sie positive Effekte haben: Steuerehrlichkeit, Verkehrssicherheit, gesunde Ernährung etc.? Oder sollte man argumentieren, dass der Mensch ein Recht darauf hat, »unvernünftig« zu sein, solange er niemand anderem damit schadet (van Aaken 2015)? Diese Fragen werden aktuell sehr kontrovers diskutiert, auch dahingehend, was dies aus pädagogischer Sicht impliziert (Dodillet/Krüger 2018). Aus der Perspektive einer behavioristischen Lerntheorie bleibt festzuhalten, dass im Behaviorismus die Haltung der Lernenden zum Lernen in den Hintergrund tritt. Die Steuerung und Lenkung von Verhalten sind bestimmend.

Ein weiterer wichtiger Lerndiskurs des 20. Jahrhunderts ist der *Kognitivismus*. Anders als der Behaviorismus bedient sich der Kognitivismus einer »Binnenperspektive«; denn er beschreibt Lernen als die Ausbildung »kognitiver Strukturen« und logischer Denkfähigkeit. Der Schweizer Entwicklungspsychologe Jean Piaget (vgl. z. B. 1973, 2003) hat in seinen Studien zur geistigen Entwicklung Lernen als einen wechselseitigen Prozess der Anpassung zwischen Organismus und Umwelt beschrieben, in dem ein Gleichgewicht hergestellt werden soll. Die Anpassung verläuft als Assimilation in Richtung des Organismus, der sich die Umwelt verfügbar macht, z .b. durch das Ergreifen des Kleinkindes von Gegenständen, um diese zu betasten und sich verfügbar zu machen. Eine Anpassung als Akkommodation erfolgt, wenn der Organismus sich an andere Umweltverhältnisse anpassen muss. Ein Kind merkt, dass es einen Rollwagen nicht in der gleichen Weise heranholen kann und also die Greifbewegung verändert werden muss (z. B. kann der Wagen durch Ziehen in eine bestimmte Richtung gerollt werden).

Piaget denkt Lernen bzw. Entwicklung als sich systematisch vollziehende Operationen des Organismus, mit denen Schritt für Schritt die Denkfähigkeit ausgebildet wird. Aus diesem Grund wird auch von einem »genetischen Lernen«[49] gesprochen. In zahlreichen Versuchen hat Piaget die Genese des Denkens bei Kindern zu rekonstruieren versucht. Er ging dabei davon aus, dass sich das Denken entlang von »Schemata« vollzieht, welche sich in der geistigen Entwicklung ausdifferenzieren. In einem Versuch überprüfte Piaget, ob Kinder beim Umschütten einer Flüssigkeit aus einem breiten Gefäß in ein schmaleres Gefäß zu erkennen vermögen, dass sich beim Umschütten die Flüssigkeitsmenge nicht verändert (▶ Abb. 5). Haben sie bereits ein »Schema der Invarianz« ausgebildet, um die Situation richtig zu beschreiben? Piaget ermittelt, dass Kinder bis zum Alter von ca. 7 Jahren von einer Veränderung der

---

49 Der Begriff »genetisch« geht auf den griechischen Begriff »*genesis*« für »Entstehung« zurück. Hiermit ist also kein Verweis auf biologisches Erbmaterial oder theologische Denkfiguren gesetzt.

Menge ausgehen. In dieser Phase ihrer geistigen Entwicklung sind Kinder sehr stark mit ihrer Wahrnehmung verbunden, während sie mit wachsendem Alter immer mehr zu formalen Denkoperationen fähig werden.

Abb. 5: Der Versuchsaufbau zur Umschüttaufgabe

Piaget teilt die geistige Entwicklung in mehrere Stufen: In der *sensomotorischen Phase* bis zum Alter von ca. 2 Jahren sind Sinneswahrnehmung und Motorik die zentralen Referenzpunkte der kindlichen Entwicklung. Dann beginnt ein Prozess der Verinnerlichung des Handelns zum Denken – und damit die *präoperationale Phase* der Entwicklung, die ungefähr bis zum 7. Lebensjahr reicht. In dieser Phase bleibt das Kind an seiner Wahrnehmung der Dinge orientiert, deren Veränderung es durch höhere Mächte oder magische Zusammenhänge erklärt. Auch die Fähigkeit, von der eigenen Position abstrahieren zu können, ist noch nicht ausgebildet. Das vollzieht sich erst in der *konkret-operationalen Phase* von ca. 7–12 Jahren. Hier ist es Kindern nach Piaget möglich, jene Denkoperationen auszuführen, die für die logische Durchdringung der Wahrnehmung relevant sind. Als Beispiel kann das o. g. Experiment zur Mengeninvarianz dienen. Zu formalen und abstrakten Denkoperationen werden die Kinder allerdings erst später fähig. In der *formal-operationalen Phase* sind Kinder bzw. Jugendliche in der Lage, abstrakte Mengenverhältnisse richtig zu ordnen, z. B. die Größenverhältnisse A<B, D<A, B>C, C>A in eine Reihe zu bringen.

Der Kognitivismus wurde als Lerntheorie in der zweiten Hälfte des 20. Jahrhunderts auch deswegen besonders dominant, weil er in Analogie zu einer wichtigen technologischen Entwicklung des 20. Jahrhunderts gebracht wurde: dem Computer. Das Denken des Menschen wurde also wie die Rechenoperationen eines Computers beschrieben. Dem Kognitivismus unterliegt demnach ein rationalistisch geprägtes Menschenbild. Was das Denken des Menschen ausmacht, ist seine logische und schematische Struktur. Diese stark rationalistische Perspektive ist letztlich auch Piagets Theorie der geistigen Entwicklung zu bescheinigen (auch wenn an dieser Stelle die außergewöhnlichen Forschungsleistungen Piagets damit nicht geschmälert werden sollen). Die Theorie des genetischen Lernens ordnet Zeitpunkt und Verläufe des Lernens streng nach dem jeweiligen Stand der Entwicklung. Dabei wird zugleich der Eindruck erweckt, dass der Erwachsene als Prototyp entwickelter Rationalität gelten könnte, während die Weltsicht des Kindes noch in der Wahrnehmung unentwickelt bzw. sinnlich befangen sei. Ist über das Lernen des Menschen wirklich alles gesagt, wenn man es in Stufen einer geistigen Entwicklung geordnet hat? Geht das Lernen von Kindern darin auf, geistige Entwicklung zu sein?

Der dritte Diskurs des Lernens, der hier behandelt werden soll, ist der *Konstruktivismus*, eine Erkenntnistheorie, die in den letzten beiden Jahrzehnten des 20. Jahrhunderts besonders einflussreich geworden ist. Der Konstruktivismus beschreibt Lernen als Konstruktionsleistung von Wissen, die von den Lernenden vollzogen werden muss. Zentraler Bezugspunkt des Konstruktivismus ist die operative Geschlossenheit von Systemen (vgl. Schmidt 1987). Man kann sich diese Geschlossenheit an Körperzellen gut vor Augen führen (▶ Abb. 6). Eine Körperzelle ist ein vollständig geschlossenes System, das von einer Zellwand umgrenzt ist. Die Zelle ist eigenständig und selbsterhaltend, d. h. dass sie vollständig aus sich heraus existiert. Ganz analog wird der Aufbau des Gehirns beschrieben. Natürlich gelangen verschiedene Reize in das Gehirn, z. B. über den Sehnerv. Allerdings handelt es sich um Nervenimpulse, die vom Nervensystem selbst erzeugt werden. Auch hier ist also das System »geschlossen«, auch wenn Lichtwellen ursprünglich der auslösende Reiz gewesen sind. Die Lichtwellen selbst dringen aber nicht ins Gehirn, sondern werden in Nervenimpulse übersetzt. Die Geschlossenheit von

Systemen wird auch mit dem Begriff »Autopoiesis« bezeichnet, der wörtlich übersetzt »Selbsthervorbringung« bedeutet. Das System versetzt sich selbst in verschiedene Zustände.

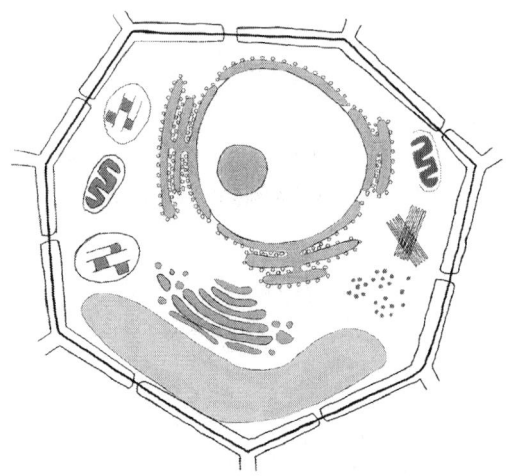

Abb. 6: Zur operativen Geschlossenheit von Systemen: eine Zelle

Auf der Grundlage der operativen Geschlossenheit lässt sich verständlich machen, wie der Konstruktivismus »Lernen« denkt: Im Lernprozess muss das »lernende System« alle Informationen und Operationen in einen für es funktionierenden Sinnzusammenhang bringen. Eine Lehrperson kann nicht davon ausgehen, dass die Art und Weise, wie sie sich den »Konstruktivismus« anschaulich macht, auch für ihre Schüler*innen anschaulich ist. Jede*r muss am eigenen Verstehen arbeiten und zu einem eigenen Verständnis gelangen. Der Konstruktivismus wendet sich also gegen die Vorstellung, dass Wissen im strengen Sinn gelehrt bzw. übertragen werden kann. Im Anschluss an hirnphysiologische Studien betont der Konstruktivismus die Eigentätigkeit des Gehirns.

Es gibt den Konstruktivismus als Erkenntnistheorie in einer radikalen und einer gemäßigten Variante. In der erstgenannten Fassung wird die Existenz einer vom Denken unabhängigen Realität geleugnet. Es wird also nicht mehr davon ausgegangen, dass es eine allgemeine Wahrheit gibt: Wahrheit wird selbst als Konstruktion im Denken der Einzelnen begriffen. Diese Erkenntnishaltung führt den radikalen Konstruktivismus in gewisse Widersprüche – u. a. den Widerspruch, überhaupt Aussagen über die Beschaffenheit der Wirklichkeit zu machen. Demgegenüber hält die andere Variante des gemäßigten Konstruktivismus an einem abgeschwächten Begriff von Wahrheit und Wirklichkeit fest. Dieser ermöglicht dann die Rede von einer »Viabilität« von Aussagen, womit nicht deren objektive Geltung, sondern ihre Nützlichkeit und Anschlussfähigkeit gemeint ist. Sollte eine Studierende sich eine Konstruktion des »Konstruktivismus« gebastelt haben, bei der man mit niemand mehr ins Gespräch kommen kann, dann scheint diese Konstruktion nicht ›viabel‹ zu sein – sie bietet keine Anschlüsse für Kommunikationen mit anderen. Wer dann dennoch an seiner Konstruktion festhält, wird merken, dass er oder sie damit nicht ›weiterkommt‹.

Der Konstruktivismus konzipiert das Lernen als einen Prozess, bei dem sozusagen die Einzelnen mit sich allein sind. In manchen Beschreibungen erscheinen die konstruktivistisch Lernenden wie Manager des eigenen Lernprozesses. Man kann fragen, ob diese Beschreibung des Lernens angemessen ist – angesichts der Tatsache, dass wir in vielen Situationen mit anderen und durch andere lernen. Fraglich ist auch, ob die Interpretation, das Gehirn sei der eigentliche Agent des Lernens, haltbar ist. Genau genommen lässt sich nicht so einfach sagen, dass das Gehirn Wissen konstruiert. Im Gehirn vollziehen sich physiologische Prozesse, die selbstverständlich die Grundlage des menschlichen Denkens sind. Daraus aber folgt nicht, dass Hirnphysiologie und Denken einfach gleichgesetzt werden können. Auch wenn zukünftig weitere Erkenntnisse auf diesem Gebiet zu erwarten sind, so sollten in lerntheoretischen Argumentationen die verwendeten Kategorien mit Bedacht verwendet werden.

Ähnlich wie der Kognitivismus orientiert der Konstruktivismus das Lernen an der Operativität des Denkens. Dem Begriff des logischen Schemas entspricht im Konstruktivismus die Konstruktion, die ebenfalls als Ergebnis von Operationen eines Systems erscheint. Ähnlich wie der Kognitivismus stellt sich der Konstruktivismus eine permanente Veränderung und Anpassung von Konstruktionen vor. Das System vollzieht diese zur eigenen Erhaltung. Dies ist der Grund, warum der Konstruktivismus in Diskursen der Wissensgesellschaft sehr populär geworden ist: In der Wissensgesellschaft verändert sich das Wissen permanent. Vom Konstruktivismus erhofft man sich, dass derartige Veränderungen durch Dekonstruktion und Rekonstruktion von Wissen beschrieben werden können.

Eine pädagogische Perspektive auf das Lernen

Die hier knapp entwickelten drei Diskurse des Behaviorismus, des Kognitivismus und des Konstruktivismus sind stark von einer objektivistischen und instrumentellen Perspektive auf das Lernen geprägt. Ihre Ausrichtung an Verhaltenssteuerung, an geistiger Entwicklung wie auch an Wissenskonstruktionen belegt, dass sie an dem Vollzug von Lernprozessen und der Perspektive der Subjekte auf ihr Lernen eher wenig Interesse haben. Genau an dem letzten Punkt haben einige Erziehungswissenschaftler*innen ihr Nachdenken über Lernen orientiert. Im Folgenden werden die Überlegungen von Michael Göhlich und Jörg Zirfas zu einer pädagogischen Theorie des Lernens aufgegriffen. Sie unterscheiden vier verschiedene Dimensionen des Lernens, in denen Lernvollzüge je besonders zur Geltung kommen. Bei den vier Dimensionen des Lernens handelt es sich um: das *Wissen-Lernen*, das *Können-Lernen*, das *Leben-Lernen* und das *Lernen-Lernen* (vgl. hierzu und für das Folgende: Göhlich/Zirfas 2007: 180ff.).

Tab. 2: Vier Dimensionen des Lernens nach Göhlich/Zirfas (2007)

Wissen-Lernen	z. B. Regeln der Straßenverkehrsordnung
Können-Lernen	z. B. Fahrrad fahren lernen
Leben-Lernen	z. B. mit persönlichen Niederlagen umgehen lernen
Lernen-Lernen	z. B. Aneignung und Prüfung von Lernstrategien

Das *Wissen-Lernen* ist jene Dimension, die uns wohl am meisten vertraut ist. Hier zielt das Lernen auf einen Gegenstand, der gekannt und erkannt wird. Man spricht von einer »Sache«, die man sich durch Lernen gedanklich aneignet, z. B. eine Lerntheorie oder die Bedeutung von Verkehrsschildern. Wir lernen Unterschiedlichstes über verschiedene Formen der Wissensvermittlung. Wenn das Thema eines Kurses das Scheren von Schafen ist, so wird dort einiges Wissen Thema sein: z. B. die Anatomie und die Verhaltensweisen von Schafen.

Am Eingangsbeispiel zum Kurs über das »Schafe-Scheren« lässt sich auch die zweite Dimension erläutern: das *Können-Lernen*. Es gibt eine ganze Reihe von Lernprozessen, die sich nicht in einem gegenständlichen Wissen erschöpfen. In der Kursbeschreibung zu Beginn hieß es: Man müsse das Wissen über das Schafe-Scheren in die Arme und Beine bekommen. Für das Können-Lernen sind also körperlich-leibliche Erfahrungen besonders relevant. Ähnliches kann gesagt werden für das Erlernen von Kulturtechniken des Lesens und Schreibens, aber auch für das Fahrradfahren und das Schwimmen-Lernen. Für all diese Lernprozesse gilt, dass man sich diese nicht über ein explizites Wissen aneignen kann, z. B. indem man die Schwimmbewegungen studiert. Der eigene Vollzug und das Üben haben eine zentrale Bedeutung für dieses Lernen. Über den Verlauf des Übens gewinnen die Lernenden eine zunehmende Autonomie und Unabhängigkeit.

Bevor ich etwas ausführlicher auf das Leben-Lernen eingehe, soll die vierte Dimension des *Lernen-Lernens* vorgestellt werden. Mit dieser Dimension beschreiben Göhlich und Zirfas, dass Lernen immer auch auf die Fähigkeiten des Lernens abzielt und diese verbessert. Mit anderen Worten: Beim Lernen-Lernen lernen wir auch immer etwas über das Lernen. Dazu gehören Lernstrategien, durch die sich das Lernen erleichtern oder effizienter gestalten lässt.[50] Der Einsatz des Lernen-Lernens kann aber auch in den Kontext von Kritik gestellt werden: Lernen-Lernen hat auch etwas mit Reflexion und Revision des eigenen Lernens zu tun.

---

50 Man kann es durchaus als einen Hinweis auf den Konstruktivismus begreifen, wenn die beiden Autoren bei dieser Dimension des Lernens herausstellen, dass seit geraumer Zeit mit dem Lernen-Lernen den Lernenden die Verantwortung ihres Lernens übertragen wird (ebd.: 192).

In der Dimension des *Leben-Lernens* tritt besonders deutlich der Erfahrungsbezug des Lernens zutage. Nach Göhlich und Zirfas ist Lernen in entscheidender Weise auf unsere Lebensführung, also den Vollzug unseres Lebens bezogen. Die Autoren sprechen sechs Aspekte an (vgl. ebd.: 187ff.):

- Das *Überleben-Lernen* zielt auf die Aneignung grundlegender Strategien und Techniken, um die eigene Existenz zu sichern, beispielsweise angesichts Unterversorgung oder Armut.
- Beim *Lebensbewältigung-Lernen* geht es um Strategien und Haltungen, die uns ermöglichen, Lebensprobleme, Konflikte und andere Widerstände zu überwinden. Man könnte den Umgang mit Mobbing als ein Lebensproblem fassen, das von Kindern und Jugendlichen bewältigt bzw. überwunden werden muss. Das kann etwa erreicht werden, indem kommunikative Kompetenzen eingesetzt werden oder man sich mit seinem eigenen Selbstwertgefühl auseinandersetzt.
- Die *Lebensbefähigung* lernen wir, indem wir beispielsweise die Fähigkeit entwickeln,»nein« sagen zu können – also indem wir Selbstbestimmung und Kritikfähigkeit entfalten. Göhlich und Zirfas führen beispielhaft die Verlockungen der Werbung an.
- Beim *biographischen Lernen* steht das Lernen aus der eigenen Lebensgeschichte oder der Lebensgeschichte anderer im Vordergrund. Wir sprechen in diesem Zusammenhang auch von »Lebenserfahrung«.
- Das *Lebenskunst-Lernen* richtet sich auf die Art und Weise, wie wir den Vollzug des eigenen Lebens in seiner Endlichkeit ausgestalten und wahrnehmen. Viele Aspekte unseres täglichen Lebens tun wir auf eine bestimmte Weise, weil wir damit unsere Vorstellung zu leben erfüllt sehen, z. B. die Gestaltungen unseres Selbst in Ritualen und Praktiken von Yoga bis zu Mode und Ernährung.
- Mit *Sterben-Lernen* ist der Umgang mit dem Bewusstsein unserer Endlichkeit angesprochen, auch der Umgang mit Krankheit oder schwindender Gesundheit.

Über alle Facetten des Leben-Lernens hinweg vermittelt sich, dass es immer um das jeweilige Lernen der Einzelnen in ihrem unverwechselbaren Leben geht. Auch wenn viele Menschen mit ähnlichen Lebensproblemen konfrontiert sind oder sie in ähnlicher Weise für ihr Überleben kämpfen müssen, so beschreibt das Leben-Lernen doch, wie jede*r Einzelne in ihrer bzw. seiner Situation an diese Aufgaben oder Probleme herangeht. Die Erfahrungsgebundenheit des Lernens verweist auch darauf, dass es auf uns selbst ankommt. Die Mutter kann ihre Tochter zwar darauf hinweisen, dass sie mit ähnlichen Problemen konfrontiert war und dass sie ihre Probleme auf diese oder jene Weise gelöst hat. Und auch wenn die Tochter ähnliche Strategien einsetzen kann, so besteht der entscheidende Schritt der Lebensbewältigung doch darin, dass sie das Problem selbst lösen muss. Dazu gehört, das Problem als eines zu erkennen, das *sie* hat (und nicht ihre Mutter). Sie muss dazu eine neue Position und Haltung einnehmen oder auch bisherige Deutungen von sich aufgeben. Erkennbar wird, dass unser Lernen abhängig von unseren Selbst- und Weltdeutungen ist, in die wiederum gesellschaftliche Verhältnisse und Bedingtheiten eingeflochten sind.[51] Ob wir ein Problem bewältigen, hängt nicht nur von uns ab, sondern eben auch davon, welche Handlungsräume uns aufgrund gesellschaftlicher Bedingungen zur Verfügung stehen. Diese gesellschaftlichen bzw. sozialen Rahmungen des Lernens waren in den eingangs genannten Lerndiskursen von untergeordneter Bedeutung. Mitunter sind diese Rahmungen aber besonders relevant dafür, was oder sogar ob überhaupt gelernt wird.

Im letzten Teil des Kapitels soll ein letzter Kontrapunkt gegenüber den eingangs genannten Lerndiskursen gesetzt werden. Während behavioristische, kognitivistische und konstruktivistische Lerntheorien das Lernen vom Ergebnis her denken, haben pädagogische Theorien des Lernens sich besonders mit seinen Anfängen befasst. Womit beginnt das Lernen? Liegt der Ursprung des Lernens in uns selbst? Was passiert im Lernen mit uns und unserem Wissen?

---

51 Dieser Punkt ist nun genau dafür verantwortlich, dass die Begriffe der Bildung und des Lernens mitunter eng aneinandergerückt werden.

Kapitel 6: Lernen aus pädagogischer Sicht

Zu den Anfängen des Lernens

Die Erziehungswissenschaftlerin Käte Meyer-Drawe (*1949) hat sich in zahlreichen Studien mit dem Erfahrungsvollzug des Lernens befasst. Eine wichtige Einsicht Meyer-Drawes (2005, 2008) ist, dass das Lernen nicht angemessen beschrieben ist, wenn man es als eine Tätigkeit der Lernenden begreift. Es verhält sich vielmehr so, dass wir im Lernen von etwas angegangen werden. Im Umgang mit einem Gerät, z. B. mit einem Fernrohr, werden wir in den Umgang mit diesem Gerät hineingezogen, bis es uns womöglich gelingt, den Nachthimmel durch das Fernrohr zu betrachten. Meyer-Drawe greift den griechischen Begriff »*pathos*« auf, der wörtlich übersetzt »Widerfahrnis« bedeutet. Am Anfang des Lernens steht demnach ein Aufmerken, eine Zuwendung zu Gegenständen und Sachverhalten, die nicht von den Lernenden initiiert werden, sondern die sich als Reaktionen darauf verstehen lassen, dass wir von Gegenständen, Sachverhalten etc. *angesprochen* werden.

Nach Meyer-Drawe ist das Lernen eng mit einem Übergang verbunden, bei dem die bislang vertraute Welt aufgegeben werden muss. Meyer-Drawe formuliert dies so:

> »Lernen beginnt in dieser Hinsicht dort und dann, wo und wenn das Vertraute seinen Dienst versagt und das Neue noch nicht zur Verfügung steht; ›denn die alte Welt ist sozusagen aufgegeben und eine neue existiert noch nicht.‹ [...] Der Weg führt nicht vom Schatten ins Licht, sondern endet zunächst in einem Zwielicht, auf einer Schwelle zwischen *nicht mehr* und *noch nicht*« (Meyer-Drawe 2008: 15).

Wie Meyer-Drawe hier erläutert, wird im Lernen deutlich, dass ein neues Weltverständnis gebildet werden muss. Dieser Übergang hat eine verunsichernde Seite, da bis dahin bewährte Vorstellungen und Orientierungen aufgegeben werden müssen, ohne schon zu wissen, woran man sich fortan halten könnte. Lernen vollzieht sich an einer »Schwelle«.

Neben dem Phänomen der pathischen Eingebundenheit im Lernen und der Beschreibung von Lernen als Schwellenphänomen geht Meyer-Drawe darauf ein, dass uns im Lernen vorausgehende Welten und Erfahrungen verloren gehen. Sie zitiert aus Walter Benjamins »Berliner Kindheit um 1900«: »Nun kann ich gehen, gehen lernen nicht mehr« (Benjamin 1987: 97). Nach Meyer-Drawe ist es eine Struktureigentümlichkeit des Lernens, sich ins Dunkle zurückzuziehen (vgl. Meyer-Drawe 2008: 193). Nachdem wir gelernt haben zu gehen, gehen wir einfach. Der Weg zum Gehen – die vielen Versuche, die unternommen werden mussten – rückt in den Hintergrund und wird geradezu vergessen. Das Lernen bringt uns das Gelernte vor Augen, während der Prozess des Lernens selbst mehr und mehr in den Hintergrund tritt – so dass wir oft nicht einmal mehr sagen können, wie wir dies oder das gelernt haben. Wie das war, als wir noch nicht gehen konnten, ist uns kaum mehr zugänglich. Mit dem Lernen gehen also immer auch ein Verlust und ein Verlernen einher: wie wir die Welt und uns in ihr früher gesehen haben.

In ihren lerntheoretischen Ausführungen geht Meyer-Drawe immer wieder auf die zentrale Rolle des Leibes im Lernen ein. An Benjamins Beispiel des »Gehen Lernens« ist unmittelbar einsichtig, dass es sich um ein körperliches Lernen handelt, in dem z. B. das Finden, Erforschen und Ausbilden von Gleichgewicht eine große Rolle spielt. Das aber ist nicht der einzige Punkt: Das Lernen macht sich nicht einfach am Körper fest. Es ist in einem elementaren Sinn *leiblich*, weil sich unsere Begegnung mit Welt – also wie wir diese erfahren – erheblich unterscheidet, je nachdem, ob wir krabbeln oder gehen. Unser »Zur-Welt-sein« ist also ganz elementar mit unserer Leiblichkeit verbunden. Dieser Gedanke ist für Meyer-Drawe entscheidend, weil sich damit eine wichtige Kritik gegenüber jenen Lerntheorien ergibt, in denen Lernen als Wissenskonstruktion begriffen wird.

Nach Meyer-Drawe ist von einem leiblichen oder inkarnierten[52] Subjekt zu sprechen. Zu erschließen, wie wir uns leiblich den Dingen zuwenden oder wie wir uns von ihnen abwenden, bringt nicht nur förderliche oder hinderliche Bedingungen des Lernens in den Blick, nach dem Motto, dass eine schöne Farbe vor Augen eine bessere Lernatmosphäre schafft. Nehmen wir das Beispiel einer Nichtschwimmer*in, die sich der Tiefe und Weite des Schwimmbeckens gegenübersieht. Sie fühlt sich womöglich schon verloren, bevor sie überhaupt einen Fuß ins Wasser gestreckt hat. An Land beherrscht unser Leib alle Handgrif-

---

52 »Inkarniert« kommt aus dem Lateinischen »*incarnare*«: zu Fleisch werden, hier: »verkörpert«.

fe, ohne dass darüber nachgedacht werden muss: am Kopf kratzen, Zähne putzen, eine Treppe hinunter gehen etc. Der Leib fungiert in seiner Verflochtenheit mit der Welt. In der Weite des Schwimmbeckens und im Wasser, das dem Leib keine Anhaltspunkte bietet, verliert der fungierende Leib alle Möglichkeiten, sich und seine Bewegung zu organisieren – und das angesichts der Gefahr zu ertrinken. Es ist gerade diese leibliche Dimension, welche das Schwimmen Lernen zu einer äußerst herausfordernden Angelegenheit macht.

Wie arbeitet Käte Meyer-Drawe das »Lernen« theoretisch aus? Es stehen die Beschreibungen von Vollzügen des Lernens im Vordergrund, also der Versuch, die Begegnung der Lernenden mit der Welt genauer zu erfassen. Bei dieser Beschreibung wird genau darauf geachtet, wie sinnliche Erfahrungen auf die Lernenden wirken und daraus Aktivitäten und Annäherungen hervorgehen. Meyer-Drawe folgt hier dem Forschungsprogramm einer wichtigen philosophischen Strömung des 20. Jahrhunderts: der so genannten Phänomenologie, die den Vollzug menschlicher Erfahrung erforscht. Und einige Phänomenolog*innen haben es sich besonders zur Aufgabe gemacht, die Rolle des Leibes zu untersuchen. Begriffe wie »fungierender Leib« oder »Zur-Welt-sein« verwendet Meyer-Drawe im Anschluss an den französischen Phänomenologen Maurice Merleau-Ponty.

An einem letzten Beispiel soll nochmals verdeutlicht werden, wie dieser leibliche Erfahrungsvollzug zu denken ist. Das Greifspielzeug eines Kindes ist im Rahmen einer phänomenologischen Beschreibung nicht einfach ein Ding, das vorhanden ist und das zum Inventar einer objektiven Welt gehört. Im Umgang eines Kindes mit diesem Spielzeug wird man zur Beschreibung gelangen, dass dieses Ding sich dem Kind für den Blick, aber auch für das Greifen *anbietet*. Das Kind kann diesem Angebot folgen. Die Annäherung an den Gegenstand vollzieht sich über den fungierenden Leib: z.B. so, dass der Gegenstand mit Mund bzw. Zunge *untersucht* wird. Auf der Grundlage des fungierenden Leibes wird der Raum der Möglichkeiten erforscht, was mit dem Greifspielzeug gemacht werden kann. Erwachsene mögen diese Erfahrungsvollzüge womöglich nicht für sinnvoll halten (z.B. aus hygienischen Gründen), aber dennoch wäre entscheidend, die Weltbegegnung des Kindes aus dessen Perspektive des Zur-Welt-seins zu betrachten.

Von hier aus wird klar, wie Meyer-Drawe die im ersten Teil des Kapitels behandelten Theorien des Lernens einschätzen würde: Der Konstruktivismus wird dem Lernen nicht gerecht, weil dieser vollständig die Welt aus dem Lernen ausblendet. Die Lernenden werden, so Meyer-Drawe in ihrer Kritik, als tätiges Zentrum überbewertet (Meyer-Drawe 1999). Eine kognitivistische Theorie des Lernens, wie sie bei Piaget Gestalt gewinnt, wendet sich zwar den wechselseitigen Anpassungsprozessen zwischen Organismus und Umwelt zu. Das liegt durchaus auf der Linie Meyer-Drawes, die Vollzüge des Lernens zu betrachten. Sie problematisiert allerdings, dass die gesamte Entwicklung bei Piaget an einem Rationalitätsmodell – den logisch Denkenden – ausgerichtet wird, in dem der fungierende Leib keine Rolle mehr spielt (Meyer-Drawe 1986). Am Behaviorismus schließlich würde Meyer-Drawe kritisch bemerken, dass dieser sich für die Vollzüge des Lernens gar nicht interessiere, sondern das Lernen auf Verhaltensänderung reduziere.

An die obigen Ausführungen anschließend ist zu fragen, ob nicht Lerntheorien, die nur nach der Effizienz und Optimierung des Lernens trachten, mindestens bezogen auf die gegenwärtigen gesellschaftlichen Bedingungen blind sind – und wie diese das menschliche Leben bestimmen und einschränken (oder auch problematisch reproduzieren). Gert Biesta (2008) hat diesbezüglich eine weitreichende Kritik geäußert, an deren Ende die Forderung steht, den Begriff des Lernens *aufzugeben*. Biesta argumentiert, dass der Begriff des Lernens immer stärker im Sinne eines Transaktionsgeschäfts mit Wissen verstanden wird (ebd.). Das Lernen wird also immer stärker in einen ökonomischen Sprachgebrauch eingebunden, so dass zahlreiche pädagogisch relevante Gesichtspunkte nicht mehr zur Sprache kommen können.

Meyer-Drawe (2008) verfolgt eine andere systematische Strategie. Sie entwickelt einen Lernbegriff, in dem auch das Verlernen und das Nicht-Gelernte einen Raum haben. Dass im Lernen der Vollzug des Lernens zugunsten des Gelernten in den Hintergrund tritt und dass wir im Lernen immer auch verlernen (wie wir die Welt zuvor gesehen haben), sind wichtige Einsichten. Schließlich betont sie auch die Leibgebundenheit des Lernens, die im Eingangsbeispiel zum Schafe-Scheren bereits in den Blick kam.

Kapitel 7: Kompetenz – ein pädagogischer Begriff?

Ende 2001 wurde die Öffentlichkeit in Deutschland vom ›schlechten Abschneiden‹ deutscher Schüler*innen in der internationalen Leistungsvergleichsstudie PISA[53] überrascht. Das Ereignis ist unter dem Namen »PISA-Schock« als Negativ-Diskurs zum deutschen Schulsystem in die Geschichte eingegangen. Im Rahmen der ländervergleichenden Untersuchung der OECD (Organisation für wirtschaftliche Zusammenarbeit und Entwicklung) hatte sich gezeigt, dass ca. ein Viertel der Schüler*innen in Deutschland erhebliche Schwächen beim Lesen und Schreiben haben. Dies entsprach nicht dem Selbstbild, das in Deutschland, dem ›Land der Dichter und Denker‹, mit Blick auf das eigene Schulsystem vorherrschte. Außerdem ermittelte die Studie für Deutschland eine besonders starke Korrelation zwischen Schulleistungen und sozialer Herkunft. Das bedeutete, dass das deutsche Schulsystem soziale Ungleichheiten bestätigt oder sogar verstärkt, anstatt diese im Sinne von Chancengleichheit abzubauen.

Am ersten Ländervergleich im Jahr 2000 hatten 32 Länder teilgenommen. Gegenstand von PISA sind die Bereiche »Lesekompetenz«, »mathematische Grundbildung« und »naturwissenschaftliche Grundbildung«, wobei der Schwerpunkt im Jahr 2000 auf der Lesekompetenz lag.[54] PISA untersucht das Leistungsniveau von Schüler*innen im Alter

---

53 Die Abkürzung »PISA« steht für »*Programme for International Student Assessment*«. Für die Darstellung der (auch folgenden) Ergebnisse von PISA 2000 vgl. Baumert (2001).
54 PISA testet überdies Querschnittsthemen aus den Bereichen »Lernstrategien«, »Problemlösung« sowie »informationstechnische Grundbildung«. Im Jahr 2000 wurden die Strategien des Lernens besonders berücksichtigt. Die Studie wird im Dreijahresturnus durchgeführt. Dabei wechselt dann der jeweilige

von 15 Jahren, also zum Ende der Pflichtschulzeit. In Deutschland nahmen im Jahr 2000 ca. 5.000 Schüler*innen an der Untersuchung teil. Das Leistungsniveau der Schüler*innen aus Deutschland lag im Bereich »Lesen« mit einem Mittelwert von 484 unter dem OECD-Durchschnitt von 500. Es gab nur zwei weitere mitteleuropäische Länder, in denen der Wert ebenfalls unter dem OECD-Durchschnitt lag (PISA 2000). Es wurde bereits angeführt, dass ein relativ großer Anteil von Schüler*innen auf einem sehr niedrigen Leistungsniveau angesiedelt war (23%). Es gab überdies eine relativ große Differenz zwischen den stärkeren und den schwächeren Leistungen in der Untersuchungsgruppe. Auch im Bereich der höchsten Leistungsstufe lagen die Schüler*innen aus Deutschland mit ca. 9% unter dem OECD-Durchschnitt von knapp 10%.

Die Ergebnisse der PISA-Studie brachten eine umfängliche öffentliche Debatte in Gang: über die Qualität deutscher Schulen, die Mehrgliedrigkeit des deutschen Schulsystems, aber auch um Deutschland als »Einwanderungsland«, was, so wurde gefolgert, eine entsprechende Gestaltung des Schulsystems erfordere. Es wurde auch darum gestritten, ob PISA die Leistung schulischer Bildung in angemessener Weise bestimme: PISA untersucht nicht den Unterricht selbst, sondern erschließt über Tests, inwiefern Schüler*innen das ihnen in der Schule vermittelte Wissen anwenden können. Bei der Arbeit mit diesen Tests kommt der Begriff der »Kompetenz« ins Spiel, der in diesem Kapitel vorgestellt und im Hinblick auf seine pädagogische Bedeutung diskutiert werden soll. Dabei wird auch in den Fokus rücken, wie dieses Konzept bildungspolitisches Denken verändert.

Schwerpunkt. Im Jahr 2003 ging es schwerpunktmäßig um die mathematische Grundbildung und den Bereich der Problemlösung.

Kompetenz und Kompetenzmodelle

Das gegenwärtige Verständnis von »Kompetenz« ist an einer Definition orientiert, die auf Franz Weinert (2001) zurückgeht: Kompetenz wird als eine *kontextspezifische kognitive Leistungsdisposition beschrieben, die sich funktional auf bestimmte Klassen von Situationen und Anforderungen bezieht*. Beispielhaft kann man an die Fähigkeit denken, die eine Person besitzt, um im Bereich der Mathematik eine »lineare Gleichung« zu lösen. Aus der Perspektive der Kompetenzforschung ist diese Fähigkeit folgendermaßen zu begreifen: Sie ist erstens nicht als bereits vorhandene »Ausstattung des menschlichen Geistes« zu verstehen. Demgegenüber wird die Fähigkeit als Ergebnis einer pädagogischen Intervention begriffen, z. B. schulischen Mathematikunterrichts oder aber auch eines Selbststudiums mit einem Lehrbuch. Zu dieser Fähigkeit gehört zweitens, in der Lage zu sein, sie einzusetzen und erfolgreich umzusetzen. Mit anderen Worten: Es reicht nicht, viel über lineare Gleichungen zu wissen. Die Kompetenz richtet sich darauf, auch wirklich lineare Gleichungen lösen zu können. Wenn ich einer Person eine Aufgabe stelle, welche enthält, diese Fähigkeit einzusetzen, dann »teste« ich ihre Kompetenz, also das Vorhandensein der jeweiligen Leistungsdisposition.

Damit kommen bereits die zentralen Züge der Kompetenzforschung in den Blick. Ihre Hoffnung richtet sich darauf, durch Tests erschließen zu können, wie erfolgreich eine pädagogische Intervention hinsichtlich der Ausbildung einer spezifischen Kompetenz gewesen ist. Ich kann eine Person vor und nach der Arbeit mit einer Lernsoftware oder vor und nach einem Mathematik-Förderkurs »testen« und über den Vergleich der Testergebnisse bestimmen, wie effizient oder wirksam die pädagogische Intervention gewesen ist. Es ist dann auch möglich, verschiedene Programme, verschiedene Lehrpersonen oder verschiedene Schulen hinsichtlich der Wirksamkeit ihrer pädagogischen Interventionen miteinander zu vergleichen. Die Kompetenzforschung zielt also darauf ab, den »*Output*« einer pädagogischen Intervention zu bestimmen.

Um aber überhaupt Kompetenzen und Kompetenzentwicklung bestimmen zu können, müssen diese erst einmal inhaltlich beschrieben werden. Dann ist – am Beispiel gesprochen – die Frage zu beantworten, was aus der Perspektive mathematischer Fähigkeiten überhaupt dazu gehört, eine lineare Gleichung zu lösen. Was ist dafür zu wissen? Welche Operationen müssen dafür beherrscht werden? Die Kompetenzforschung geht davon aus, dass sich die Fähigkeit, Aufgaben zu lösen, auf einige allgemeinere Kompetenzen in einem Sachbereich zurückführen lassen. Es gibt also nicht unzählige Kompetenzen im Bereich Mathematik, sondern einige zentrale »Dimensionen«. Welche aber sind das und wie findet man das heraus?

Die Antwort der Kompetenzforschung besteht darin, sich den Prozess der Erschließung von Kompetenzen als »Modellierung« zu denken: Wir stellen uns vor, dass eine Schülerin sehr viele unterschiedliche Mathematik-Aufgaben zur Bearbeitung erhält. Sie wird bei der Bearbeitung der Aufgaben – je nach ihren Kompetenzen – unterschiedlich erfolgreich sein. Man kann nun beginnen, die Aufgaben in den Tests daraufhin zu beschreiben, was getan werden muss, um sie erfolgreich zu bearbeiten. Damit können zugleich die Fähigkeiten erschlossen werden, die jeweils für eine erfolgreiche Bearbeitung der Aufgabe notwendig sind. Man kann sich zum Beispiel vorstellen, dass für das Lösen linearer Gleichungen die Kompetenz entwickelt sein muss, mit symbolischen und formalen Elementen der Mathematik korrekt umzugehen. Diese Fähigkeit ist anders gelagert, als beispielsweise Alltagsprobleme mathematisch zu modellieren.

Um noch ein zweites Beispiel anzuführen: Im Bereich des Fremdsprachenlernens lässt sich zeigen, dass es etwas ganz Unterschiedliches ist, eine Fremdsprache zu verstehen oder diese zu sprechen. Es gibt Personen, die sehr gut einem fremdsprachlichen Radioprogramm folgen können, aber Probleme haben, sich in der fremden Sprache zu artikulieren. Mit ihren Modellierungen will die Kompetenzforschung systematisch die Fähigkeitsstrukturen von Sachbereichen erfassen. Die Kompetenzforschung spricht von »Kompetenzmodellen«. Ein »Kompetenzmodell« für den Bereich der Sprachkompetenz im »Englischen« ist in der Abbildung 7 festgehalten.

Im Modell werden als übergeordnete Kompetenzdimensionen im Bereich »Fremdsprache Englisch« die *Rezeption*, die *Bewusstheit* und die *Produktion* unterschieden. Unter diese Dimensionen fasst das Modell wiederum verschiedene Teilleistungen. Zur Rezeption gehören z. B. Le-

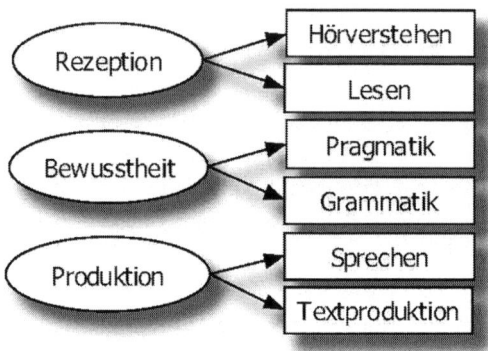

Abb. 7: Das Kompetenzmodell von DESI (vgl. Jude/Klieme 2007: 19)

sen und Hörverstehen, die sich auf die verschiedenen Weisen beziehen, wie eine Fremdsprache rezipiert, also aufgenommen oder aufgefasst werden kann. Die Produktion zielt demgegenüber auf die Erstellung fremdsprachlicher Beiträge in Form von Sprechen, Schreiben und Textrekonstruktion. Unter Bewusstheit fasst das Modell strukturelle Kenntnisse zur Fremdsprache (Grammatik), aber auch Kenntnisse, wie die Fremdsprache in bestimmten sozialen Situationen verwendet wird (z. B. »Grüßen«).

Neben der Modellierung von Dimensionen ist auch die jeweilige Ausprägung von Kompetenzen genau zu beschreiben: Wie stark ist die jeweilige Kompetenz bei einer Person ausgebildet? Dies wird als »Kompetenzniveau« bezeichnet. Um eine entsprechende Skala von abgestuften Kompetenzniveaus zu erstellen, untersucht die Kompetenzforschung auch hier empirische Ergebnisse aus Testaufgaben. Eine Mathematikaufgabe, die von allen Schüler*innen einer Gruppe gelöst werden kann, gilt als weniger schwierig im Vergleich zu einer Aufgabe, die nur wenige aus der Testgruppe lösen können. Das bedeutet, dass jeder Aufgabe eine Lösungswahrscheinlichkeit zugeordnet werden kann, die – wenn man die Aufgaben an einer hinreichend großen Anzahl von Testpersonen geprüft hat – eine Aussage darüber zulässt, wie schwierig die jeweilige Aufgabe ist. Hat man auf diesem Wege die Schwierigkeitsstufe von zahlreichen Aufgaben bestimmt, können diese (unterschiedlich schwierigen) Aufgaben als Test eingesetzt werden, um das Kompetenzniveau einer Person im entsprechenden Sachbereich zu bestimmen. Jemand, der alle Aufgaben löst, weist eine sehr hohe Kompetenz auf; jemand, der nur wenige Aufgabe zu lösen vermag, wird sich auf einem niedrigen Niveau befinden. Mit dem Feststellen unterschiedlicher Schwierigkeiten ist allerdings noch nicht geklärt, wo der Übergang zwischen verschiedenen Niveaus liegt. Es gibt verschiedene Vorgehensweisen, Grenzen zwischen Kompetenzniveaus festzulegen. Es ist möglich, mathematisch gleiche Abstände zwischen Testergebnissen als Grundlage für die Differenzierung von Niveaus zu nehmen. Möglich ist aber auch, die Skalenabschnitte an inhaltlichen Kriterien festzumachen. An den PISA-Studien von 2015 zur naturwissenschaftlichen Bildung lässt sich beispielhaft eine kriteriumsorientierte Ausdifferenzierung von Niveaus vorstellen.

Tab. 3: Zur Ausprägung einer Kompetenzdimension in der naturwissenschaftlichen Grundbildung auf einem niedrigen, mittleren und hohen Kompetenzniveau (für die Gesamtübersicht siehe PISA 2015: 69)

Kompetenzstufe	Wozu Schüler*innen auf der jeweiligen Stufe im Allgemeinen in der Lage sind
VI ≥ 708 Punkte	[...] Beim Interpretieren von Daten und Evidenz sind sie [Schülerinnen und Schüler] in der Lage, zwischen relevanten und irrelevanten Informationen zu unterscheiden, und können auf Wissen, welches sie außerhalb des regulären Schulcurriculums erworben haben, zugreifen. Sie können Argumente, die auf naturwissenschaftlicher Evidenz und naturwissenschaftlichen Theorien beruhen, von solchen, die auf anderen Annahmen beruhen, unterscheiden. [...]
III 485-558 Punkte	[...] Schülerinnen und Schüler auf Kompetenzstufe III sind in der Lage zwischen naturwissenschaftlichen und nicht naturwissenschaftlichen Inhalten zu unterscheiden und Evidenz, die eine naturwissenschaftliche Aussage unterstützt, zu erkennen.
Ib 260-334 Punkte	Schülerinnen und Schüler [...] sind in der Lage, einfache Muster in Daten sowie grundlegende naturwissenschaftliche Begriffe zu erkennen [...].

In den PISA-Studien werden sechs verschiedene Niveaus von I-VI unterschieden, wobei das unterste Niveau für eine genauere Aufschlüsselung noch in Ia und Ib unterteilt wird. Es ist ersichtlich, wie über die verschiedenen Kompetenzniveaus oder -stufen die Ausprägung der Leistungsdisposition gefasst wird. Mit steigendem Niveau gewinnt die Fähigkeit, naturwissenschaftliche Phänomene zu erklären, an Komplexität – im Hinblick auf die Phänomene, aber auch den Anspruch an die Erklärungen, die zum Verständnis des Phänomens notwendig sind. Auch im Bereich der Interpretation von Experimenten und anderen naturwissenschaftlichen Untersuchungen lässt sich die Erweiterung über die verschiedenen Niveaus verfolgen. Während auf dem Niveau Ib eine Person lediglich in der Lage ist, einfache Muster in Daten zu erkennen, kann eine Person auf Niveau VI zwischen relevanten und irrelevanten Informationen unterscheiden sowie auf Kenntnisse außerhalb des schulischen Curriculums zugreifen.

An einer Beispielaufgabe aus PISA 2015 lässt sich veranschaulichen, wie der Kompetenztest konzipiert ist. Eine Aufgabe zum Thema »Völkerkollaps bei Bienen« wurde mit folgendem Text eingeleitet:

> »Wissenschaftler glauben, dass es etliche Ursachen für den Völkerkollaps bei Bienen gibt. Eine mögliche Ursache ist das Insektizid Imidacloprid, welches dazu führen kann, dass Bienen außerhalb ihres Stocks ihren Orientierungssinn verlieren.
> Forscher testeten, ob die Belastung durch Imidacloprid zum Völkerkollaps führt. In mehreren Bienenstöcken fügten sie dem Bienenfutter drei Wochen lang das Insektizid zu. Unterschiedliche Bienenstöcke wurden unterschiedlichen Konzentrationen des Insektizids ausgesetzt, gemessen in Mikrogramm pro Kilo Nahrung (μg/kg). Einige Bienenstöcke wurden keinem Insektizid ausgesetzt.
> Keines der Bienenvölker kollabierte unmittelbar nach dem Kontakt mit dem Insektizid. In der 14. Woche waren einige der Bienenstöcke jedoch verlassen worden. Im folgenden Diagramm sind die beobachteten Ergebnisse dargestellt« (PISA 2015: 62).

Den Ausführungen folgte das folgende Diagramm, das den prozentualen Anteil der kollabierten Bienenvölker über die Anzahl der Wochen aufträgt, wobei die Kurven verschiedene Höhen der Verabreichung des Insektizids darstellen:

Kompetenz und Kompetenzmodelle

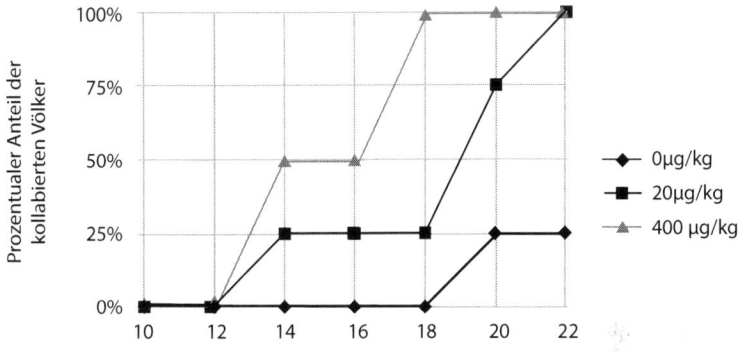

Abb. 8: Diagramm im Rahmen der Aufgabe »Völkerkollaps bei Bienen« (vgl. PISA 2015: 62)

In der PISA-Aufgabe wurde dann mit der folgenden Antwortauswahl nach einer richtigen Schlussfolgerung gefragt (vgl. ebd.):

- Bienenvölker, die einer höheren Konzentration von Imidacloprid ausgesetzt sind, kollabieren tendenziell früher.
- Bienenvölker, die Imidacloprid ausgesetzt sind, kollabieren innerhalb von 10 Wochen nach dem Kontakt mit Imidacloprid.
- Eine Imidacloprid-Konzentration unter 20 µg/kg schädigt die Bienenvölker nicht.
- Bienenvölker, die Imidacloprid ausgesetzt sind, überleben nicht länger als 14 Wochen.

Für die Lösung der Aufgabe müssen die Testpersonen die im Diagramm dargestellten Daten richtig interpretieren. Die naturwissenschaftlichen Sachaussagen aus den vorgegebenen Antworten sind danach mit dem naturwissenschaftlichen Experiment abzugleichen, dessen Ergebnisse im Diagramm dargestellt sind. Die zweite Aussage beispielsweise, nach der alle Bienenvölker nach Kontakt mit dem Insektizid nach 10 Wochen kollabiert sind, ist offensichtlich nicht korrekt, da zum Testzeitpunkt nach 12 Wochen alle Bienenvölker – unabhängig von der verabreichten

Menge des Insektizid – noch vorhanden sind. Von den PISA-Verantwortlichen wurde diese Aufgabe ein mittleres Aufgabenniveau zugesprochen.

An einem Beispiel aus PISA 2006 lässt sich erläutern, wie PISA die Grenze von naturwissenschaftlichem Wissen testet. Die Aufgabe leitet ein mit dem folgenden Text, dem dann die Fragen von Tab. 4 folgen:

»In einem Land gibt es eine hohe Anzahl von kariösen Zähnen pro Person. Können die folgenden Fragen über Karies in diesem Land durch naturwissenschaftliche Experimente beantwortet werden? Kreise für jede Zeile ›Ja‹ oder ›Nein‹ ein« (PISA 2006: 4).

Tab. 4: Aufgabe zum Thema »Karies« (nach PISA 2006: 4)

Kann diese Frage über Karies durch naturwissenschaftliche Experimente beantwortet werden?	Ja oder Nein?
Sollte es ein Gesetz geben, das Eltern verpflichtet, ihrem Kind Flourid-Tabletten zu geben?	Ja / Nein
Welchen Einfluss auf Karies hätte der Zusatz von Fluor zum Trinkwasser?	Ja / Nein
Wie viel sollte ein Zahnarztbesuch kosten?	Ja / Nein

Die Testpersonen müssen überlegen, ob sich die abgefragten Sachverhalte über ein naturwissenschaftliches Experiment erschließen lassen. Es gilt also zu überlegen und zu unterscheiden, welche Aussagen einen Kausalzusammenhang bilden, der durch eine experimentelle Anordnung beforscht werden kann. Die Auswirkung von Fluor im Trinkwasser ließe sich zum Beispiel durch ein Experiment, bei dem einige Testpersonen fluoriertes Wasser, andere nicht fluoriertes Wasser erhalten, beforschen. Demgegenüber besteht zwischen der hohen Kariesrate und den Kosten eines Zahnarztbesuchs kein kausaler Zusammenhang. Die Kosten des Zahnarztbesuchs stellen eine gesundheitspolitische Frage dar, die kein naturwissenschaftliches Experiment beantworten kann. Die erste Frage impliziert über die gesundheitspolitische Dimension hinaus Rechtsfragen hinsichtlich der Verantwortung gegenüber Kindern. Auch dazu lässt sich kein naturwissenschaftliches Experiment konzipieren.

Die Aufgabenstellungen erschließen sehr gut, wie darin die naturwissenschaftliche Kompetenz, z. B. die Erklärung naturwissenschaftlicher Phänomene oder die Fähigkeit, mit naturwissenschaftlichen Befunden umzugehen, konzeptualisiert wird.[55] Die Testpersonen müssen sich bei der zweiten Aufgabe in die Position eines Wissenschaftsteams hineindenken, das mit dem Problem einer hohen Kariesrate in der Bevölkerung konfrontiert ist. Dabei wird nicht nur getestet, wie naturwissenschaftliches Wissen und ein Wissen über naturwissenschaftliche Verfahren eingesetzt werden können, sondern auch, inwiefern die Testperson auf der Grundlage ihrer naturwissenschaftlichen Kompetenz in der Lage ist, politische oder rechtliche Regulierungen als etwas zu erkennen, das nicht eindeutig naturwissenschaftlich erklärt werden kann.

Grundbildung (»literacy«) und Bildungsstandards

Die (naturwissenschaftlichen) Kompetenzen von PISA, so lässt sich an den oben angeführten Aufgaben erkennen, werden als Fähigkeiten gedacht, die für ein Leben in modernen Gesellschaften unerlässlich sind (vgl. Prenzel et al. 2001). In den PISA-Studien wird dafür der Begriff der »*literacy*« eingesetzt, der im Deutschen mit dem Begriff der »Grundbildung« wiedergegeben wird. Wörtlich übersetzt meint Literacy die Fähigkeit zu lesen und zu schreiben – eine Fähigkeit, die selbst wiederum der Schlüssel für vieles Weitere ist. Genau in diesem Sinn wird in der PISA-Forschung der Begriff verwendet: Die Kompetenzen werden als Schlüssel für viele weitere Fähigkeiten verstanden. Anders gesagt: Ohne Literacy bzw. Grundbildung ist es kaum möglich, in den modernen Lebensverhältnissen unserer Gesellschaft zurechtzukommen. Betrachtet

---

55 Zwischen PISA 2006 und PISA 2015 hat eine Weiterentwicklung des Kompetenzmodells zur naturwissenschaftlichen Grundbildung stattgefunden (vgl. dafür PISA 2015: 48f.).

man die Lobbyarbeit von großen Lebensmittelkonzernen, z. B. von Produzenten von Süßgetränken, dann wird unmittelbar einsichtig, dass und wie PISA beanspruchen kann, die naturwissenschaftliche Grundbildung als unverzichtbar und elementar – für alle Schüler*innen – zu bestimmen. Den Zusammenhang von Zuckerkonsum und Karies zu erkennen, lässt sich dazu rechnen.[56]

Es gibt noch einen weiteren Gesichtspunkt, der den elementaren Charakter der »naturwissenschaftlichen Grundbildung« einholt. Dieser besteht darin, dass wir in einer Welt *fortgesetzter* Technisierung leben. Man denke zum Beispiel an die Verbreitung des Mobiltelefons in den letzten 20 Jahren – und die praktischen Herausforderungen und Probleme, die diese Verbreitung für die Menschen (nicht nur der älteren Generation) bedeutet. Die PISA-Forscher*innen argumentieren, dass die naturwissenschaftliche Grundbildung eine herausragende Bedeutung dafür hat, mit derartigen Veränderungen Schritt halten zu können (ebd.: 46).

Die in Tab. 4 angeführte Aufgabe zu naturwissenschaftlichen Experimenten verwies schließlich auf eine »kritische Dimension«, die in der Aufgabenstellung enthalten ist – und die sich darauf richtet, entscheiden zu können, was sich auf der Grundlage naturwissenschaftlicher Forschung überhaupt beantworten lässt. Damit verbunden ist also die Fähigkeit, politische Entscheidungen, die auf wissenschaftliche Evidenz verweisen, dahingehend zu kritisieren, dass sich die politische Entscheidung nicht »wissenschaftlich ableiten« lässt. Mit Bezug auf naturwissenschaftliches Wissen ist es zum Beispiel sehr wichtig, unterscheiden zu können, ob etwas nicht gewusst werden kann, weil sich der interessierende Zusammenhang nicht erforschen lässt, oder ob dieser bislang einfach nur nicht erforscht worden ist.

Kompetenzforscher*innen gehen demnach davon aus, dass ihre Forschungsperspektive hochrelevant ist, um die Qualität des Bildungssystems einzuschätzen. Eine Gesellschaft sollte sich dafür interessieren,

---

56 Ganz analog wird im Bereich der mathematischen Grundbildung argumentiert: Um in seinem Leben *zurechtzukommen*, z. B. nicht auf dem Gemüsemarkt betrogen zu werden oder die richtige Farbmenge für die Renovierung einzukaufen, benötigt man eine »mathematische Grundbildung«.

wenn ein Kompetenztest zeigt, dass es in ihren Schulen nicht gelingt, alle Schüler*innen auf ein angemessenes Fähigkeitsniveau zu bringen. Darin liegt die Stärke einer Perspektive auf den Output: Es ist schön und gut, wenn eine Lehrkraft darauf verweisen kann, dass sie im Schuljahr »viel Stoff« untergebracht hat; aber das nützt alles nichts, wenn dieser Stoff auf der Seite der Schüler*innen zu keiner Kompetenzentwicklung führt. Für ein allgemeines Schulsystem ist es überdies nicht zulässig, sich immer nur auf jene Schüler*innen zu konzentrieren, die in der Schule zurechtkommen. Die Kompetenzforschung hat ihren Fokus auf das *System* gerichtet, so dass nicht mehr ausgeblendet werden kann, dass ein Teil der nachwachsenden Generationen keine ausreichende schulische Bildung erhält. Mit den Erkenntnissen der PISA-Studie war die Bildungspolitik aufgefordert, sich auf der Ebene der Systemgestaltung mit diesem Problem zu befassen.

In der Nachfolge von PISA hat sich ein bildungspolitischer Umbau in Deutschland vollzogen. Schulfächer wurden in einen umfänglichen Prozess der Kompetenzmodellierung geführt und die schulische Wissensvermittlung wird nicht mehr an »Lehrplänen« (d. h. am Input), sondern an Bildungsstandards gemessen (vgl. Herzog 2013). Bildungsstandards bezeichnen, kurz gesagt, das Kompetenzniveau, das Schüler*innen im Rahmen der Schule erreichen sollen. Man unterscheidet Mindest-, Regel- und Exzellenzstandards und beschreibt damit das Leistungsniveau, das »mindestens«, »durchschnittlich« oder von den leistungsstärksten Schüler*innen erreicht werden soll. Während sich die deutschen Bildungs*forscher*innen* dafür eingesetzt haben, in Deutschland »Mindeststandards« einzurichten, hat die Bildungs*politik* den Weg der Regelstandards eingeschlagen: Das bedeutet, dass das System nicht darauf ausgerichtet ist, alle auf ein bestimmtes Leistungsniveau zu bringen. Der Durchschnitt muss das Niveau erreichen, was eine Abweichung nach unten zulässt.

Auf der Internetseite der KMK (Kultusministerkonferenz aller Kulturminister*innen der Bundesländer) kann nachvollzogen werden, wie sich in den letzten 15 Jahren die bildungspolitische Umstellung auf Kompetenzen und Standards entwickelt hat. Dies betrifft nicht nur die Schulfächer, sondern auch die Neuausrichtung des Lehramtsstudiums. Des Weiteren lässt sich die Implementation eines »Bildungsmonitoring« nachverfolgen, d. h. das Erheben von Kennzahlen zur Einschätzung des

Bildungssystems. Es werden nicht nur durch den ländervergleichenden PISA-Test, sondern auch durch andere Lernstandserhebungen und zentrale Prüfungen mehr und mehr Daten zur »Performance von Schulen« gesammelt und zusammengestellt. Damit sollen Trends und Entwicklungsmöglichkeiten identifiziert und zum Gegenstand bildungspolitischer Planung gemacht werden können.

Zur Kritik der Kompetenz

Angesichts der aufklärerischen Rolle der Kompetenzforschung hinsichtlich der gegenwärtigen Leistungen bzw. Fehlleistungen des Bildungssystems mag es verwundern, dass dieser Forschungszweig in der Erziehungswissenschaft sehr kritisch und kontrovers diskutiert worden ist. Die Überschrift des Kapitels greift diesen Sachverhalt auf: Handelt es sich bei »Kompetenz« um einen pädagogischen Begriff? Woran können sich Befürworter*innen und Gegner*innen für ihre Argumentation orientieren?

Von Kritiker*innen ist argumentiert worden, dass sich mit der Kompetenzforschung ein grundsätzlicher Umbau des Bildungssystems und damit auch eine Veränderung von »schulischer Bildung« vollzieht. Es wird kritisch bemängelt, dass die Ausrichtung auf Kompetenzen die Schule zur Plattform einer Wettbewerbsgesellschaft macht. Alle Prozesse werden an Effizienz und Wirksamkeit ausgerichtet, wobei alle Beteiligten unter den Druck des Vergleichs geraten: Verglichen werden nicht nur nationale Bildungssysteme, wie das bei den PISA-Studien der Fall ist. Auch einzelne Schulen, Lehrpersonen und Schüler*innen werden im Sinne der Effizienz des Lernens bzw. der Höhe des Outputs miteinander verglichen. Es wird kritisiert, dass eine solche Perspektive nicht mehr auf eine Bildung der Person im Sinne einer kritischen Bewusstseinsbildung ausgerichtet ist. Bestimmend werden demgegenüber die Qualifizierung und die Mobilisierung von Arbeitskraft. Die Kompetenzforschung interessiere sich nicht dafür, wie sich die Schüler*innen mit den Gegenständen des schulischen Lernens auseinandersetzen würden. Es gehe nur darum, Leistungsdispositionen bei den Schüler*innen festzustellen.

Es gibt eine ganze Reihe von Entwicklungen, welche die geäußerte Kritik zu bestätigen scheinen. Mit der outputorientierten Bildungs- und Kompetenzforschung vollzieht sich ein struktureller Wandel. Am Beispiel der USA, die schon seit geraumer Zeit ihr Bildungssystem an Markt- und Effizienzgesichtspunkten orientieren, lässt sich das aufzeigen. Seit Anfang der 2000er Jahre wird unter gesetzlichen Forderungen des »*No Child Left Behind*«[57] die Existenz und die Ausstattung von Schulen von ihrer Effizienz und Leistungserbringung *abhängig gemacht*. Sind die Schulen bei den nationalen Vergleichstests nicht erfolgreich, werden ihnen die Mittel gestrichen.[58] Die Schulen geraten dadurch unter einen erheblichen Druck: Sie müssen nun für ihren Fortbestand kämpfen. Vor allem die Schulen in sozial schwachen Distrikten sind gezwungen, ihr pädagogisches Programm so anzupassen, dass sie bei den jährlichen Leistungstests nicht ›durchfallen‹. Die schulischen Lernstandserhebungen sind nun zu einer Prüfung der Schule selbst geworden.

Die auf dem Prüfstand stehenden Schulen sehen sich gezwungen, ihren Unterricht immer stärker an den Lernstandserhebungen auszurichten. Dieses Phänomen eines »*teaching to the test*«, eines Lehrens und Lernens, nur um die Prüfung zu bestehen, ist aus pädagogischer Sicht höchst fragwürdig – und zwar nicht nur deswegen, weil die Schulen auch zu Mitteln greifen, die sich am Rande des Betrugs bewegen (z. B. das Üben ähnlicher oder sogar gleicher Testaufgaben). Dieses Verhalten muss bei den Schüler*innen den Eindruck erwecken, dass es der Schule

---

57 Die Gesetzesinitiative »*No Child Left Behind (NCLB)*«, die 2002 in Kraft trat, richtete sich auf die »Verbesserung von Schulen«. Kern des Gesetzes war die Verankerung von Leistungstests für die Vergabe von staatlichen Mitteln. Zugleich fand eine Steigerung von Wettbewerb dadurch statt, dass Eltern frei die Schule ihrer Kinder wählen können sollten. Das Gesetz öffnete die Schulen verstärkt für die Testindustrie. Im Jahr 2017 ist die Novellierung des »*Every Student Succeeds Act*« in Kraft getreten, welche die Überwachung der Effizienz von Schulen modifiziert, aber nicht abgeschafft hat.

58 Man spricht hier von einem so genannten »*high-stakes testing*« (vgl. dazu Köller 2008 sowie Brinkmann 2009).

gar nicht um sie und die Sorge um ihre Bildung geht. Gerade in den sozial schwachen Distrikten untergräbt also die effizienzorientierte Bildungspolitik das Vertrauen in die öffentliche Bildung und das öffentliche Schulsystem. Fragwürdig an den Entwicklungen ist auch, dass diese sich nur schwer kritisieren und befragen lassen: Alle Beteiligten sind gezwungen, sich an die neuen Verhältnisse anzupassen. Dies schließt die Wissenschaftler*innen ein: Denn es wurde auch begonnen, die Finanzierung von wissenschaftlicher Forschung auf jene Verfahren einzuschränken, die sich der Erforschung von Wirksamkeit und Effizienz widmen. Gefördert wird also nur noch das, was sich dem Paradigma der Effizienz unterwirft (vgl. Jornitz 2008).

Die Situation in Deutschland ist anders gelagert als in den USA: Die Ergebnisse von Lernstandserhebungen haben hierzulande keine Konsequenzen für die Mittelzuweisung an Schulen (»*low-stakes testing*«). Das Bildungssystem in Deutschland steht nicht in dem Maße unter marktliberalen Entwicklungen, wie dies in den USA oder auch in Großbritannien der Fall ist. Es lässt sich allerdings auch in Deutschland eine zunehmende Ausrichtung am Markt feststellen. Eltern werden immer häufiger als »Kund*innen« adressiert, die Bildungsangebote für ihre Kinder erwerben wollen. Dazu gehört z. B. ein seit Jahren expandierender Markt von Nachhilfeunterricht und Lernmaterialien für zu Hause. In Angeboten wird mit dem Versprechen schulischen Lernerfolgs geworben. Genau an dieser Stelle kommt wieder der Gedanke des Wettbewerbs und der Effizienz zum Tragen. Dabei ist dann weniger im Blick, dass der öffentliche Auftrag der Schule auch mit der Gestaltung eines demokratischen Zusammenlebens zu tun hat. Und eine Kritik an den ökonomischen Verhältnissen, die ein solches Zusammenleben erschweren, erscheint erst recht unmöglich.

Festzustellen ist außerdem, dass wir es aktuell mit einer fortschreitenden Globalisierung und Internationalisierung im Bildungsbereich zu tun haben. Dafür sind die PISA-Studien selbst ein beredtes Zeugnis. Es gibt Firmen mit Milliardenumsätzen, deren Geschäftsbereich sich auf Bildung und Weiterbildung bezieht. Dazu gehört zum Beispiel die Firma Pearson, die sich selbst als »*world's learning company*«, als das »weltweit führende Unternehmen des Lernens« bezeichnet (Pearson 2018). Pearson nimmt auch eine führende Stellung bei der Entwicklung der

Testinstrumente für PISA ein. Es ist absehbar, dass der Einfluss großer Unternehmen im Bildungsbereich wächst und dieser sich angesichts der knappen öffentlichen Kassen weiter ausdehnen wird. Mit der Öffnung des Bildungswesens für die Strukturen des Marktes und für private Unternehmen, die an der Erwirtschaftung von Gewinn interessiert sind, wird sich auch verändern, wie Lernen und Bildung in der Schule verstanden werden. Bereits zu diesem Zeitpunkt wird bemerkt, dass sich mit der Einführung der Leistungstests eine Verschiebung schulischer Lernkulturen vollzieht. Schulisches Arbeiten wird immer stärker an der Bewältigung von Aufgaben ausgerichtet – dem Instrument der Kompetenztests. Auch bei den schulischen Lernmaterialien wird das aufgabenbasierte Arbeiten favorisiert (vgl. Brinkmann 2009).

Wie aber verhalten sich nun der Umbau des Bildungssystems und das Paradigma der Kompetenz zueinander? Es ist zwar richtig, dass die Kompetenzforschung eben jene angeführte Sichtweise des Wettbewerbs und der Effizienz befördert. Allerdings ist es unzureichend, die beschriebenen Entwicklungen einfach einem Forschungsparadigma zuschreiben zu wollen. Wie politisch mit den Ergebnissen der Kompetenzforschung umgegangen wird, liegt nicht allein in der Verantwortung der Kompetenzforscher*innen. Und doch liegt im Begriff der »Kompetenz« die Gefahr eines reduktiven Denkens.

Mit ihrer Herangehensweise, Wissensbereiche empirisch eindeutig zu identifizieren, geht die Kompetenzforschung hinter den für die Wissenschaft wichtigen Pluralismus von Erkenntnispositionen zurück. Im Lichte der Kompetenzforschung lässt sich immer nur eine weitere Ausdifferenzierung und Verfeinerung ihrer Modelle und Niveaus denken. So wird der Eindruck erzeugt, die gesamte Palette menschlicher Geistestätigkeiten ließe sich nach eindeutigen Kriterien qualifizieren und interpretieren. Roland Reichenbach (2013) hat in diesem Zusammenhang von einer »ambitionierten Kartographie« gesprochen und führt dazu aus:

»Es wäre ja nur erstaunlich, wenn menschliches Können und Handeln, Fühlen und Urteilen, Erkennen und Wollen so ordentlich repräsentiert und in Einzelteile zerlegt werden können. Allein wer vertraut ist etwa mit der Theorie und Empirie der viel zu großen ›Kiste‹ Sozialkompetenz weiß ja, dass es zutiefst sinnlos ist, von der sozialen Kompetenz zu sprechen, und dass die Hoffnung, die so vielfältigen Aspekte sozial relevanter Kompetenzen (und von mir aus Fähigkeiten, Fertigkeiten) in ein hierarchisch eindeutiges Modell zu integrieren, auf gnadenlose Weise enttäuscht werden muss« (Reichenbach 2013: 98).

Nach Reichenbach wird die Kompetenzforschung ihr Versprechen einer erschöpfenden Erschließung menschlicher Fähigkeiten nicht einlösen können. Reichenbach führt die »Sozialkompetenz« als Beispiel ins Feld. Angesichts der Vielfalt der sozialen Situationen, in der wir uns wiederfinden, wie auch der Unterschiedlichkeit beteiligter Akteure dürfte eine vollständige Modellierung von Sozialkompetenz nicht zu erwarten sein. Reichenbach befragt insbesondere, inwiefern die eindeutige Ordnung von Teilkompetenzen und Kompetenzniveaus bezüglich der Sozialkompetenz überhaupt vorstellbar sind. Es sind Erfahrungen denkbar, die auf der Skala der Kompetenz eher im Sinne eines »weniger« erscheinen, die sich in anderer Hinsicht aber durchaus als Stärke verstehen lassen. Es ist, um diesen Kritikpunkt zusammenzufassen, der Universalitätsanspruch der Kompetenz, der sich problematisieren lässt: der Versuch, alles in eine Beschreibung von Kompetenzen zu überführen, verbunden mit der Haltung, kritische Rückfragen immer nur als Weiterführung der Modellbildung zu verstehen, anstatt die eigene Herangehensweise grundsätzlicher zu befragen.

Gert Biesta (2016) hat in seinen Studien festgehalten, dass das Sprachspiel der Kompetenz es zunehmend erschwere, anderen pädagogischen Gesichtspunkten Gehör zu verschaffen. Nach Biesta führt die PISA-Forschung dahin, dass wir das für wertvoll halten, was sich messen lässt und in einfachen Ranglisten aufbereitet werden kann. Es komme aber darauf an, so Biesta, zu überprüfen, ob das wünschenswert sei, was gemessen werden könne. An dieser Stelle hält Biesta zwei Schwierigkeiten fest:

> »Im Hinblick auf eine ›Sozialpsychologie‹ von PISA [...] ist einmal die Verführung durch Zahlen zu nennen, d. i. die Auffassung, dass Messergebnisse genauer und objektiver sein würden als zum Beispiel beschreibende Ausführungen zur Qualität von Bildung. Außerdem, so möchte ich vorbringen, ist hier die Bedeutung von Angst zu nennen, und insbesondere die Angst zurückzufallen und die Angst zurückgelassen zu werden. Letzteres erklärt die Überzeugung und Investition in Ranglisten, die allein durch ihre Form die Vorstel-

lung nahelegen, dass einige (Bildungssysteme zum Beispiel) besser sind als andere [...]« (Biesta 2016: 351, Übers. C.T.).

Biesta argumentiert, dass der Einsatz statistischer Verfahren in der Kompetenzforschung eine geradezu verführerische Glaubwürdigkeit produziert. Die Glaubwürdigkeit entsteht durch die Einfachheit der Darstellung und Übersetzung in eine eindeutige Skala, auf dem alle Bildungssysteme abgetragen werden können. Die Beteiligten werden dabei durch eine Angst an die Ergebnisse gebunden: die Angst, im internationalen Wettbewerb nicht mithalten zu können. Indem aber der Glaube an die Statistiken und Ranglisten zur Wahrheit von Rang aufsteigt, wird es zunehmend schwieriger, bildungsrelevante Situationen in einer anderen Sprache als der von PISA zu beschreiben.

In den kritischen Auseinandersetzungen von Wissenschaftler*innen mit PISA sind zahlreiche weitere Punkte angesprochen worden, die mit der Durchführung der PISA-Studien selbst zusammenhängen. Diesbezüglich sollen einige hier zumindest angeführt werden (vgl. Hopmann et al. 2007, Jahnke/Meyerhöfer 2007). Als starker Kritikpunkt an PISA ist vorgebracht worden, dass weite Teile der Studie für die Wissenschaft und Öffentlichkeit nicht zugänglich und damit nicht überprüfbar waren. Das Argument der OECD, die Testaufgaben vor einer Verbreitung zu bewahren, stand und steht im Widerspruch zur wissenschaftlich zentralen Forderung, dass Ergebnisse nachvollziehbar und überprüfbar sein müssen.

Auch im Bereich der Durchführung sind zahlreiche Rückfragen und Einwände an die Adresse der PISA-Konsortien artikuliert worden. Dazu gehören sprachliche Probleme, die sich durch die Übersetzung von Testaufgaben ergeben. Wuttke (2009: 27) hat beispielsweise angeführt, dass mit der Übersetzung von Testaufgaben und ein daraus resultierender größerer Umfang von Text in einigen Sprachen ein Effekt auf die verfügbare Testzeit entstehe. Es sind auch die Differenzen von Schulsystemen hervorgehoben worden, die mehr oder weniger affin mit der PISA-Testkultur seien (ebd.). Inwiefern einige Aufgaben selbst einen kulturellen Bias besitzen, ist ebenfalls in einigen Beiträgen gefragt worden.

Die Kompetenzforschung verspricht, die Verwertbarkeit von Bildung feststellbar zu machen. Nach Andreas Gelhard steht sie damit in einer Tradition angewandt psychologischer Forschung zu Menschenleitungstechniken: »Psychologische Testformate sind immer auch Verhaltensvorhersagetechniken« (Gelhard 2018: 143). Kompetenztests überprüfen nicht einfach nur einen schulischen Output. Die Kategorie der Kompetenzentwicklung impliziert, dass sich die Individuen nun im Lichte der Zwecke und Wünsche der Arbeitswelt betrachten. Dies und die Art, wie die Kompetenzforschung das Bildungssystem für eine wachsende Testindustrie öffnet, wird fortgesetzt die Frage aufwerfen, wie der Begriff der Kompetenz aus pädagogischer Perspektive einzuschätzen ist.

Kapitel 8: Sozialisation – zum Erwerb »gesellschaftlicher Handlungsfähigkeit«

Im Frühjahr 1797 wurde im südfranzösischen Bezirk Aveyron ein in der Wildnis lebender Junge von ungefähr 10 Jahren entdeckt. Der Junge, dem später der Name »Victor de Aveyron« gegeben wurde, hatte offensichtlich die meiste Zeit seines Lebens allein im Wald verbracht. Es zeigte sich sehr bald, dass er an der sozialen Welt kaum teilhaben konnte. Wie aus den damaligen Beschreibungen überliefert ist, konnte er nicht sprechen und war nicht in der Lage, etwas nachzuahmen. Was man als »Kultur« bezeichnet, schien für ihn keine Rolle zu spielen, z. B. die Spiele der anderen Kinder. Überhaupt suchte er nicht den Kontakt zu anderen Menschen – die Interaktionen mit anderen waren begrenzt. Die Zubereitung von Speisen durch Kochen und Würzen war ihm fremd.

Das Leben im Wald hatte die Fähigkeiten, Vorlieben und Interessen von Victor geprägt. Er war unempfindlich gegenüber Hitze und Kälte. Im Wald hatte er sich in der Hauptsache von Eicheln, Nüssen und Kastanien ernährt. Vor allem aber war er dort ganz auf sich allein gestellt gewesen. Mit Blick auf diesen Erfahrungsraum wird das Verhalten von Victor verständlich. Die ›zivilisierte‹ Lebensform, d. h. das Leben in einer dörflichen bzw. städtischen Gemeinschaft, war ihm unbekannt und fremd. Das schloss die Umgangsformen ein, welche die Menschen fortan ihm gegenüber zeigten, die ihn versorgen und ihn etwas lehren wollten. Victor versuchte denn auch mehrfach, in den Wald zu fliehen.

Im Rahmen eines ersten wissenschaftlichen Gutachtens des Psychiaters Philippe Pinel wurde Victor als geborener ›Idiot‹ dargestellt (vgl. Itard 1965: 120). Dem widersprach der französische Arzt und Gehörlosenlehrer Jean Itard, der fortan versuchte, Victor jene kulturellen und sozialen Fähigkeiten wie Kenntnisse zu lehren, die er bislang nicht ausbilden bzw. erwerben konnte. Es folgte ein umfänglicher und in vielerlei Hinsicht auch gewalttätiger Erziehungsprozess, der Bestrafung bzw. Druck einschloss (vgl. ebd.: 155ff.). Victor lernte rudimentär zu kommunizieren, war aber zeit seines Lebens auf Betreuung angewiesen. Er verstarb im Alter von ca. 40 Jahren in der Anstalt, die Itard leitete.

Der Fall von Victor steht am Anfang dieses Kapitels, weil sich daran einige Grundüberlegungen zum Begriff der »Sozialisation« deutlich machen lassen. An der Geschichte von Victor zeigt sich, dass Menschen nicht wie von selbst soziale Umgangsformen besitzen. Vielmehr müssen die vielen Fähigkeiten und Verhaltensweisen, aber auch Interessen, Bedürfnisse und Neigungen ausgebildet werden, die Menschen in der sozialen Welt *handlungsfähig* machen. Wie sich am Fall von Victor zeigt, lassen sich weder die menschliche Sprache noch sexuelle Regungen als ›natürliches Inventar‹ begreifen, die nur zum Vorschein kommen müssten. Der Fall von Victor ist aber auch deswegen interessant, weil man an ihm untersuchen kann, wie die Gesellschaft (des 18. Jh.) mit einem nicht-sozialisierten Menschen umging. Die Abweichung führte zu abwertenden Kategorisierungen (›geborener Idiot‹) sowie zu einem umgreifenden Erziehungsprozess, in dem nichts an Victor so bleiben durfte, wie es war. Der Fall von Victor zeigt also ineins den engen Bezug menschlichen Lebens auf die soziale Welt wie auch, dass unser Leben in dieser sozialen Welt von gesellschaftlichen Strukturen und Bedingungen abhängig ist, über die wir nicht verfügen.

Der Begriff der »Sozialisation« bildete sich heraus, um die gesellschaftliche Existenzweise des Menschen zu fassen, also die sozialen Dimensionen seines Wahrnehmens, Denkens, Fühlens und Handelns. Ein wichtiger Ausgangspunkt des Begriffs ist demnach eine Kritik an der Vorstellung, dass der Mensch im Modus eines unabhängigen Subjekts existiert. Theorien der Sozialisation interessieren sich daher besonders dafür, wie soziale Erfahrungen verarbeitet werden und wie die Ergebnisse dieses Verarbeitungsprozesses angemessen beschrieben werden können. In diesem Kapitel sollen einige Zugänge zu »Sozialisation« vorgestellt werden. Es soll aber auch im Sinne einer systematisch-pädagogischen Reflexion gezeigt werden, wie durch den Begriff der Sozialisation Gesellschaft und Vergesellschaftung konzipiert werden.

Begriffliche Annäherungen an »Sozialisation«

Eine schon in den 1980er Jahren entwickelte Definition von Dieter Geulen und Klaus Hurrelmann lautet: Unter Sozialisation versteht man »den Prozeß der Entstehung und Entwicklung der Persönlichkeit in wechselseitiger Abhängigkeit von der gesellschaftlich vermittelten sozialen und materiellen Umwelt. Vorrangig thematisch ist dabei [...], wie sich der Mensch zu einem gesellschaftlich handlungsfähigen Subjekt« bildet (Geulen/Hurrelmann 1980: 51). Aus der Definition geht hervor, dass Sozialisation einen gerichteten Prozess darstellt, an dessen Ende das Individuum gesellschaftlich handlungsfähig ist. An dieser Beschreibung allein zeigt sich, wie weitreichend »Sozialisation« zu verstehen ist; denn »gesellschaftlich handlungsfähig« ist eine sehr weitgehende allgemeine Beschreibung. Sie schließt Kenntnisse und Fähigkeiten ebenso ein wie Haltungen und Einstellungen, Bedürfnisse und Erwartungen. Am Fall Victors und seiner Unfähigkeit zu sprechen lässt sich das deutlich machen: Victor waren nicht nur die Wörter sowie die sprachlichen und kommunikativen Regeln unbekannt; er hatte überdies nie der Kommunikation entsprechende Haltungen und Einstellungen ausbilden können, z. B. die Haltung, etwas von anderen zu erbitten, oder den Wunsch, etwas über sich zu erzählen. Ebenso wenig konnte Victor die Bedürfnisse und Erwartungen ausbilden, die mit Kommunikation in Verbindung stehen: nicht zuletzt das Bedürfnis zu sprechen und gehört zu werden, also zu einem anerkannten Mitglied der Kommunikationsgemeinschaft zu werden. Die Definition von Geulen und Hurrelmann greift mit dem Begriff der »gesellschaftlichen Handlungsfähigkeit« eben diese vielfältigen Dimensionen menschlichen Existierens auf.

Geulen und Hurrelmann machen in ihrer Definition auch eine Aussage darüber, wie sich der Prozess der Sozialisation vollzieht: »als Entstehung und Entwicklung von Persönlichkeit in wechselseitiger Abhängigkeit von der gesellschaftlich vermittelten sozialen und materiellen Umwelt« (ebd.). Definitorisch bedeutsam ist die Bestimmung »wechselseitige Abhängigkeit«, die zwei Missverständnisse ausschließen will: zum einen Sozialisation als Formung oder Prägung, wie eine Münze geprägt wird, und zum anderen Sozialisation als Prozess, den das Subjekt autonom gestalten würde. Der Begriff der »wechselseitigen Abhängigkeit« verweist auf einen dynamischen Prozess, der nicht von einer Seite her bestimmt werden kann.

Während Geulen und Hurrelmann in ihrer Definition ganz allgemein von einer »gesellschaftlich vermittelten sozialen und materiellen Umwelt« sprechen, findet sich in einer neueren Bestimmung von Matthias Grundmann eine Ausdifferenzierung, welche die eben angeführte Komplexität des Sozialisationsprozesses genauer zu fassen versucht. Als definitorische Bestimmung führt Grundmann an:

»Bezogen auf die Akteure sind mit Sozialisation *all jene Prozesse beschrieben, durch die der Einzelne über seine Beziehung zu seinen Mitmenschen sowie über das Verständnis seiner selbst relativ dauerhaft Verhaltensweisen erwirbt, die ihn dazu befähigen, am sozialen Leben teilzuhaben und an dessen Entwicklung mitzuwirken* [...]. Die Bezugnahme von Akteuren vollzieht sich nicht immer in konkreten Sozialbeziehungen, sondern findet auch in formalen Bildungskontexten und in unterschiedlichen Sozialisationsinstanzen statt. Dabei gilt, *dass Sozialisation die Existenz zwischenmenschlicher Beziehungen sowie den Willen zu deren Weiterentwicklung stets voraussetzt. Erst dadurch wird der Einzelne zum Handeln befähigt und das gemeinschaftliche Gestalten der sozialen und natürlichen Umwelt ermöglicht*« (Grundmann 2006: 38ff., Hervorh. i. O.).

Grundmann macht deutlich, dass sich Sozialisation nicht nur in einer konkreten Interaktion vollzieht, sondern dass diese in unterschiedlichen Instanzen und Kontexten stattfindet. Eine zentrale Sozialisationsinstanz der modernen Gesellschaft ist dabei die Schule. Von ihr wird als »sekundärer Sozialisationsinstanz« gesprochen – nach der Familie, die als »primäre Sozialisationsinstanz« betrachtet wird. »Tertiäre Sozialisationsinstanzen« stellen die Peers, Medien, aber auch berufliche Kontexte dar. Ohne auf diese verschiedenen Instanzen und Kontexte genauer einzugehen, wird deutlich, dass Sozialisation im Verhältnis zum Lebenslauf von Individuen zu sehen ist, der durch gesellschaftliche Strukturen und Institutionen gegliedert und bestimmt ist.

Die Definition von Grundmann greift weitere Aspekte auf, die in der ersten Definition von Geulen und Hurrelmann nicht berücksichtigt sind. Grundmann formuliert, dass der Erwerb von Handlungsfähigkeit nicht nur über die Beziehung zu anderen verläuft, sondern auch das Verhältnis zu sich selbst eine wichtige Bedeutung hat. Geulen und Hurrelmann haben in späteren Arbeiten darauf hingewiesen, dass Sozialisation nicht ohne »produktive Realitätsverarbeitung« des Einzelnen zu denken sei (vgl. die späteren Auflagen des Handbuchs sowie Geulen 2005). Grundmann beschreibt es in seiner Definition so, dass das Ich Teil von sozialen Erfahrungen ist.

Auf einen weiteren Unterschied zwischen den beiden Definitionen soll abschließend hingewiesen werden. Während es bei Geulen und Hurrelmann so klingt, als läge die Umwelt wie ein Bestand vor, macht Grundmann in seiner Definition auf die Veränderlichkeit der sozialen Welt aufmerksam. Und nicht nur das: Grundmann bindet Sozialisation als Erwerb der gesellschaftlichen Handlungsfähigkeit an den Anspruch und die Möglichkeit, die soziale Welt *mitzugestalten*. Wir müssen uns hier klar machen, dass unser Handeln die soziale Welt mitkonstituiert, Letztere also in Veränderung begriffen ist.

Mit diesem letzten Punkt wird nun deutlich, dass die Art und Weise, wie »Sozialisation« beschrieben wird, für den Gegenstandsbereich selbst bedeutsam ist. Es wird verständlich, warum in Büchern über »Sozialisationstheorien« ganz unterschiedliche Zugänge versammelt sind: Studien und Arbeiten von Emile Durkheim, Sigmund Freud, Talcott Parsons, George Herbert Mead, Jürgen Habermas und Pierre Bourdieu, um nur einige zu nennen. Diese werden als »Sozialisationstheorien« gefasst, und das teilweise, ohne dass die genannten Autoren den Begriff selbst verwenden. Es finden sich sehr unterschiedliche Kategorien, über die Sozialität eingeholt wird: Entwicklung, Erziehung, Identität, Habitus etc. Es verwundert nicht, dass die genannten Autoren gesellschaftliche Handlungsfähigkeit sehr unterschiedlich denken. Die Unterschiedlichkeit dieser Ansätze erlaubt uns zu verstehen, warum die gängigen Definitionen, von denen hier zwei angeführt wurden, versuchen, ihren Phänomenbereich recht allgemein abzustecken.

Im Folgenden soll an einer Auseinandersetzung um den Begriff der sozialen Rolle gezeigt werden, dass je nach Fokus theoretische Beschreibung und Anspruch von Sozialisation sehr unterschiedlich aussehen. Dazu sei zunächst nach Ralf Dahrendorf (1929–2009) der Begriff der »sozialen Rolle« kurz umrissen. Dahrendorf schreibt:

»(1) Soziale Rollen sind gleich Positionen quasi-objektive, vom Einzelnen prinzipiell unabhängige Komplexe von Verhaltensvorschriften. (2) Ihr besonderer Inhalt wird nicht von irgendeinem Einzelnen, sondern von der Gesellschaft bestimmt und verändert. (3) Die in Rollen gebündelten Verhaltenserwartungen begegnen dem Einzelnen mit einer gewissen Verbindlichkeit des Anspruchs, so daß er sich ihnen nicht ohne Schaden entziehen kann« (Dahrendorf 2006: 39).

Die Rolle stellt sozusagen das Scharnier zwischen individuellem Handeln und gesellschaftlichen Erwartungen dar. An die soziale Rolle einer Lehrperson sind beispielsweise bestimmte Erwartungen gebunden. Einige dieser Erwartungen muss die Lehrperson, einige soll sie und wiederum andere kann sie erfüllen (ebd.: 42). Sie muss beispielsweise Schüler*innen bewerten; andernfalls sind rechtliche Konsequenzen und Sanktionen zu erwarten. Dahrendorf spricht hinsichtlich der Muss-Erwartungen vom »harten Kern« der sozialen Rolle (ebd.). Im Verhältnis zu den Muss-Erwartungen sind Soll-Erwartungen schwächer, haben aber immer noch eine hohe Verbindlichkeit. In der Schule soll sich die Lehrperson im kollegialen Wechsel mit anderen die Pausenaufsicht teilen. Wer den Soll-Erwartungen entspricht, wird als verlässlich und vorbildlich erscheinen. Die Kann-Erwartungen in sozialen Rollen eröffnen Möglichkeiten einer positiven Sanktion, so Dahrendorf (ebd.). Die Lehrperson in unserem Beispiel kann am Nachmittag eine Schach-AG anbieten – und auf diesem Wege die Anerkennung von Kolleg*innen, Eltern etc. erhalten.

Im folgenden Abschnitt soll nun der Fokus darauf gelegt werden, wie zwei sozialisatorische Theorieansätze die Entwicklung und Ausgestaltung von sozialen Rollen denken: Parsons und Habermas. Für diese beiden Ansätze, aber auch für den im Anschluss vorgestellten symbolischen Interaktionismus (nach Mead) wird gezeigt, welche normativen Bezugspunkte in den Sozialisationstheorien wirksam sind.

Zur Auseinandersetzung um den Rollenbegriff nach Parsons und Habermas

Talcott Parsons (1902–1979) war ein US-amerikanischer Soziologe, dessen gesellschaftstheoretische Studien seit Mitte des 20. Jh. eine starke Wirkung entfaltet haben. Parsons betrachtet Gesellschaften als »Systeme«. In einem System müssen Strukturen bestehen, so dass das System – hier: die Gesellschaft – sich reproduzieren und fortsetzen kann. Die Leitfrage dieses »Strukturfunktionalismus« bzw. der »funktionalistischen Systemtheorie« lautet demnach, wie gesellschaftliche Ordnung im Sinne der Erhaltung von Gesellschaft als System möglich ist. Man kann nun die verschiedenen Funktionsbereiche von Gesellschaft als Teilsysteme betrachten, die in ihrem wechselseitigen Operieren insgesamt die Erhaltung von Gesellschaft ermöglichen. Das Gesundheitssystem ist beispielsweise ein solches Teilsystem, dessen Funktion sich auf die Erhaltung und Sicherstellung von Gesundheit in der Gesellschaft bezieht. Zu diesem System gehören Krankenhäuser, Krankenversicherungen, ärztliches und pflegendes Personal, Krankenwagen etc. etc. Die Funktionsfähigkeit des Gesundheitssystems hängt nun davon ab, dass alle Elemente im System ineinandergreifen. Ohne das entsprechend tätige Personal nützt einem das wunderbar ausgestattete Krankenhaus nichts. Sollte das Gesundheitssystem in eine Krise geraten, so ist absehbar, dass dies gesamtgesellschaftlich gravierende Folgen hat. Deutlich wird an diesem Beispiel auch, dass gesellschaftliche Teilsysteme zum Zweck des Gesamterhalts ineinandergreifen müssen (Politik, Wirtschaft etc.).

In seinem Theorieansatz beschreibt Parsons nun die funktionalen Erfordernisse, welche die Individuen in den jeweiligen Teilsystemen zum Erhalt desselben erbringen müssen, über den Begriff der *Rolle*. Das Gesundheitssystem weist zum Beispiel dem ärztlichen Personal eine bestimmte Rolle zu, von dem die Funktionserfüllung von Gesundheit in der Gesellschaft abhängig ist. Dieses muss sein ganzes Handeln – von der Anamnese über Diagnostik und Behandlung – an der Gesundung der Patient*innen ausrichten. Patient*innen haben ihrerseits eine Rolle zu übernehmen, ohne die das Gesundheitssystem nicht funktionieren kann: Sie müssen zum Beispiel persönliche oder auch intime Informationen offenlegen, was wiederum Anforderungen an die ärztliche Rolle beinhaltet, z. B. während der Konsultation ernst und sachlich zu bleiben. Ernsthaftigkeit und Sachlichkeit spielen nach Parsons im Sinne einer *universalistischen* Orientierung in modernen Gesellschaften eine wichtige Rolle.[59] Aspekte wie Leistungs- und Sachorientierung sowie affektive Neutralität (eine gewisse Ernsthaftigkeit) kommen zwar in verschiedenen Rollen (sagen wir mal: bei ärztlichem Personal, Beförderungspersonal im ÖPNV oder in der Hochschullehre) unterschiedlich zur Geltung. Nichtsdestoweniger sind damit für die Gesellschaft zentrale Orientierungsmuster bezeichnet. Mit diesen Überlegungen wird nun gleichzeitig klar, dass an die Individuen jeweils unterschiedliche Rollenerwartungen bestehen, je nach dem, in welchem Teilsystem sie handeln (als Busfahrer*in, Ärzt*in oder Professor*in).

Nach Parsons kommt es nun darauf an, dass die Gesellschaftsmitglieder bereit sind, entsprechend der Rollenerwartungen in den jeweiligen gesellschaftlichen Teilsystemen zu handeln. Sozialisation wird als jener Prozess gedacht, der die Heranwachsenden zur *Fähigkeit und Bereitschaft* führt, das Handeln in Rollen zu übernehmen. Parsons Vorstellung ist nun nicht, dass Individuen sozusagen eine Programmierung durchlaufen, um uniforme Rollen auszuführen. Vielmehr verbindet Parsons mit Sozialisation den Erwerb von Orientierungen, die das Gleichgewicht der Interaktion aufrechterhalten und damit ein befriedigendes Rollenhandeln ermöglichen (Parsons 1991: 141). Parsons koppelt die Verinnerlichung von Wertorientierungen an die Aussicht, dass das Rollenhandeln für die Handelnden befriedigend und erfüllend ist. Mit der Verinnerlichung von Wertorientierungen wird also zugleich eine Formung der Bedürfnisse von Individuen gedacht: Die Einnahme und Erfüllung gesellschaftlicher Rollen bestätigt eben jene Wertorientierungen, mit denen sich die Heranwachsenden aufgrund von gesellschaftlicher Akzeptanz

---

59 Dem stehen eher partikularistische und diffuse Orientierungen gegenüber, z. B. die Beziehungen und Rollen innerhalb der Familie: In der Familie kann so ziemlich alles zum Thema werden – und Familienmitglieder gehen auf sehr unterschiedliche Erwartungen der anderen ein. Es sei an dieser Stelle nicht verschwiegen, dass Parsons (in der Tradition der Psychoanalyse) eher stereotype Geschlechterrollen aufgreift (vgl. Parsons 1991: 142ff.).

zunehmend identifizieren.[60] An dieser Vorstellung zeigt sich ein weiteres Mal Parsons Versuch, das Handeln der Individuen vom Erhalt gesellschaftlicher Stabilität her zu denken. Dementsprechend ist das Handeln der Individuen stark auf Rollenkonformität ausgelegt.

Der Frankfurter Sozialphilosoph Jürgen Habermas (*1929) hat den strukturfunktionalistischen Rollenbegriff Parsons einer eingehenden Kritik unterzogen. Die Kritikpunkte lassen sich just an der funktionalistischen Perspektive Parsons festmachen. Nach Habermas lässt Parsons die Sozialisation der Individuen vollständig in den Anforderungen des Systemerhalts aufgehen. Habermas macht allerdings geltend, dass in Parsons Beschreibungen Aussagen gemacht werden, welche das Handeln in Rollen unzulässig verengen. Dies führt er an drei Theoremen in kritischer Absicht aus: dem Integrationstheorem, dem Identitätstheorem und dem Konformitätstheorem.

Beim »Integrationstheorem« geht es im Wesentlichen darum, inwiefern verschiedene soziale Rollen so ineinandergreifen, dass ein gesellschaftliches Ganzes entstehen kann, das die Teile des Systems »integriert«. Habermas schreibt:

> »Die Rollentheorie geht von der Annahme aus, daß in stabil eingespielten Interaktionen auf beiden Seiten eine Kongruenz zwischen Wertorientierungen und Bedürfnisoperationen besteht: der institutionell hergestellten Komplementarität der Erwartungen und des Verhaltens entspricht eine Reziprozität der Bedürfnisbefriedigung« (Habermas 1977: 125).

Habermas greift hier die bereits angeführte Verknüpfung von Rollenhandeln und Bedürfnisbefriedigung auf, die sich nach Parsons durch das Ergänzungsverhältnis der sozialen Rollen vollzieht. Man kann an das oben angeführte Beispiel von Ärzt*in und Patient*in denken, die ihre Rollen mit dem Ziel der Gesundung einnehmen. Habermas stellt nun infrage, dass eine solche Komplementarität der Rollen tatsächlich gegeben ist. Was diesem wechselseitigen Ergänzungsverhältnis entge-

---

60 Eine Bestätigung der Wertorientierung kommt nach Parsons durch die funktionale Komplementarität der Rollen in Teilsystemen zustande. Wenn Ärzt*innen und Patient*innen ihre jeweilige Rolle ausfüllen, ergibt sich demnach die größtmögliche Realisierung der Funktion »Gesundheit« und damit auch eine entsprechende Erfüllung und Befriedigung durch diese Rollen.

gensteht, ist nach Habermas, dass in den Rollen von Anfang an die Bedürfnisse der Beteiligten sehr unterschiedlich zur Geltung kommen. Dies lässt sich vielleicht daran deutlich machen, dass und wie bei der ärztlichen Konsultation für Ärzt*in und Patient*in in unterschiedlicher Weise eine »Gegenseitigkeit der Leistung« oder eine »faktische Befriedigung« erfahrbar ist.

Habermas argumentiert, dass in Gesellschaften ein »fundamentales Mißverhältnis« »zwischen der Masse der interpretierten Bedürfnisse und den gesellschaftlich lizensierten, als Rollen institutionalisierten Wertorientierungen« besteht (ebd.). Aus diesem Missverhältnis folgt, dass eine Komplementarität der Rollen und ihrer Erwartungen nur unter der Bedingung der Nicht-Berücksichtigung anderer Erwartungen oder sogar des Zwangs zu einer spezifischen Ausgestaltung der Rolle gegeben ist. Veranschaulichen lässt sich dieser Gedanke am Fall eines Patienten, der sich bei der Artikulation seiner Leidensgeschichte gänzlich an den Anfragen seiner Ärztin orientiert und dabei nicht die Möglichkeit hat, das, was er über seine Krankheit zu sagen hat, zu artikulieren. Nach Habermas sind also die Möglichkeiten der Bedürfnisbefriedigung im Rollenhandeln sehr unterschiedlich verteilt. Dass sie mit Hierarchie- und Machtverhältnissen zu tun haben, kommt in Parsons Integrationstheorem nicht zur Sprache.

Das »Identitätstheorem« bezieht sich auf die unterstellte Identität, welche Parsons an die soziale Rolle heftet. Habermas kritisiert, dass »in stabil eingespielten Interaktionen auf beiden Seiten eine Kongruenz zwischen Rollendefinitionen und Rolleninterpretationen« (Habermas 1977: 126) angenommen wird. Parsons stellt im Rahmen seines funktionalistischen Denkens zu keinem Zeitpunkt die Frage, ob eine Interaktion zwischen Individuen schon vollständig durch die jeweiligen Rollen *gedeckt* ist. Wenn eine Ärztin ihren Patienten fragt, was dieser denn nach der ersten großen Infektion getan habe, dann ist die Rolleninterpretation durch den Patienten in sehr verschiedene Richtungen möglich: Es kann sein, dass sich der Patient zu einer Rechtfertigung seines bisherigen Handelns aufgefordert sieht; vielleicht versteht er die Anfrage aber auch als Aufforderung, bei der Krankengeschichte weiter auszuholen. Wie Habermas mit Bezug auf unterschiedliche soziologische Ansätze argumentiert, ist eine vollständige Definition der Rolle, welche die deckungsgleiche Interpretation aller Beteiligten implizieren würde, nicht möglich (ebd.).

Beim »Konformitätstheorem« wendet sich Habermas gegen die Annahme, dass »eine stabil eingespielte Interaktion auf einer Kongruenz zwischen geltenden Normen und wirksamen Verhaltenskontrollen beruht« (Habermas 1977: 126). Habermas' Kritik ist, dass Parsons davon ausgeht, dass Rollenerfüllung und Wertorientierung unmittelbar miteinander verbunden sind. Es scheint dann so, als würde sich eine verinnerlichte Norm eins zu eins in ein Verhalten übersetzen. Hier nun führt Habermas an, dass das handelnde Subjekt sich zu seinen Rollen verhalten kann und sich auch davon distanzieren kann. Wenn der Patient die ihm angewiesene Rolle spielt, tut er das nicht notwendig aufgrund internalisierter Wertorientierungen. Er könnte sich in der Behandlung verhalten, wie das von einem Patienten erwartet wird, dabei aber schon den Entschluss gefasst haben, die empfohlene Behandlung nicht zu durchlaufen.

Alle drei von Habermas angeführten Kritikpunkte richten sich darauf, dass die funktionalistische Rollentheorie einen eingeschränkten Begriff der Rolle bzw. des Handelns besitzt. Nach Habermas aber sind die drei Theoreme nur um den Preis der »Unterdrückung von Konflikten«, des »Verzichts auf Individuierung« sowie der »zwanghaften automatischen Verhaltenskontrolle« zu erreichen (ebd.). In seiner eigenen Rollentheorie wird Habermas den Sozialisationsvorgang am Erwerb eines Rollenspiels orientieren, bei dem diese drei Punkte zum Ausgangspunkt eines kritischen Lernens werden. »Sozialisation« zielt auf und erfüllt sich in einer »starken Ichidentität« (ebd.: 130). Hier kommt Habermas' Herkunft aus der so genannten Kritischen Theorie der Frankfurter Schule zum Tragen: Ihr ging es um eine kritische Gesellschaftstheorie, die Verhältnisse der Unterdrückung und Verdinglichung der Individuen problematisierend aufarbeitet. Habermas fordert dementsprechend anzuerkennen, dass Heranwachsende nicht nur die Anforderungen gesellschaftlicher Rollen kennen und akzeptieren, sondern dass sie auch in der Lage sind, sich ggf. kritisch zu diesen in ein Verhältnis zu setzen. Anders gesagt: Ziel und Ausrichtung von Sozialisation ist eine kritische Persönlichkeit, welche die sozialen Rollenerwartungen zu reflektieren und zu kritisieren in der Lage ist. Im Folgenden wird der symbolische Interaktionismus nach

George Herbert Mead aufgegriffen, der für Habermas' Rollenverständnis von Bedeutung ist.

Zum symbolischen Interaktionismus nach George Herbert Mead

George Herbert Mead (1863–1931) war ein US-amerikanischer Sozialphilosoph und Psychologe, der der philosophischen Strömung des Pragmatismus zuzurechnen ist. Der Pragmatismus geht davon aus, dass menschliches Handeln nicht von den Handelnden und deren Absichten her zu denken ist. Nach Auffassung des Pragmatismus bewegen wir uns nicht als Willensboxen durch die Gegend, aus denen dann zeitweise ein Handlungsimpuls nach außen drängt. Wenn davon gesprochen wird, dass wir uns in einer sozialen Welt bewegen, dann kommt es vor allem darauf an, das soeben verwendete »in« richtig zu verstehen. Wenn ich die vor mir stehende Kaffeetasse ergreife, ist es gar nicht nötig, dass ich mir vornehme, sie am Henkel zu greifen, weil ich mich sonst verbrennen würde. Die Handlung liegt buchstäblich zwischen meinem Zeigefinger und dem Henkel. Hier gibt es eine Eingespieltheit und Routine, die auf ein verkörpertes Wissen verweist: hinsichtlich des Gewichts der Tasse, der Glattheit des Henkels etc. Der Pragmatismus interessiert sich für diese Verbundenheit des Handelns mit der Umwelt – und weist also die Vorstellung einer idealistischen Subjektfigur[61] zurück.[62] Dieses Inte-

---

61 Mit einer »idealistischen Subjektfigur« ist gemeint, dass der Mensch zuvörderst als denkender und wollender Geist verstanden wird, der seinen Körper wie ein technisches Gerät verwendet. Im westlichen Denken ist diese Subjektfigur maßgeblich von René Descartes befördert worden, der die geistige und materielle Welt als zwei verschiedene und unverbundene Substanzen gedacht hat. Man spricht daher auch von einer Zwei-Welten-Theorie.
62 Die Kaffeetasse lässt sich selbst als Produkt eines Organismus-Umwelt-Zusammenhangs denken: das Zu-sich-Nehmen von Flüssigkeiten. Der Pragmatismus interessierte sich sehr für die natürlichen und sozialen Entwicklungen

resse bewegte auch Mead in seiner Frage, wie man sich den Prozess vorstellen kann, in dem der Mensch gesellschaftliche Handlungsfähigkeit erwirbt. Mead hat dies in einer mehrfach gehaltenen einflussreichen Vorlesung dargelegt, die 1934 von Charles Morris nach dem Tod von Mead herausgegeben wurde.

Um Meads spezifischen Blickwinkel nachzuvollziehen, ist es hilfreich, die kritischen Ausführungen des Pragmatismus zum geläufigen Verständnis menschlicher Kommunikation einzubeziehen:

> Zum Verständnis von Kommunikation bedient man »sich jedoch oft der Perspektive eines Gefangenen in einer Zelle. Der Gefangene weiß, daß sich andere in der gleichen Situation befinden, und möchte mit ihnen Kontakt aufnehmen. Somit erfindet er eine Kommunikationsmethode, irgendeine willkürliche Angelegenheit, vielleicht das Klopfen an der Mauer. Nach dieser Ansicht ist jeder von uns in seiner eigenen Bewußtseinszelle eingeschlossen« (Mead 1968: 44f.).

Die Kritik an einer idealistischen Subjektvorstellung wird hier von Mead im Kontext von Kommunikation wiederholt. Die Auffassung, dass jede*r mit seinem Denken für sich eingeschlossen wäre und dann über eine Grenze hinweg zum anderen Signale aussenden würde, hält Mead für grundlegend falsch. Nach Mead lässt sich Kommunikation nicht wie das Aussenden von Radiowellen verstehen, deren Empfang vollkommen unabhängig vom Senden ist.

Nach Mead ist die Kommunikation nur als gesellschaftlicher Prozess denkbar. Dazu ein Beispiel: Eine Tochter erklärt ihrem Vater die Bedienelemente eines Web-Editors, damit dieser eine Homepage erstellen kann. Es geht nur sehr langsam voran – der Tochter »kribbelt es in den Fingern«. Dieses »Kribbeln in den Fingern« bildet nach Mead den entscheidenden Hinweis, um den gesellschaftlichen und sozialen Dimensionen des Handelns auf die Spur zu kommen. Meads zentrale Formulierung lautet hier, dass es in der Kommunikation um signifikante Symbole bzw. Gesten geht, die in dem »die Geste setzenden Individuum wie auch in den auf sie reagierenden Individuen die gleichen

---

des menschlichen Handelns. Auch war er stark von der Evolutionstheorie beeinflusst. Ein Hammer ist also schon Ergebnis und Folge eines Handlungszusammenhangs. Er verweist auf eine Geschichte menschlichen Klopfens und Bearbeitens von festen Gegenständen.

Haltungen auslösen« (ebd.: 87). Die Tochter nimmt also die Position des Vaters ein. Dies tut sie im Grunde schon bei der Erklärung der Programmfunktionen: Sie begibt sich in die Haltung desjenigen, der mit diesen Programmfunktionen noch nicht vertraut ist und »spricht von dort aus«. Mead würde hier sagen, dass sie die Haltung des Vaters in sich auslöst. Dieser Vorgang, in der Kommunikation immer schon bei dem anderen zu sein, wird mit dem Begriff der »Perspektivenübernahme« bezeichnet. Zuletzt fasst Mead auch das Denken als einen verallgemeinerten Kommunikationsprozess des Einzelnen mit sich.

Mead denkt die Entwicklung von Kommunikation und Sprache also streng von der Gesellschaftlichkeit des Prozesses her. Das kann am zentralen Begriff der »*Geste*« verdeutlicht werden. Die Funktion der Geste besteht darin, »die Anpassung zwischen den in die jeweilige gesellschaftliche Handlung eingeschalteten Individuen im Hinblick auf das Objekt oder die Objekte zu ermöglichen, auf die diese Handlung gerichtet ist« (ebd.: 85). Für Mead ist die Geste genau jenes Zwischen, aus dem der gesellschaftliche Prozess als gemeinsamer Bezug auf eine Sache hervorgeht. Am Beispiel: Wenn die Tochter mit ihrem Finger auf ein Schaltsymbol des Web-Editors zeigt, ist damit ein Bezug zwischen ihr und dem Vater gesetzt bzw. wird dieser weitergeführt.

Verständlich wird, warum Mead seinen Ansatz als »Sozialbehaviorismus« bezeichnet. Mead denkt den gesellschaftlichen Prozess über Verhaltensformen, die den Beteiligten erlauben, sich aufeinander zu beziehen. Für »Sozialisation« bedeutet dies nun, dass man den Erwerb gesellschaftlicher Handlungsfähigkeit als einen Prozess denken muss, in dem Heranwachsende zunehmend in die Lage versetzt werden, die Perspektiven der anderen auf sich einzunehmen. Damit eröffnet sich die Perspektive der anderen für mich, auch dahingehend, wie diese *auf mich* blicken. Erst mit einem solchen Prozess entstehen ein Selbst und das Denken.

Um die Perspektive der anderen auf sich einzunehmen, ist die Tätigkeit der Nachahmung von großer Bedeutung. Indem wir andere nachahmen, führen wir uns deren Haltung zu etwas vor Augen, werden dadurch also mit der Perspektive der anderen vertraut. Mead führt verschiedene für die soziale Entwicklung wichtige Vorgänge an, die diesen Aspekt aufgreifen. Da ist erstens das *Rollenspiel*, in dem Kinder in wechselnde Rollen schlüpfen: »Ein Kind spielt ›Mutter‹, ›Lehrer‹, ›Polizist‹. [...] Wenn ein Kind eine Rolle einnimmt, hat es in sich selbst den Reiz, der diese bestimmte Reaktion oder Gruppe von Reaktionen auslöst« (ebd.: 192). Durch die Einnahme einer anderen Rolle bringt das Kind den sozialen Zusammenhang der Kommunikation hervor. Nehmen wir an, das Kind lässt die Mutter im Spiel zu ihrem Kind sagen, dass dieses heute keine Süßigkeiten erhält. Das Kind bringt also in sich das Gegenüber hervor, das über Süßigkeiten bestimmt, dem das Kind in seiner Position unterworfen ist. Dieser Prozess ist selbst produktiv, indem es eine Reaktion des Kindes hervorbringt. Wie auch immer diese Reaktion aussieht (Frust, Einsicht, geheimer Süßigkeitenverzehr etc.), so gewinnt darin ein Selbst Kontur, das als Verarbeitung der sozialen Situation erscheint. Dass das Kind in sich die Reize hat, »die in ihm die gleiche Reaktion auslösen wie in anderen«, lässt sich also als erster Schritt des sozialisatorischen Prozesses begreifen.

Vom Spiel unterscheidet Mead den so genannten *Wettkampf*, bei dem die Perspektivenübernahme komplexer gelagert ist: Im Wettkampf muss »das spielende Kind bereit sein, die Haltung aller in das Spiel eingeschalteten Personen zu übernehmen, und diese verschiedenen Rollen müssen eine definitive Beziehung zueinander haben« (ebd.: 193). Im Unterschied zum Spiel geht es beim Wettkampf darum, dass die Organisation verschiedener Handlungspositionen Berücksichtigung findet. Dass dies eine höchst anspruchsvolle Aufgabe ist, erkennt man beispielhaft an Kindern, die sich beim Fußballspiel so verhalten, als wären sie allein auf dem Platz. Sie laufen auf das Tor zu und haben ihre Mitspieler*innen nicht im Blick. Sie ›können‹ nicht abgeben, weil sie ihr eigenes Spiel auf das Tor überhaupt nicht mit der Position oder Laufrichtung der anderen Mitspieler*innen abstimmen. Ähnlich kommen die gegnerischen Spieler*innen nur dort in den Blick, wo diese konkret den Laufweg kreuzen. Im Wettkampf muss das Kind aber alle Rollen einbeziehen können: »Das Wettspiel repräsentiert im Leben des Kindes den Übergang von der spielerischen Übernahme der Rolle anderer zur organisierten Rolle, die für das Identitätsbewußtein im vollen Wortsinn entscheidend ist« (ebd.: 194). Gegenüber dem Rollenspiel vollzieht sich im Wettkampf ein erster Schritt der Verallgemeinerung, da dem Kind ein Ensemble von Handlungspositionen gegenübersteht.

Im nächsten Schritt spricht Mead vom so genannten *verallgemeinerten Anderen* (ebd.: 196ff.). Dieser geht über konkrete Handlungssituationen (das Fußballspiel) hinaus und richtet sich auf weiter gespannte gesellschaftliche Praxisbereiche. Mead erläutert, dass das Individuum in diesem Zusammenhang auch die Haltungen anderer »gegenüber den verschiedenen Phasen und Aspekten der gemeinsamen gesellschaftlichen Tätigkeit oder gesellschaftlichen Aufgaben« übernimmt, »in die sie, als Mitglieder einer organisierten Gesellschaft oder gesellschaftlichen Gruppe, alle einbezogen sind« (ebd.: 197). Am Beispiel des Straßenverkehrs lässt sich womöglich deutlich machen, was Mead meint. Nehmen wir an, mir ist mitten auf einer Straßenkreuzung der Motor meines Autos ausgegangen. Nachdem ich diesen nun wieder in Gang gesetzt habe, werde ich nicht nur nach den anderen konkret vorhandenen Verkehrsteilnehmer*innen schauen, um mein Verhalten daran auszurichten. Vielmehr werden sehr allgemeine Vorstellungen, die zum ›gesellschaftlichen Projekt des Straßenverkehrs‹ gehören, meinen Orientierungspunkt bilden, z. B. eine allgemeine Orientierung an Verkehrssicherheit, aber auch Rücksichtnahme und die Vorgabe eines vorausschauenden Agierens. Nach Mead ist eine »vollständige Identität« nur möglich, wenn Individuen am gesellschaftlichen Prozess in dieser Gesamtheit und Allgemeinheit teilhaben. Dann, und nur dann, bewegt sich der Einzelne auf der Höhe des gesellschaftlichen Ganzen.

An den verschiedenen Stationen der Entwicklung der Perspektivübernahme wird deutlich, dass dadurch nicht bestimmt wird, *wie* gehandelt wird: mit Bezug auf die verbotenen Süßigkeiten, das Fußballspiel oder auf der Straßenkreuzung. Mead geht davon aus, dass das Ich auf die Perspektiven der anderen auf sich *eigens reagiert*. Wenn von Identität bei Mead gesprochen wird, sind also *zwei* Seiten der Identität zu unterscheiden: »I« und »me«. Unter dem »me« sind die (organisierten) Perspektiven der anderen auf mich zu verstehen, z. B. die Einschätzung der Mutter, dass ich heute zu viele Süßigkeiten verzehrt habe. Zu diesem »me« verhält sich das »I«. Kurz gesagt übernimmt das Individuum in seinem Handeln immer die Perspektive der anderen auf sich (»me«); es positioniert sich dazu aber auch unabhängig und spontan: »I«. Nach Auffassung von Mead entzieht sich das »I« der Reflexion, weil es auf diesem Wege sogleich Teil eines »me« wird: Das »I« wird »insofern zu einem

›me‹, als ich mich an meine [soeben gesprochenen] Worte erinnere. [...] Auf das ›I‹ ist es zurückzuführen, daß wir niemals ganz unserer selbst bewußt sind, daß wir uns durch unsere eigenen Aktionen überraschen« (ebd.: 217, unter Verwendung der englischen Begriffe). Das »I« wird zum »me« als einem Gegenüber, bezogen auf das sich sogleich wieder die Möglichkeit der spontanen Positionierung eröffnet. Nach Mead ist also Vergesellschaftung niemals total. Es kommen immer wieder neue, spontane Impulse hinein.

Un/Zugehörigkeit

An den drei hier intensiver diskutierten Theorieentwürfen von Parsons, Habermas und Mead wird deutlich, dass sie sehr unterschiedliche Auffassungen von »gesellschaftlicher Ordnung« wie auch von »gesellschaftlicher Handlungsfähigkeit« haben. Parsons denkt strukturfunktionalistisch, und entsprechend richtet er den Rollenbegriff aus. Man könnte argumentieren, dass Parsons' Erkenntnisinteresse dabei selbst funktionalistisch ist: Soziales Handeln wird in einer Art und Weise konzipiert, dass die Konzeption auf die Aufrechterhaltung gesellschaftlicher Ordnung abzielt. In der konformistischen Orientierung des Ansatzes drückt sich eine Normativität der Theorie aus.

Demgegenüber liegen die Ansätze von Mead und Habermas näher beieinander. Habermas lässt sich offensichtlich von der Überlegung Meads leiten, vom »me« ein »I« zu unterscheiden, das sich zum »me« verhält. Die drei oben dargestellten Theoreme rekurrieren in kritischer Absicht auf eine Differenz zwischen den Individuen und den sozialen Rollen. Danach geht das Individuum eben nicht in den sozialen Rollen auf. Es soll sich kritisch dazu in Beziehung setzen. An dieser Stelle wird nun eine wesentliche Differenz zwischen Habermas und Mead merklich.

Mit seinem pragmatistischen Entwurf stellt Mead den *gesellschaftlichen Prozess* in den Vordergrund. Dieser basiert insgesamt auf der Vorstellung einer auf Demokratie und Kooperation ausgerichteten Gesellschaft. Dies wird vor allem gegen Ende der Vorlesung deutlich, einem Abschnitt, der im Zusammenhang sozialisationstheoretischer Lektüren meist außen vorgelassen wird: »Die Idealgesellschaft würde die Menschen so eng zusammenbringen, das notwendige Kommunikationssystem so voll entwickeln, daß die einzelnen Menschen, die ihre spezifischen Funktionen ausfüllen, die Haltung der von ihnen beeinflußten Menschen übernehmen könnten« (Mead 1968: 376). In diesem Zitat drückt sich die von Mead erhoffte Maximierung einer kooperativen Gesellschaft aus, die im Sinne der Übernahme der Haltung aller relevanter anderer Menschen Demokratie ermöglicht. Die Idealgesellschaft ist demnach für Mead eine auf Kooperation ausgerichtete demokratische Gemeinschaft.

Gegenüber diesem Fokus auf eine kooperative Gemeinschaft argumentiert Habermas über »Ich-Stärke« und »Ich-Identität« viel stärker subjekttheoretisch. Habermas interpretiert das Verhältnis zur Rolle im Sinne einer kritisch-kommunikativen Überprüfung. Diese Funktion wird bei Mead dem spontanen und flüchtigen »I« *nicht* zugeschrieben. Habermas hat sich an dieser Stelle stärker von entwicklungspsychologischen Ansätzen nach Piaget (2003) und Kohlberg (1997) leiten lassen. Wie insgesamt sichtbar wird, haben sowohl Mead als auch Habermas in ihren Ansätzen normative Fluchtpunkte: Während dieser für Mead in einer »vollständigen Identität« auf der Höhe einer kooperativen, demokratischen Gemeinschaft liegt, richtet Habermas in dem hier diskutierten Text seinen Blick auf die Entwicklung einer Ich-Identität, welche sich kritisch-kommunikativ mit den gesellschaftlichen Verhältnissen auseinandersetzt. Der Prozess der »Sozialisation« wird also theoretisch sehr unterschiedlich konzipiert.

Zum Ende dieses Kapitels möchte ich auf Victor de Aveyron zurückkommen und die Vorstellung von Sozialisation als »Erwerb gesellschaftlicher Handlungsfähigkeit« problematisieren. Der Fall von Victor weist vor allem auf einen Aspekt hin: dass es Menschen gibt, die in einer Weise von Gesellschaft ausgeschlossen sind, dass von einem »Erwerb gesellschaftlicher Handlungsfähigkeit« nicht ohne Weiteres gesprochen werden kann. Victor von Aveyron wurde als Wilder oder tierähnliches Geschöpf betrachtet, das durch einen rigiden Erziehungsprozess verändert werden sollte. Auf der Grundlage der Interpretation, Victor als Noch-nicht-ganz-Mensch zu betrachten, hat sein Lehrer Itard die auch repressiven Erziehungsstrategien als gerechtfertigt angesehen. Wie nun ist aus einer sozialisatorischen Perspektive dieses Erziehungsprojekt, das weithin als Misserfolg gilt, zu verstehen? Sind die sozialisatorischen Prozesse angemessen durch das Konzept der Herausbildung »gesellschaftlicher Handlungsfähigkeit« beschreibbar?

Das Begriffspaar der »Un/Zugehörigkeit« überschreibt diesen Abschnitt, weil es deutlich machen kann, dass Individuen sehr unterschiedliche Ausgangspunkte haben, um gesellschaftlich handlungsfähig zu werden. Ein solcher Gesichtspunkt wird in der Definition von Geulen und Hurrelmann und deren Rede von einer »sozialen und materiellen Umwelt« kaum greifbar. Es wirkt so, als würden die Menschen in einer ›gemeinsamen Umwelt‹ groß werden. Gegen diese Vorstellung haben andere Sozialtheoretiker*innen die These eingebracht, dass der soziale Raum für verschiedene Individuen sehr unterschiedlich aussieht. Pierre Bourdieu (1930–2002) hat argumentiert: Je nach ihrer Herkunft verfügen Individuen im sozialen Raum über sehr unterschiedliche Möglichkeiten, schulisch bzw. beruflich erfolgreich zu sein oder sich Chancen für ein soziales Weiterkommen zu eröffnen. Die sozialen Erfahrungen der Individuen schlagen sich in einem Habitus[63] nieder, der das Wahrnehmen, Denken und Handeln in spezifischer Weise formiert. Durch die unterschiedlichen Erfahrungen der Akteure in der sozialen Welt erwerben sie unterschiedliche soziale Handlungspotenziale, die Bourdieu (1992) durch verschiedene Kapitalsorten beschreibt.

Die Menschen finden sich demnach je verschieden als *zugehörig* oder *unzugehörig* vor – und das bestimmt gerade auch, wie es ihnen möglich ist, zu sozialen Rollen in ein kritisches Verhältnis zu treten. Sozialisation wäre damit besser beschrieben als ein Vorgang, in dem die Mitgliedschaft und Teilhabe in der Gesellschaft immer wieder mit Bewährungsproben verknüpft wird, bei der unsere Un/Zugehörigkeit zur Debatte steht. Sozialisation bedeutet dann weniger einen Prozess zuneh-

---

63 Mit »Habitus« beschreibt Bourdieu genau, wie sich die sozialen Erfahrungen bei den Individuen niederschlagen, so dass diese im Sinne einer Haltung zur sozialen Welt auch die weiteren Erfahrungen formieren.

mender Sozialmachung als die permanente Versicherung meiner Anerkennung und gesellschaftlichen Teilhabe durch andere. Aus einer allgemein erziehungswissenschaftlichen Perspektive sollte überdies deutlich geworden sein, wie unterschiedlich der Prozess der »Sozialisation« verstanden wird – je nach dem, mit welchen systematischen Entwürfen argumentiert wird.

Kapitel 9: Wirksamkeit als Knotenpunkt der Pädagogik

»*Lehrer*. Das darf man nicht.
Kind. Und warum darf man das nicht?
Lehrer. Weil das nicht recht ist.
Kind. Nicht recht! Was ist unrecht tun?
Lehrer. Was man dir verbietet.
Kind. Was ist schon dabei, wenn ich tue, was man mir verboten hat?
Lehrer. Du wirst wegen Ungehorsams bestraft.
Kind. Dann tue ich es so, daß niemand davon etwas merkt.
Lehrer. Man wird es herausbekommen.
Kind. Dann sage ich nichts.
Lehrer. Man wird dich befragen.
Kind. Dann lüge ich.
Lehrer. Man darf nicht lügen.
Kind. Warum darf man nicht lügen?
Lehrer. Weil das nicht recht ist... usw.
Da haben wir den unvermeidlichen Kreislauf.«
(Rousseau 1995: 206)

Dieser kurze Dialog zwischen Lehrer und Kind stammt aus dem berühmten Erziehungsroman »Emile oder Über die Erziehung« (Rousseau 1995), den Jean-Jacques Rousseau (1712–1778) erstmals 1762 publizierte. Er führt das Problem pädagogischer Wirksamkeit unmittelbar vor Augen. Es ist eine Szene, die im Rahmen der Erziehungspraxis nicht selten vorkommt. Man hat das Gefühl, sich im Kreis zu drehen. So beschreibt es Rousseau selbst am Ende der Szene. Der »unvermeidliche Kreislauf« des pädagogischen Handelns steht in der Szene dafür, dass das Handeln keine unmittelbare Wirksamkeit entfaltet. Es kommt nicht an sein Ziel und scheint sich außerdem mit jedem Schritt von seinem Ziel in fragwürdiger Weise zu entfernen – z. B. durch kurzatmige Verbote. Daneben entwickelt sich über den Austausch ein Teufelskreis: Die versuchte Einwirkung des Lehrers mobilisiert geradezu den Widerstand des Kindes. Die Lust am Widerspruch steigert sich mit jeder Ansprache, die der Lehrer an das Kind richtet. Das geht am Lehrer nicht spurlos vorüber, der immer mehr aus seiner Rolle fällt und am Ende ziemlich »angenervt« ist, wie wir alltagssprachlich sagen.

Mit der Wirksamkeit pädagogischen Handelns ist es also nicht so ganz einfach. Auf der einen Seite steht die Aufforderung des Lehrers, dass das Kind die Regeln für ein soziales Miteinander anerkennt. Auf der anderen Seite steht ein Kind, das solche Regeln und ihre Bedeutung *noch nicht* eingesehen hat. Dass das Kind diese *noch nicht* eingesehen hat, ist selbst der Ausgangspunkt der erzieherischen Handlung. Nicht viel anders verhält es sich mit der Vermittlung von Wissen. Dass Wissen und seine Aneignung von Bedeutung sind, muss sich jenen, die diesbezüglich belehrt werden sollen, erst eröffnen. Man könnte sagen, pädagogisches Handeln vollzieht sich in einem Modus des »Bergauf«: Es gibt Widerstände und keine geteilten Voraussetzungen. In der Pädagogik stellt »Wirksamkeit« daher eine »Problemfigur« dar.

Rousseau hat in seinem fiktiven Roman selbst eine spezifische theoretische und praktische Antwort auf die Wirksamkeitsproblematik entworfen. Gegen die typischen Formen pädagogischen Handelns, wie sie in der Eingangsszene beschrieben wurden, schlägt er vor, die Figur des Erziehers ›aus dem Spiel zu nehmen‹. Nur auf diese Weise kann der Erzieher vermeiden, in einen Teufelskreis abzurutschen, in dem er für das Kind zum permanenten Spielverderber wird (»Das darfst Du nicht«). Im Rahmen der so genannten »negativen Erziehung« erschafft der Erzieher Jean-Jacques im Roman eine Erziehungsumgebung, die Emile auf eine Spur lehrreicher Erfahrungen führt. Ein Beispiel: Weil Emile einen (vom Erzieher organisierten) Brief nicht lesen kann, verpasst er eine Einladung zum Schlagsahne-Essen, woraus *ohne direkte Einwirkung* des Erziehers der Wunsch Emiles hervorgeht, das Lesen zu lernen (vgl. Rousseau 1995: 259). Der Erzieher Jean-Jacques handelt, ohne dass dieses Handeln offensichtlich würde. Weil Emile das Handeln nicht zu Jean-Jacques zurückführen kann, erwachsen daraus keine Widerstände.

An dieser Stelle soll Rousseaus Entwurf und die Art und Weise, wie in der Erziehung die Handlungsfreiheit des Emile mit seiner vollständigen Unterwerfung verbunden wird, nicht detaillierter diskutiert werden.[64] Rousseaus Erziehungsroman zeigt aber, dass die Wirksamkeit pädagogischen Handelns nicht nur eine Frage der Ausführung ist. Es geht auch immer darum, wie die Sache *ankommt*. Und wir können noch einen weiteren Aspekt ins Auge fassen: Die »Wirksamkeit« von Pädagogik steht immer auch in einem engen Zusammenhang damit, wie der Erziehungsprozess selbst konzeptualisiert wird – am Beispiel von Rousseau: wie dieser das Kind denkt und wie er pädagogisches Handeln überhaupt beschreibt.

In diesem Kapitel sollen eben diese beiden Seiten von »pädagogischer Wirksamkeit« – Wirksamkeit als Problemfigur, aber auch, wie Wirksamkeit überhaupt als etwas Pädagogisches formuliert wird – Thema sein. Es werden zwei verschiedene Ansätze vorgestellt. Einer stammt vom deutschen Gegenwartspädagogen Dietrich Benner: Er entwirft um die Wirksamkeitsproblematik eine »Allgemeine Pädagogik«. Niklas Luhmann und Karl-Eberhard Schorr dagegen verbinden ihr so genanntes »Technologiedefizit der Erziehung« mit einer Kritik an der Pädagogik. Im nächsten Schritt wird die sogenannte evidenzbasierte Pädagogik aufgegriffen, die gegenwärtig viel diskutiert wird. Hier wird sich zeigen, wie die Wirksamkeitsproblematik in unzureichender Weise nivelliert wird. Zum Ende gilt es, die große Bedeutung herauszustellen, die Verwendung erziehungswissenschaftlichen Wissens zu untersuchen, was eine Aufgabe der erziehungswissenschaftlichen Wissenschaftsforschung ist.

Zum pädagogischen Prinzip der Bildsamkeit nach Dietrich Benner

Dietrich Benner (*1941) hat im Jahre 1987 eine »Allgemeine Pädagogik« publiziert, die seitdem in vielen Auflagen erschienen ist. Im Zentrum des Buches steht die Ausarbeitung eines »pädagogischen Grundgedan-

---

64 Alfred Schäfer (2017) hat Rousseaus Erziehungsvorstellungen in einem lesenswerten »pädagogischen Porträt« skizziert.

kens«, der für alle Handlungsfelder pädagogischer Praxis wie auch alle Bereiche pädagogischer Theorieentwicklung Geltung bzw. Anerkennung beanspruchen kann (vgl. Benner 2010: 5). Die Argumentation Benners ist »problemgeschichtlich« ausgerichtet. Zum Verständnis des Folgenden ist es wichtig, diesen Begriff zu verstehen.

Mit »problemgeschichtlich« ist gemeint, dass Aspekte, die sich in der Geschichte pädagogischen Denkens und Handelns als wichtige und umstrittene Bezugspunkte herausgebildet haben, zum Dreh- und Angelpunkt der eigenen Überlegungen gemacht werden. Benner selbst drückt es so aus, »dass sich die Möglichkeit und Notwendigkeit eines umfassenden pädagogischen Grundgedankens nur unter Berufung auf das geschichtliche *Faktum der strittigen Frage nach der Eigenart pädagogischen Denkens und Handelns* selbst erweisen lässt« (ebd.: 7, Hervorh. C.T.). Die Argumentationslogik verläuft folgendermaßen: Gäbe es schon einen allgemein anerkannten pädagogischen Grundgedankengang, dann wäre es nicht nötig, danach zu fragen. Dass wir aber danach fragen, belegt zugleich, dass wir uns das Nachdenken über Pädagogik als eine *praktische Aufgabe* vorstellen müssen. Das Wort »praktisch« wird hier nicht im alltäglichen Sinn gebraucht (als handelnder Umgang mit etwas). Vielmehr bezeichnet »praktisch«, dass der Mensch einen Gestaltungsanspruch auf die (soziale) Welt erhebt. Kurz gesagt: Die Art und Weise, wie wir über Pädagogik nachdenken, ist in Verbindung mit dem Anspruch zu verstehen, menschliche Praxis sinnvoll zu gestalten. Dies nun bedeutet gleichzeitig, dass sich die Frage nach dem pädagogischen Denken und Handeln niemals ein für alle Mal erledigen lässt; denn das würde bedeuten, einen Schlussstrich unter die Frage nach der menschlichen Weltgestaltung ziehen zu können. Aufgrund seiner Ausrichtung auf die Gestaltung einer menschlichen Praxis wird Benners Allgemeine Pädagogik auch als »praxeologischer Ansatz« bezeichnet.

Von den pädagogischen Prinzipien, die Benner in seinem Ansatz entwickelt, interessiert uns vorliegend das erste: das Prinzip der Bildsamkeit. Unter Rückbezug auf Johann Friedrich Herbart (1776–1841) erläutert Benner, dass das Prinzip der »Bildsamkeit« die »Bestimmbarkeit des Menschen durch Praxis« ausdrücklich anerkennt, »indem es die *Unbestimmtheit* der menschlichen Bestimmung zum Ausgangspunkt pädagogischer Verantwortung erhebt« (ebd.: 71, Hervorh. C.T.). Das Prinzip der

Bildsamkeit wendet sich gegen jede Vorgegebenheit oder Entschiedenheit im Hinblick auf die Heranwachsenden, z. B. indem man von ihrer vollständigen genetischen Vorbestimmung ausgehen würde. Der Begriff der Bildsamkeit wendet sich ebenso gegen jede andere Vorstellung, in der die Heranwachsenden an ihrem Werden keinen Anteil hätten. Dies wäre z. B. der Fall, wenn man davon ausginge, menschliches Werden vollzöge sich wie die Entwicklung einer Pflanze oder Menschen wären vollständig durch ihr soziales Milieu bestimmt. »Bildsamkeit« richtet sich demgegenüber auf ein »offenes Werden« – und Pädagogik auf ein Handeln, dass ein solches Werden durch eine »individuelle, intersubjektive und intergenerationelle Praxis« vollzieht bzw. hervorbringt (ebd.: 71).[65]

Daraus ergibt sich für die Wirksamkeit pädagogischen Handelns der folgende zentrale Gedanke: »Die eigene Bildsamkeit und die eines jeden anderen anerkennen, heißt positiv gewendet, so auf die Erziehungsbedürftigen einzuwirken, *dass diese an der Erlangung ihrer Bestimmtheit mitwirken*« (ebd.: 71, Hervorh. C.T.). Pädagogisches Handeln gibt es also nach Benner nicht als »Einbahnstraße«. Pädagogisches Handeln kann gar nicht verständlich werden, wenn man es nur von den Erziehenden her denkt. »Wirksamkeit« kann sich nie nur auf das beziehen, was die Erziehenden tun, weil nach Benner im pädagogischen Einwirken die Heranwachsenden immer beteiligt sind. Benner schreibt, dass sie an ihrer Bestimmtheit »mitwirken« (ebd.).

Der Begriff der Mitwirkung kann anhand eines Beispiels erläutert werden, das Dietrich Benner in seinem Buch ausführlich diskutiert. Benner greift die Geschichte eines Schülers mit Namen Heini auf, der, so der Bericht seines Lehrers Jegge[66], nicht wünschen konnte (ebd.:

---

65 Die Dimensionen des offenen Werdens artikulieren sich nach Benner in verschiedenen Dimensionen. Diese sind: Leiblichkeit, Freiheit, Geschichtlichkeit und Sprachlichkeit (ebd.: 77).

66 Der von Benner aufgegriffene Jürg Jegge gehört zu einer Gruppe von Personen, die im Rahmen ihrer pädagogischen Tätigkeit Kinder sexuell missbraucht haben. Die Reflexion des Nebeneinanders von zugewandter Reformpädagogik und schweren Grenzverletzungen bzw. sexualisierten Gewaltverhältnissen bildet eine zentrale Aufgabe gegenwärtiger erziehungswissenschaftlicher Diskussion. Ich gebe das Beispiel aus Benners Buch zum besseren Verständnis wieder und weise zugleich auf das Problem hin, dass Aspekte der sexualisierten Gewalt erst seit 2010 in der Erziehungswissenschaft diskutiert werden.

S. 74). Wenn der Junge zu Besuch gekommen sei, habe er auf die Frage, ob er lieber Tee oder Sirup trinken wolle, nicht antworten können. Heini sei nicht in der Lage, sich zu entscheiden (ebd.). Den Berichten des Lehrers folgend, ist, so Benner, Heini in vorausgegangenen Interaktionen nicht in die Lage versetzt worden, die Frage nach dem Getränk als etwas zu begreifen, was *seiner Entscheidung* obliegt. Benner führt aus: »Heini steht in der Wirkungsgeschichte weitgehender Fremdbestimmung« (ebd.: 75).

Der Lehrer Jegge beginnt, Heini im Sinne der Bildsamkeit anzusprechen. Er bittet ihn, sich vorzustellen, Tee oder Sirup zu trinken, um damit herauszufinden, was er trinken möchte. »Jegge«, so führt Benner aus, »hofft in seinen pädagogischen Bemühungen, Heini werde die angesprochenen Dinge und Sachen nicht mehr ausschließlich im Horizont der Belohnungs- und Strafpraktiken seiner erwachsenen Bezugspersonen erinnern, sondern sich die gegenständlichen Welterfahrungen vorstellen, die er früher einmal im Umgang mit Tee und Sirup gemacht hat. Im Lichte dieser Erinnerung soll er dann neu entscheiden, was er in seiner momentanen Situation lieber trinken will« (ebd.: 76). Wie aus Benners Ausführungen hervorgeht, kommt es in der Erziehung auf eine *geteilte Praxis* an, bei der die Heranwachsenden an der pädagogischen Interaktion mitwirken. Die Rede von einer »pädagogischen Wirksamkeit« ist dann aus der Sicht Benners insofern missverständlich, als damit der Eindruck erweckt wird, dass sich diese ausschließlich aus der Perspektive des Erziehenden bestimmen ließe.

Während Benner in seinem Ansatz die Bedeutung der geteilten Praxis hervorhebt, setzen der Soziologe Niklas Luhmann (1927–1998) und der Erziehungswissenschaftler Karl Eberhard Schorr (1919–1995) anders an. Sie teilen die Problematisierung von Wirksamkeit, geben dieser aber eine ganz andere Wendung. Ihr Beitrag zum »Technologiedefizit der Erziehung« ist 1979 erstmals in der »Zeitschrift für Pädagogik« erschienen.

Luhmann und Schorr über das »Technologiedefizit der Erziehung«

»Kein Erzieher«, so Luhmann und Schorr, »kann ohne die Annahme auskommen, daß er Möglichkeiten habe, den, den er erzieht, zu verändern. Ein Verzicht auf Kausalität käme dem Verzicht auf die Rolle des Erziehers gleich. Andererseits wird der Erzieher nicht die Vorstellung haben, daß der Mensch, den er erzieht, sein Werk sei. Die Erziehung bringt ihren Gegenstand nicht hervor, sie setzt ihn vielmehr als selbsttätiges Wesen voraus. Der Erzieher will ein freies Wesen für die Freiheit erziehen. Er will die Selbsttätigkeit nur anregen, ausweiten, modifizieren, will aber nicht selbst an ihre Stelle treten. Gleich am Anfang der pädagogischen Bewegung war deshalb die Frage aufgetaucht, wie ein kausales Einwirken auf Freiheit überhaupt zu denken sei« (Luhmann/Schorr 1982: 7).

Was Luhmann und Schorr hier ausführen, lässt sich durchaus mit Benners Überlegungen parallelisieren. Benner geht von einer Mitwirkung der Heranwachsenden an den pädagogischen Interaktionen aus. Bei Luhmann und Schorr ist von der Voraussetzung der Selbsttätigkeit des Heranwachsenden die Rede. Diese solle gerade nicht *ersetzt* werden. Es könne daher, so Luhmann und Schorr, im Bereich der Erziehung keine Kausalität geben – und doch sei es unabdingbar, dass Erziehende davon ausgehen, dass ihr Handeln einen Unterschied mache, dass es also *wirksam* sei.

Im Sprachgebrauch von Luhmann und Schorr handelt es sich hierbei um ein »Technologiedefizit«. Mit dem Begriff der Technologie bezeichnen Luhmann und Schorr »die Wissenschaft von den Kausalverhältnissen, die praktischen Intentionen zugrunde liegen und nach denen sich das Handeln richten muss, wenn es Erfolg haben will« (Luhmann/Schorr 1982: 11). Nehmen wir als Beispiel meine Absicht, einen Kaffee zu trinken. Es gibt verschiedene kausale Zusammenhänge, an denen ich mich orientieren muss, um diese Absicht zu realisieren. Ich muss beispielsweise Wasser kochen und Kaffeepulver in die Presskanne füllen. Auch die Bedienung der Presskanne muss in einer bestimmten (an kausalen Beziehungen ausgerichteten) Weise erfolgen. Wenn ich dementsprechend vorgehe, werde ich am Ende zu meinem Kaffee gelangen.

Dass es im Bereich der Erziehung eine eben solche technologische Vorgehensweise nicht gibt, wurde bereits eingangs am Beispiel des Emile gezeigt. Luhmann und Schorr beschreiben es folgendermaßen:

> Wenn »*Ego* und *Alter* als jeweils notwendig selbstreferentiell operierende Subjekte ihre Beziehung zueinander kausaltechnologisch aufbereiten wollen, müssen sie die eigene Selbstreferenz *und die des anderen* in ein Kausalverhältnis überführen und für *jeden* Effekt, den sie bezwecken, die selbstreferentiellen Prozesse (das Selbstbewußtsein, das Denken, das Wollen) des anderen als Mittel einsetzen, weil ohne sie ›nichts geht‹« (ebd.: 12, Hervorh. i. O.).[67]

In der Sprache der Systemtheorie steht Selbstreferenz für den Bezug eines Systems auf sich selbst. Wenn die Erziehenden etwas erreichen wollen, *so müssen sie die Perspektive der Heranwachsenden in ihre Überlegungen einbeziehen.* Die Art und Weise, wie im Beispiel von Benner Jegge mit dem Schüler Heini spricht, lässt sich durchaus in dieser Weise lesen: als Bezugnahme auf das Geschmackserlebnis von Tee oder Sirup auf Seiten von Heini.

Man könnte zunächst den Eindruck haben, dass Luhmann und Schorr mit dem Technologiedefizit eben jenen Anspruch der Gestaltung menschlicher Gesamtpraxis im Blick haben, der bei Benner diskutiert wird. Dem ist aber nicht so. Luhmann und Schorr kritisieren, wie sich die Pädagogik seit der ersten Artikulation des Technologiedefizits um 1800 entwickelt hat:

> »Offenbar fand sich die Pädagogik dann sehr rasch mit der theoretischen Unlösbarkeit dieses Grundproblems ab. Es gelang ihr nicht, am scharfen Strahle der Theorie zu blühen. Statt dessen kam sie über Substitution schöner klingender Worte wie ›Selbsttätigkeit‹, ›Freiheit‹, ›Praxis‹, ›Menschenbildung‹ zur Entscheidung gegen Technologie, und so wird die Sache weiterbehandelt. Ein zweifellos vorhandenes Technologieproblem wird als Technologieverdikt traditionsfähig gemacht und habitualisiert« (ebd.: 12).

Nach Luhmann und Schorr wurde das Technologiedefizit moralisch aufgeladen und das »Defizit« zu einem Verbot übersteigert. Die Pädagogik sei sozusagen beim Problem stehen geblieben und habe sich von dort aus nicht weiterentwickelt. Der Vorwurf, wie er von Luhmann

---

67 »Ego« und »Alter« stehen im Zitat für »ich« und »der mir gegenüberstehende andere«.

und Schorr artikuliert wird, richtet sich damit auch an den Ansatz Dietrich Benners, der ausdrücklich auf die Gestaltung von »Praxis« rekurriert.

Wir werden uns an dieser Stelle nicht weiter mit der sehr global argumentierenden Kritik von Luhmann und Schorr an die Adresse der Pädagogik befassen. Vielmehr gilt es zu verdeutlichen, was Luhmann und Schorr selbst zu bieten haben: Wie sollte mit dem »Technologiedefizit« umgegangen werden? Die Leitfrage der beiden Autoren lautet: *Was ist möglich, wenn Technologie nicht möglich ist?* Mit dieser Frage vollzieht sich nach Auffassung von Luhmann und Schorr bereits eine Verschiebung der Perspektive: An die Stelle der Defizitdiagnose tritt das Interesse, was Akteure, die sich im Erziehungssystem bewegen, denn eigentlich tun, wenn ihnen keine Technologie zur Verfügung steht. Luhmann und Schorr bringen hierfür den paradox anmutenden Begriff der »Technologieersatztechnologie« ein, der im Folgenden erläutert werden soll.

Im Bereich der Erziehung gibt es keine Technologie, also keine lückenlosen Kausalrelationen: Lehrende können mit Schüler*innen nicht umgehen, wie sie mit ihrer Kaffeemaschine Kaffee kochen. Falsch wäre aber auch zu glauben, dass sich Lehrende *gar keine* Vorstellungen von dem machen, welche Wirkungen ihre Lehranstrengungen nach sich ziehen. Sie rekurrieren auf Gründe und Bedingungen, von denen sie annehmen, dass diese eine Rolle spielen. Diese Vorstellungen, die sich auf Gründe, Bedingungen und Kausalzusammenhänge richten, nennen Luhmann und Schorr »Kausalpläne«.

Dieser Begriff steht dafür, wie jemand sich subjektiv »einen Reim auf etwas macht«. Eine Lehrkraft zum Beispiel gewinnt aus einer Schülerantwort ein Bild davon, was der Schüler verstanden hat und nutzt diese Vorstellung, um weitere Erklärungen zu formulieren. Entscheidend für Luhmann und Schorr ist, dass diese Vorstellung sachlich nicht zutreffen muss. Im Hinblick auf die Unterrichtssituation dient sie zur Reduktion der Komplexität.[68] Luhmann und Schorr argumentieren nun, dass diese

---

68 Der Begriff der Komplexitätsreduktion ist ein wichtiges Konzept der Systemtheorie, der eine Auswahl von Informationen aus einem Zusammenhang umschreibt, um die Verarbeitung des Zusammenhangs zu ermöglichen. Eine Lehrkraft schätzt die Aufmerksamkeit im Unterricht nicht dadurch ein, dass

in ihrer Komplexität reduzierten (und allein daher schon immer ›falschen‹ oder besser unzureichenden) Kausalpläne die Grundlage der Technologieersatztechnologie darstellen:

> »In Unterrichtssystemen haben selbstverständlich Lehrer ebenso wie Schüler rudimentäre Kausalpläne für sich selbst und für die jeweils andere Seite und darüber hinaus in gewissem Umfang auch die Fähigkeit, die Kausalpläne der anderen Seite zutreffend oder unzutreffend in Rechnung zu stellen. Jede Seite verfügt, wenn man so sagen darf, über subjektive Technologien. Schüler können aufgrund einer starken Einschränkung des Relevanzbereichs ihrer Ziele hochverfeinerte Technologien in der Behandlung der Lehrer entwickeln, so wie umgekehrt Lehrer über als Erfahrung sedimentierte Kausalpläne verfügen, die es ihnen ermöglichen (ob sie zutreffen oder nicht), in Problemsituationen rasch zu handeln« (Luhmann/Schorr 1979: 351).

Wie sich Unterricht vollzieht, hat nach Luhmann und Schorr maßgeblich damit zu tun, mit welchen Kausalplänen die Beteiligten operieren; denn diese bestimmen, was in der jeweiligen Situation wahrgenommen wird und wie es interpretiert wird. Wenn Schüler*innen beispielsweise der Auffassung sind, dass die Lehrperson ihre Leistung lediglich über die Anzahl von Meldungen bestimmt, so wird dies in der einen oder anderen Weise bei den Schüler*innen handlungsleitend, auch wenn dieser Kausalplan möglicherweise nicht zutreffend ist.

Nach Luhmann und Schorr lässt sich die Technologieersatztechnologie nun dadurch ausweiten, dass Lehrende bezüglich ihrer Kausalpläne dahin geführt werden, »mehr Faktoren einzubeziehen, längere Ketten zu bilden oder sogar Wechselwirkungen einzubauen« (ebd.: 352). Eine solche »Komplexifizierung« von Kausalplänen löst zwar das Technologiedefizit nicht auf – man kann niemals beim »richtigen Handeln« landen. Es ist aber z. B. möglich, den im Unterricht typischen Filterungen und Komplexitätsreduktionen auf die Spur zu kommen.

Bis zu diesem Punkt ist deutlich geworden, wie sich die Allgemeine Pädagogik Dietrich Benners von der Diskussion um das Technologiede-

---

sie diese bei allen Schüler*innen, z. B. durch Blickkontakt, prüft oder abfragt. Sie orientiert sich vielmehr an anderen Indikatoren (z. B. Lautstärke im Klassenraum) und reduziert damit für sich die Komplexität, die Aufmerksamkeit der Schüler*innen zu erschließen. Dabei kann eine Orientierung an der Lautstärke durchaus auch an der Realität vorbeigehen.

fizit bei Luhmann und Schorr unterscheidet. Benners Ansatz ist auf eine *Begründung von Pädagogik* ausgerichtet, die den Gestaltungsanspruch menschlicher Praxis aufnimmt. Eine solche Perspektive erfordert einen Rekurs auf Bildsamkeit im Sinne einer *Mitwirkung* der Heranwachsenden am pädagogischen Handeln. Man kann Dietrich Benners Perspektive als »handlungstheoretisch« bezeichnen, insofern es ihm darum geht, den Sinn bzw. das Ziel pädagogischen Handelns begründungstheoretisch zu bestimmen.

Luhmann und Schorr teilen nicht diese handlungstheoretische bzw. praxeologische Orientierung. Zwar gehen sie von der Nicht-Technologisierbarkeit der Pädagogik aus; sie fassen diese aber systemtheoretisch: Das Ich kann das Denken, Wollen etc. der anderen nicht vollständig ›aufbereiten‹. Diese Intransparenz und Selektivität werden genau mit dem Begriff des Kausalplans aufgegriffen und diskutiert. Luhmann und Schorr nehmen das Technologiedefizit als Ausgangspunkt, um zu fragen, was pädagogisch Handelnde denn tun, wenn ihnen keine Technologie zur Verfügung steht. Es eröffnet sich ein Feld der Untersuchung, das niemals zur Auflösung des Technologiedefizits gelangen kann.

Die Positionen von Benner sowie Luhmann und Schorr widerstreiten einander. Das lässt sich auch gut an den wechselseitigen und bis heute lesenswerten Kommentaren erkennen, welche Benner und Luhmann/Schorr verfasst haben. Während nach Benner der von Luhmann und Schorr eingeschlagene Weg nicht zu einem angemessenen Begriff pädagogischen Handelns führen könne (Benner 1979a: 373f.), sehen sich Luhmann und Schorr in ihrer Einschätzung bestätigt, dass sich die Pädagogik den Zugang zum Problem verstellt habe (Luhmann/Schorr 1979: 346).

So unvereinbar diese beiden Ansätze sind, so können sie doch beide beanspruchen, einen wichtigen Einblick in die Problemfigur pädagogischer Wirksamkeit zu liefern. An die Stelle der Frage, welche Perspektive wohl überzeugender ist, tritt dann die Frage, welche Voraussetzungen in den jeweiligen Positionen gemacht werden und wo sie an eine Grenze stoßen. Dazu nur einige Anregungen zum weiteren Nachdenken: In Bezug auf den Ansatz von Dietrich Benner wird man fragen, inwieweit ungeachtet der Offenheit menschlicher Praxis letztlich doch normative Bestimmungen eingehen, die der Ansatz selbst nicht mehr reflektieren kann. In dem Beispiel zu Heini zeigt sich das an der Stelle, an der Jegge Heinis Bildsamkeit im Sinne einer Entscheidungssituation zwischen Sirup und Tee auslegt. Möglicherweise entspricht aber diese Auslegung nicht dem, wie Heini die Situation versteht. Diesen Impuls aufnehmend und im Wissen um die schweren sexualisierten Grenzverletzungen durch Jegge stellt sich die grundlegende Frage, inwieweit Benner mit seinem praxeologischen Ansatz die sich hier andeutende Problematik überhaupt aufzugreifen vermag.

Wie steht es um die Herangehensweise von Luhmann und Schorr? Ihr Ansatz holt die Komplexität pädagogischen Handelns ein. Dabei ist ihr Blick organisationssoziologisch geprägt, d. h. mit dem Fokus auf Kontexte, Formen und Rahmungen von Schule. Auch hier ist nach Blickverengungen zu fragen – und es kann auffallen, dass über die Formen und Gestalten pädagogischer Beziehungen kaum etwas zu erfahren ist. Der Begriff des »Kausalplans« wirkt individualistisch und kognitivistisch, so dass sich eher wenig Reflexionsmöglichkeiten bezüglich der affektiven und sozialen Dimensionen von pädagogischen Beziehungen ergeben.

Zum Aufstieg einer evidenzbasierten Pädagogik

Während sich die bislang dargestellten Positionen darin einig waren, dass pädagogische Verhältnisse und pädagogisches Handeln nicht im Sinne kausallogischer Beziehungen verstanden werden können, lassen sich seit einigen Jahren unter dem Stichwort der »Evidenzbasierung« Entwicklungen beobachten, die pädagogisches Wissen als Ergebnis von Kausalanalysen verstehen. Die Hintergründe für diese Entwicklungen und welche Herausforderungen damit für die Pädagogik bzw. Erziehungswissenschaft einhergehen, sollen im Folgenden diskutiert werden.

Ein wichtiges Vorbild für die evidenzbasierte Pädagogik ist die Medizin. Dort gibt es seit den 1990er Jahren eine Orientierung medizinischer Behandlung an »Evidenz«. Gemeint ist damit, dass nach der Erfassung der Krankengeschichte und des Krankheitsbilds der ärztliche Blick über die je besondere Behandlungssituation *hinausgehen* muss, um das bestehende Wissen darüber einzubeziehen, welche Behandlungen sich bisher als erfolgreich oder auch als nicht-erfolgreich erwiesen haben (vgl. Sackett et al. 1996, S. 71). Nehmen wir an, ein*e Patient*in leidet unter einer Allergie. Im Rahmen einer evidenzorientierten Medizin würde die Behandlung nun darauf abgestimmt werden, welche Therapien in klinischen Studien bislang am erfolgreichsten gewesen sind. Im Kontext der evidenzorientierten Medizin hat man dementsprechend damit begonnen, klinische Studien nach ihren Krankheitsbildern in Dossiers zusammenzufassen, damit das ärztliche Personal nicht nach den Studienergebnissen in der Flut der wissenschaftlichen Literatur suchen muss. Die jeweiligen Studien werden auch nach dem Grad der Evidenz geordnet: Eine Studie, bei der ein Präparat nur an einer geringen Zahl von Proband*innen erprobt worden ist, hat ein anderes Gewicht als eine klinische Langzeitstudie, in der eine Arznei vielen Proband*innen verabreicht wurde. Den Ergebnissen der letztgenannten Studie würde demnach eine höhere Evidenz zugesprochen werden.

Diesem Vorgehen ähnlich gibt es in der Pädagogik Unternehmungen, die professionelle pädagogische Praxis *evidenzorientiert* zu gestalten. Das pädagogische Handeln soll auch hier nicht mehr allein aus der Situation stammen. Wie im medizinischen Bereich soll die Lehrperson auf gesammelte Studien zugreifen, in denen verschiedene pädagogische Programme und Handlungsformen auf ihre *Wirksamkeit* hin untersucht worden sind. Dies soll als Entscheidungshilfe für Lehrpersonen genutzt werden. Nehmen wir als Beispiel eine Lektion zu »proportionalen Zuordnungen« aus dem Mathematik-Unterricht der Sekundarstufe. Aus der Perspektive der evidenzorientierten Pädagogik wird man fragen, welche Medien und Methoden sich für die Vermittlung dieses Themas als besonders erfolgreich bzw. effizient erwiesen haben. Die Lehrperson wird sich womöglich mit Studien befassen, welche den Lernzuwachs durch eine Lernsoftware untersucht haben: In solchen Studien arbeitet eine Lerngruppe mit der Software, die andere mit anderen üblichen Medien. Am Ende absolvieren die Schüler*innen einen Test, der die Ergebnisse mit dem vorherigen Lernstand vergleichbar macht (Test vor der Lerneinheit). Damit zeigt sich aus der Sicht der evidenzbasierten

Pädagogik, ob man mit der Lernsoftware besser lernt. Überdies könnte deutlich werden, dass eine bestimmte Schüler*innen-Gruppe von der Software stärker profitiert als andere, z. B. schwächere Schüler*innen. Damit würde der Lehrperson deutlich werden, dass sich die Software im Hinblick auf ihre Leistungseffizienz bei verschiedenen Schüler*innen unterscheidet.

Das Beispiel zeigt, dass sich die evidenzbasierte Pädagogik stark an das Kompetenzparadigma anlehnt: Es sollen diejenigen pädagogischen Interventionen bestimmt werden, die den größten Erfolg im Sinne des größten Lernzuwachses (parallel zum größten Behandlungserfolg in der Medizin) generieren. *Es ist nur die Wirksamkeit, die zählt.* Auf sie wird der Blick der pädagogisch Handelnden ausgerichtet, indem alle existierenden Studien, welche die Wirksamkeit einer pädagogischen Intervention erforschen, zusammengestellt werden. Um diesbezüglich zu validen und verlässlichen Auskünften zu gelangen, favorisiert die evidenzbasierte Pädagogik Studien mit experimentellen Forschungsverfahren. Das sind Verfahren, bei denen die Testpersonen die pädagogische Intervention durchlaufen, um die Wirksamkeit und Effizienz der Intervention auch tatsächlich feststellen zu können. Hier wird allerdings ein wesentlicher Unterschied zur Medizin deutlich: In der Medizin weiß keine der getesteten Personen, ob sie das neue Präparat im Test erhält oder ob sie zur so genannten »Kontrollgruppe« gehört. Damit sollen Placeboeffekte ausgeschlossen werden. Im Bereich der Pädagogik bleibt die zu überprüfende Intervention den Testpersonen nicht verborgen, weswegen man hier von quasi-experimentellen Studien spricht.

Es wurde bereits thematisiert: Im Bereich der Evidenzbasierung interessieren nur jene Studien, die hinsichtlich der Effizienz des Lernens aussagekräftig sind. Andere Studien, welche zum Beispiel die Erfahrungen der Lernenden mit den Medien berühren, sind dagegen von untergeordnetem Interesse. Sollte eine Studie keinerlei Aussagen mit Blick auf die Wirksamkeit des Lernens machen und ihre Aussagen nicht kausalanalytisch aufbereitet sein, sind sie für eine evidenzbasierte Pädagogik nicht von Bedeutung.

In den USA gibt es eine offizielle Stelle, die begonnen hat, ›effiziente Pädagogik‹ in Form von solchen Literaturberichten zu sammeln und aufzubereiten. Das so genannte »What Works Clearinghouse« stellt seit den 2000ern zu den unterschiedlichsten Themenbereichen, wie »Literacy« oder »English Learners«, Berichte hinsichtlich der Wirksamkeit pädagogischer Interventionen zusammen. Die folgende Abbildung gibt einen so genannten »*Evidence Snapshot*« eines Vorschullernprogramms namens »*Literacy Express*« wieder. Aus diesem Schnappschuss geht hervor, dass Studien gezeigt haben, dass hinsichtlich der angegebenen Kategorien (»*oral language*«, »*phonological processing*«, »*print knowledge*«) eine hohe Wirksamkeitsrate beim Einsatz des Programms besteht. Es findet sich ein »Verbesserungsindex«; die Effizienzeinschätzung wird auf einer sechswertigen Skala mit dem Maximum von »++« angegeben.

Findings			
3 STUDIES THAT MET STANDARDS OUT OF 4 ELIGIBLE STUDIES REVIEWED			
Outcome Domain	Effectiveness Rating	Grades	Improvement Index
Cognition	— — | — | 0 | +- | + | ++	PK	--
Mathematics achievement	— — | — | 0 | +- | + | ++	PK	--
Oral language	— — | — | 0 | +- | + | **++**	PK	12
Phonological Processing	— — | — | 0 | +- | + | **++**	PK	12
Print knowledge	— — | — | 0 | +- | + | **++**	PK	15
Last Updated: July 2010			

Abb. 9: Übersicht der Ergebnisse zum »Literacy Express«

Die Ausweitung einer »evidenzbasierten Pädagogik«, wie sie sich in der Arbeit des »What Works Clearinghouse« artikuliert, muss aus erziehungswissenschaftlicher bzw. pädagogischer Sicht als problematisch eingeschätzt werden; denn mit ihr geht eine starke *Verengung* einher: Pädagogik und Erziehungswissenschaft werden auf das reduziert, was effizientes Lernen garantiert. Die politische Dimension lässt sich sehr gut an den USA zeigen. Wie schon im Kapitel zu »Kompetenz« beschrieben, hat mit der »*No Child Left Behind*«-Gesetzgebung[69] zu Beginn der 2000er eine förderpolitische Umorientierung stattgefunden: Es wird nur noch jene Forschung finanziert, die auf Wirksamkeit ausgerichtet ist (vgl. Jornitz 2008). Über die Forschungsfinanzierung wird also in die Wissenschaft eingegriffen. Forscher*innen, die mit qualitativ empirischen Methoden Unterricht beforschen oder die theoretisch-systematische Forschung vorantreiben, müssen zunehmend damit rechnen, dass ihre Forschung als nicht mehr relevant angesehen wird.

Walter Herzog (2011: 131) hat das sich hier abzeichnende Wissenschaftsverständnis als »fundamentalistisch« bezeichnet. Die evidenzbasierte Pädagogik wertet nicht nur andere wissenschaftliche Paradigmen ab, die sich längst wissenschaftlich bewährt haben. Sie erweckt überdies den Eindruck, als ließe sich letztlich die Effizienz einer pädagogischen Intervention bestimmen – ohne die jeweiligen sozialen, institutionellen etc. Bedingungen berücksichtigen zu müssen. In den Darstellungen der evidenzbasierten Pädagogik hat überdies eine grundlegende und unverzichtbare Dimension des Wissenschaftlichen keinen Platz: dass wissenschaftliches Wissen *fehlbar* ist, dass es sich also immer auch als falsch erweisen könnte, weil man von problematischen oder sogar falschen Voraussetzungen ausgegangen ist.

Die Verengung der Evidenzorientierung richtet sich aber nicht nur auf die Abwertung anderer Forschungsparadigmen, was die Geschichtlichkeit von Wissen aus dem Blick rückt (Casale 2016). Verengt wird auch der Blick auf das pädagogische Handeln – und zwar auf Sozialtechnologie (vgl. Bellmann/Müller 2011: 25). Denn was für eine Vorstellung pädagogischen Handelns wird in der evidenzbasierten Pädagogik befördert? Pädagogisches Handeln wird mit einer »Intervention« gleichgesetzt, aus der etwas herauskommt. Mit einer solchen Perspektive wird die pädagogische Aufmerksamkeit sehr stark auf Programme und Medien verschoben – genau jene Aspekte, über die Firmen ihre Produkte

---

69 Das Gesetz trat zur Amtszeit von George W. Bush in Kraft. Das Ziel des Gesetzes war die verbesserte Bereitstellung schulischer Bildung. Durch seine Orientierung an Effizienz und Evidenz wurden damit die Schulen unter einen starken Bewährungsdruck gestellt, da sie beim Ausbleiben von Erfolg die Kürzung finanzieller Mittel zu befürchten hatten (▶ Kap. 7).

in den Bildungssektor einbringen (z. B. Lernsoftware). Die evidenzorientierte Pädagogik favorisiert auf diese Weise eine Vorstellung pädagogischen Handelns, die einer Vermarktlichung von Bildung entgegenkommt.

Aus dem Blick ausgelagert wird das, was nicht evaluiert werden kann: die Kommunikation und Interaktion in der pädagogischen Situation. Blickt man aus der Warte von Dietrich Benners »Allgemeiner Pädagogik« auf die genannten Entwicklungen, muss man zu dem Schluss kommen, dass »Evidenzorientierung« nicht einmal pädagogisches Denken und Handeln *erreicht* – einfach deswegen, weil sie die Heranwachsenden darauf reduziert, Objekt einer Intervention zu sein. Die evidenzbasierte Pädagogik argumentiert instrumentell und funktional. Was Heranwachsende über dieses Wissen und seine Aneignung denken und wie sie sich zu der Aufforderung, es zu lernen, verhalten, wird dabei nicht zum Thema. Luhmann und Schorr würden die Art und Weise, wie Evidenzbasierung den Eindruck der Technologisierbarkeit der Pädagogik erweckt, sicherlich für naiv halten. Sie hätten allerdings kein Problem damit, das Lernen mit einer Software als eine *pädagogische Wirkung* zu begreifen.

Es gibt weitere kritische Stimmen zur evidenzbasierten Pädagogik. Ähnlich wie Benner geht Gert Biesta (2011) davon aus, dass Pädagogik nicht als kausaler Prozess vorzustellen ist. Pädagogik bedeutet wesentlich Interaktion, welche mit der kausaltechnologischen Vorstellung der »Intervention« nicht vereinbar ist. Biesta kritisiert außerdem, dass die evidenzbasierte Pädagogik die Zwecke des pädagogischen Handelns mit der Effizienz der eingesetzten Mittel kurzschließt: Das Handeln orientiert sich an der in Aussicht gestellten Effizienz des Lernens. Das Defizit einer solchen Sichtweise besteht darin, keinen Raum mehr für die Reflexion zu haben, inwiefern dieses oder jenes Lernen, dieses oder jenes Medium des Lernens *wünschenswert* ist. Ein professionelles pädagogisches Handeln kann sich nicht ausschließlich an der Effizienz ausrichten. Biesta bringt das Beispiel körperlicher Strafen, die effizient sein könnten, aber dessen ungeachtet aus dem pädagogischen Handeln ausgeschlossen sein sollten. Pädagogisches Handeln gehört, so Biesta, in das Terrain der Gestaltung des Zusammenlebens von Menschen – und die Art und Weise der Gestaltung dieses Zusammenlebens ist für die

Pädagogik selbst relevant. Auf dieser Grundlage enthält die evidenzbasierte Pädagogik ein Demokratiedefizit[70]: Sie kann eben diese Fragen der Beratung und Entscheidung über das Zusammenleben nicht zum Thema machen.

Über die Bildung und Verwendung erziehungswissenschaftlichen Wissens

Über die verschiedenen Ansätze von Benner und Luhmann/Schorr wie auch über die neueren Entwicklungen zu einer evidenzbasierten Pädagogik ist deutlich geworden, dass man bezüglich der »Wirksamkeit in der Pädagogik« ein komplexes und widersprüchliches Terrain vorfindet. »Pädagogik« wird mit sehr unterschiedlichen Ansprüchen verbunden. Dies wiederum heißt, dass sich auch die Ziele pädagogischen Handelns und damit pädagogisches Wissen unterscheiden. Wenn in den hier vorgestellten Ansätzen Unterschiedliches als pädagogisches oder erziehungswissenschaftliches Wissen gilt, so können wir auch davon ausgehen, dass aus gleichen Sachverhalten unterschiedliche pädagogische Folgerungen gezogen werden.

Diese Interpretationsabhängigkeit bedeutet nun nichts anderes, als dass es keine 1:1-Übersetzung von erziehungswissenschaftlichem Wissen in die pädagogische Praxis gibt. Das wird all jene schockieren, die bislang erziehungswissenschaftliches Wissen wie einen Schlüssel gedacht haben, der die Türen zu einer gelungenen pädagogischen Praxis öffnet. Das Kapitel zeigt also, dass es selbst zur Aufgabe der Erziehungswissenschaft gehört zu analysieren, wer wie was aus welchen Gründen als »pädagogisch« oder »erziehungswissenschaftlich« bezeichnet. Mehr noch: Nach allem,

---

[70] Gert Biesta folgt hier dem Demokratiebegriff nach John Dewey (1985). Dieser verstand unter Demokratie eine Lebensform, in der dafür Sorge getragen wird, dass die Möglichkeiten der Beratung und Entscheidung über das gemeinsame Handeln aufrechterhalten und erweitert werden.

was über die Problemfigur der Wirksamkeit gesagt worden ist, muss die Erziehungswissenschaft sich mit der »Verwendung von erziehungswissenschaftlichem Wissen« intensiv auseinandersetzen. Die Erziehungswissenschaftler Bernd Dewe und Frank-Olaf Radtke haben dazu einmal Folgendes festgehalten:

> Die »Anwendung wissenschaftlicher Theorien [kann] in praktischen Handlungskontexten die volle Komplexität dieser Theorien nicht realisieren [...], so daß immer nur selektive Theorieteile verwendet werden; pädagogisches Handeln aber erfordert wissenschaftlich nicht begründbares normativ-fundiertes Handlungsvermögen. Wissenschaftliches Wissen stellt nur eine Komponente des pädagogischen Handelns dar, das in Beziehung zu setzen wäre zu den beruflichen Erfahrungen und der persönlichen Identität des Handelnden« (Dewe/Radtke 1993: 146).

Dewe und Radtke argumentieren hier in zwei Richtungen: Zum einen kommt erziehungswissenschaftliches Wissen nicht in seiner ganzen methodisch-epistemischen Bestimmtheit in der Praxis zum Tragen. So wie das Wissen erziehungswissenschaftlich gebildet worden ist, wird es praktisch nicht relevant. Es gibt also eine Selektivität. Zum anderen machen die Autoren geltend, dass mit dem erziehungswissenschaftlichen Wissen die Situation des Handelns noch nicht vollständig bestimmt ist; denn es gehen noch weitere Aspekte in die Handlungssituation ein. Was die Verwendungsforschung hier beschreibt, kann nicht hoch genug eingeschätzt werden: Wissen ist die eine Sache, wie es verwendet wird, eine ganz andere. Auch dies gehört elementar zur Problemfigur der Wirksamkeit.

Am Ende des Kapitels steht damit auch, dass Pädagogik es immer mit »Ungewissheit« zu tun hat – auf unterschiedlichen Ebenen. Der Erfolg des eigenen Handlungseinsatzes bleibt ungewiss. Ungewiss bleibt aber auch, ob die vollzogene Übersetzung von Wissen in einen Handlungszusammenhang als gelungen zu betrachten ist (»Kausalpläne«) und auch, ob dieses Wissen selbst eine gute Grundlage für das pädagogische Nachdenken bilden kann.

Was passiert, wenn wir sogar merken, dass bestimmte »erziehungswissenschaftliche Wissensformen« selbst als problematisch zu betrachten sind, so wie dies hier bezogen auf die evidenzbasierte Pädagogik aufgezeigt wurde? Das heißt ja, dass Wissenschaft auch Probleme in der pädagogischen Welt erzeugen kann. Die Vorstellung, dass Wissenschaft immer schon aufgeklärt ist und die pädagogische Welt aufgeklärt werden muss, ist zu kurz gedacht.[71] Es wird damit zu einer allgemeinen Aufgabe der Erziehungswissenschaft, die Bildung, Begründung und Verwendung erziehungswissenschaftlichen Wissens zu untersuchen und im Rahmen eines wissenschaftlichen Diskurses fortgesetzt zu überprüfen und auf problematische Verengungen hin zu betrachten. Es ist dann auch für das erziehungswissenschaftliche Studium zentral, verschiedene Konzeptualisierungen pädagogischer Wirksamkeit kennenzulernen und zu verstehen, welche pädagogischen Ordnungen damit erzeugt werden bzw. welche konzeptionellen Vorstellungen daraus für das pädagogische Handeln resultieren (»Bildsamkeit« oder »Kausalpläne«). Damit begibt man sich nicht zuletzt auf die Spur der Verwendung erziehungswissenschaftlichen Wissens, wobei der Knoten der Wirksamkeit nie gelöst wird.

---

71 Im Rahmen eines sehr einflussreichen sozialwissenschaftlichen Forschungsprogramms haben Ulrich Beck und Wolfgang Bonß (1989) eben derartige Probleme im Verhältnis von Wissenschaft und sozialer Welt bearbeitet. Dazu gehört, dass der Versuch einer sozialwissenschaftlichen Aufklärung auch Ungewissheit und Konflikte produziert. Eine erziehungswissenschaftliche Parallele hat sich in diesem Kapitel gezeigt: Man beschäftigt sich mit pädagogischer Wirksamkeit und stößt auf eine Auseinandersetzung, z. B. zwischen Benner und Luhmann/Schorr.

Kapitel 10: Ungleichheit, Differenz und Alterität

In ihrem Buch »Educated« erzählt Tara Westover (2018), wie es ihr gelang, durch Bildung die engen Schranken von Familie und Herkunft zu überschreiten. Tara wächst als Kind einer mormonischen Familie in den Bergen von Idaho auf. Die Familie lebt von der Gesellschaft zurückgezogen. Tara besitzt zunächst keine Geburtsurkunde und geht nicht zur Schule. Alle Krankheiten und Verletzungen in der Familie – auch schwere Verbrennungen und Kopfverletzungen – werden von der kräuterkundigen Mutter behandelt. Bereits als Kind wird Tara in die Arbeit auf dem Schrottplatz des Vaters eingebunden. Entsprechend der von Tara geschilderten Rollenvorstellungen der Frau in mormonischen Gemeinschaften erfährt sie sich als ein von ihrem Vater abhängiges Wesen – ohne Recht und Möglichkeit, eigene Zukunftspläne zu fassen und zu verfolgen. Vor den körperlichen Angriffen und Beschämungen ihres gewalttätigen Bruders kann sie sich nicht schützen und auch von anderen Mitgliedern der Familie keine Hilfe erwarten.

Als Taras Wunsch Gestalt annimmt, ein College zu besuchen, beginnt sie, sich – auch gegen den Widerstand des Vaters – auf den in den USA üblichen Hochschuleingangstest vorzubereiten. Es gelingt ihr, den Test zu bestehen – und einen Bildungsweg einzuschlagen, der sie schließlich zu einer Promotion im Fach Geschichte an der renommierten Universität Cambridge führt. So gesehen handelt es sich bei Taras Bildungsgeschichte um eine Erfolgsgeschichte. Das aber ist nicht die ganze Wahrheit; denn trotz der beeindruckenden Schritte, mit denen Tara beginnt, die Welt des Wissens zu durchschreiten, wird sie doch immer wieder von Unsicherheit und Selbstzweifeln eingeholt: ob ihr dieser Bildungsweg zusteht und ob sie in der Lage ist, auf diesem Weg zu bestehen. Die Selbstzweifel werden immer wieder durch die Vorwürfe ihres gläubigen Vaters genährt, der Tara auf dem Weg der Verdammnis wähnt. Obwohl Tara seit einem Psychologie-Seminar weiß, dass das Verhalten ihres Vaters die Züge einer bipolaren Störung trägt, bleibt die Macht des Vaters über sie doch bestehen. Diese Abhängigkeitsverhältnisse zur Familie wie auch finanzielle Schwierigkeiten – für Tara ist zunächst undenkbar, eine staatliche Studienunterstützung bei jener Institution zu beantragen, die in den Augen ihrer Familie dem Satan zugewandt ist – stellen den begonnenen Bildungsweg immer wieder infrage.

Die Geschichte von Tara Westover ermöglicht einen ersten Einblick in das Thema der Bildungsungleichheit. Sie zeigt, dass auch in westlichen Gesellschaften mit einem weit entwickelten und ausdifferenzierten Bildungssystem Menschen vom Zugang zu Bildung abgeschnitten sein können. Die Zugehörigkeit zu einer religiösen Gemeinschaft, welche die Bildung für Frauen als nicht relevant ansieht, das Aufwachsen in einer ländlichen Umgebung im dünn besiedelten Nordwesten der USA, die begrenzten finanziellen Ressourcen der Familie, was die Mitarbeit der Kinder auf dem eigenen Schrottplatz erzwingt, wie auch die sich andeutende psychische Erkrankung des Vaters – alle diese Bedingungen (für sich *und* in ihrem Zusammenwirken) verweisen auf das Risiko, über weite Strecken von schulischer Bildung ausgeschlossen zu sein.

Dieser Ausschluss zeigt sich nicht einfach nur daran, dass Tara bis zu ihrem siebzehnten Lebensjahr nicht einmal einen Fuß in eine Schule setzt.[72] Über weite Strecken ist Tara selbst davon überzeugt, dass sie ein besseres Leben führt als jene Kinder, die in der Schule vom Staat ›indoktriniert‹ würden – wie ihr Vater sagt. Das religiöse Dogma des Vaters ist auch ihr Dogma und die Gewalttätigkeit des Bruders ist Teil einer Normalität, vor der sie sich nur auf der Grundlage ihres eigenen Handelns zu schützen vermag: indem sie sich zum Beispiel vornimmt, ihn nicht zu provozieren. Der Bildungsweg von Tara besteht demnach nicht nur darin, sich doch noch einen Zugang zu Bildungsinstitutionen und zur Welt des Wissens zu eröffnen. Der Weg impliziert auch, sich damit auseinanderzusetzen, wie man vormals sich selbst und seine Ver-

---

72 Im Unterschied zu Deutschland ist in den USA je nach Bundesstaat auch eine private Beschulung durch Eltern oder Privatlehrkräfte möglich.

hältnisse verstanden hat – und wie nun Prozesse der Emanzipation und also der Herauslösung und Überschreitung aus den vorausgehenden Lebensverhältnissen möglich werden.

Damit stehen wir bereits beim Thema der Ungleichheit aus erziehungswissenschaftlicher Perspektive: Die Erziehungswissenschaft erforscht bestehende Formen der Bildungsbenachteiligung – im Hinblick auf Geschlecht, Migration, soziokulturelle Herkunft, Behinderung etc. Es wird gefragt, worauf diese Benachteiligungen zurückzuführen sind und wie ihnen pädagogisch zu begegnen ist. An der Geschichte von Tara Westover zeigt sich auch die Wichtigkeit zu berücksichtigen, wie die von Benachteiligungen betroffenen Akteure ihre Situation selbst sehen und wie sie damit umgehen.

Die Frage der Benachteiligung und nach dem Umgang mit dieser steht immer im Zusammenhang mit gesellschaftlichen Bedingungen und Machtstrukturen. Dies betrifft nicht nur die Ungleichheitsstrukturen selbst, sondern auch was gesellschaftlich anerkannte Kriterien zur Attestierung von Bildungserfolg sind. Man nehme als Beispiel Tara Westovers Buch, das in den USA in kürzester Zeit zu einem Bestseller geworden ist. Das hat auch mit einer narrativen Figur zu tun, die in den USA kulturell sehr wirksam ist: »*from rags to riches*«.[73] Beschrieben wird damit die Aufstiegsgeschichte eines Individuums unter schwierigsten sozialen Bedingungen. Zugleich enthält diese narrative Figur die Vorstellung, dass es letztlich darauf ankommt, *es selbst zu schaffen*. Die Auseinandersetzung mit der Bildungsungleichheit erscheint so allerdings als eine, die individuell (und nicht gesamtgesellschaftlich-strukturell) zu bewältigen wäre.

Das vorliegende Kapitel greift das Thema »Ungleichheit« in diesem weiten Sinn auf. Es will nicht nur einen knappen Einblick hinsichtlich bestehender Ungleichheit und Differenz im Bildungssystem geben (mit beispielhaftem Fokus auf Migration). Es gilt auch zu zeigen, dass durch spezifische Begrifflichkeiten und Kategorien Ungleichheitsverhältnisse eine Ordnung erhalten, die pädagogisches Denken und Handeln ausrichten. Dies soll an einer Chiffre nachvollzogen werden, die in den

---

73 Eine gängige Übersetzung ins Deutsche lautet »vom Tellerwäscher zum Millionär«.

letzten Jahren (nicht nur in der Schule) zunehmend an Bedeutung gewonnen hat: Im »Umgang mit Heterogenität« sollen pädagogische Fachkräfte die Unterschiedlichkeit von pädagogischen Adressat*innen berücksichtigen. Eine Kritik daran, wie Heterogenität thematisiert wird, führt im letzten Schritt zur grundlegenden pädagogischen Problemfigur der »Alterität« – mit der die »Andersheit der Anderen« beschrieben wird. Die Leitfrage lautet: Wie kann man der bzw. dem Anderen pädagogisch gerecht werden, ohne die Person einfach nur unter die eigenen Vorstellungen und Kategorien zu subsumieren?

Ungleichheit und Differenz im deutschen Bildungssystem

Im Jahr 1964 prägte der Altphilologe, Religionsphilosoph und Pädagoge Georg Picht in der westdeutschen Öffentlichkeit den Begriff der »deutschen Bildungskatastrophe«. In einer vierteiligen Artikelserie, die in der Wochenzeitung »Christ und Welt« erschien, prognostizierte Picht aus dem Mangel an Abiturient*innen und dem nicht zu deckenden Bedarf von Lehrpersonal einen »Bildungsnotstand« in der nahen Zukunft (Picht 1965: 9). Aus diesem Bildungsnotstand würde unmittelbar ein wirtschaftlicher Notstand hervorgehen, der auch politisch gravierende Folgen zeitigen würde. Die Gründe für den Missstand sah Picht im rückständigen deutschen Bildungssystem und der Weigerung der Bundesländer, sich dieses Rückstands endlich anzunehmen. Pichts Ausführungen bezogen auch das Thema der Bildungsungleichheit ein: Aus den stark differierenden Quoten des Erreichens der »mittleren Reife« – in Schleswig-Holstein lag die Quote zu dieser Zeit bei 24%, im Saarland bei nur 5% – folgerte Picht eine Benachteiligung ganzer Bevölkerungsgruppen, die auf den unterschiedlichen Ausbau des Schulsystems in den Ländern zurückzuführen war.

In seinen Ausführungen ging Picht auch auf das dreigliedrige Schulsystem in der BRD ein, welches die Schule zu einem »sozialen Direktionsmechanismus« werden lasse, durch den schon zehnjährige Kinder sozialen Positionen zugeordnet würden (ebd.: 22). Ein Blick in die Statistiken kann dies schnell belegen: Wie aus Mikrozensus-Zusatzerhebungen erfahrbar ist, besuchten im Jahr 1950 72% aller deutschen Jugendlichen zwischen 14 und 18 Jahren keine allgemeinbildende Schule; nicht einmal 10% besuchten ein Gymnasium.[74] Nur 1,4% der Kinder von Eltern mit einem Volksschulabschluss gehörten in die Gruppe der Gymnasiast*innen; demgegenüber besuchten aus der Gruppe von Jugendlichen, deren Eltern über einen Hochschulabschluss verfügten, 50,8% das Gymnasium. Die Kinder der zumeist männlichen Hochschulabsolvent*innen hatten also eine 36-mal größere Chance, das Gymnasium zu besuchen, als die Kinder von Eltern mit einem Volksschulabschluss (vgl. ebd.).

Ralf Dahrendorf zeigte Entsprechendes bei der Zusammensetzung der Studierendenschaft an Hochschulen in Westdeutschland auf. Nicht einmal fünf Prozent der Studierenden stammten aus Arbeiterfamilien, welche die Hälfte der Bevölkerung ausmachten (Dahrendorf 1965a: 5f.). Demgegenüber stellten die nach Einkommen, Prestige, Einfluss und Ausbildung oberen ein Prozent der Bevölkerung ein Viertel der Studierendenschaft (ebd.). Damit war klar, dass Bildung in Deutschland immer noch nicht als »Bürgerrecht« verwirklicht war (Dahrendorf 1965b).

Die Hinweise auf die soziale Selektivität des Bildungssystems wie auch auf die fatalen gesamtgesellschaftlichen Folgen verfehlten nicht ihre Wirkung. Ein umgreifender Skandalisierungsprozess in den Medien und der politischen Öffentlichkeit kam in Gang. Die Bildungskritik verband sich mit den gesellschaftlichen Protesten der Studentenbewegung, die auf Demokratisierung und Emanzipation ausgerichtet waren. An dieser Stelle kann nicht detaillierter auf die Bildungsexpansion eingegangen werden, die schon in den 1950er Jahren vor Pichts ›Weckruf‹ in Gang gekommen war. Deren Komplexität besteht auch darin, dass die Reformen des Bildungswesens gleichermaßen von bildungsökonomischen wie von emanzipatorischen Motiven geprägt waren. Ein gemeinsamer Fluchtpunkt lag in der besseren ›Versorgung‹ mit Bildung und eine Erhöhung ›sozialer Durchlässigkeit‹ im Bildungssystem.

---

74 Vgl. für diese und die folgenden Daten Schimpl-Neimanns 2000: 651f.

Mit der Bildungsexpansion entstanden neue Universitäten und Schulen. Ebenso vollzog sich eine Modernisierung der Bildungsverwaltung in den Ländern. 1970 wurde eine Bund-Länder-Kommission für Bildungsplanung eingesetzt, die beauftragt war, einen einheitlichen Plan zur Weiterentwicklung des Bildungssystems zu erarbeiten. Mitte der 1970er Jahre hatte sich die Verteilung von Schüler*innen der 8. Klasse bereits immens verschoben: Die Quote für den Besuch der Hauptschule war von ursprünglich 70% (1955) auf unter 45% (1975) gesunken. Die Quote für die Realschule war von 10% (1955) auf über 20% (1975), für das Gymnasium von ca. 17% auf knapp 25% angestiegen.

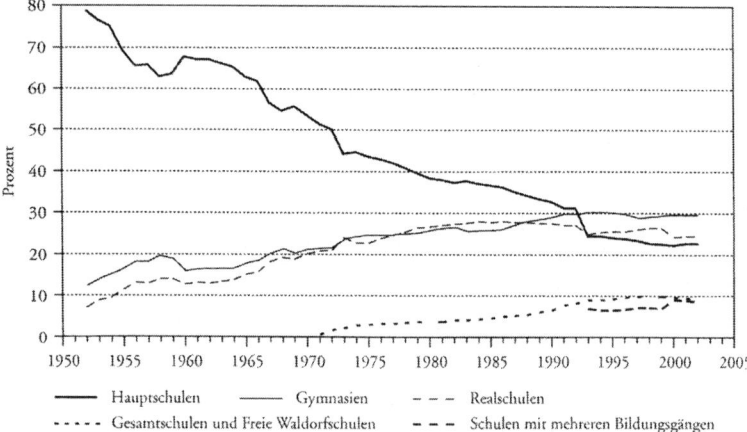

Abb. 10: Entwicklung der Bildungsbeteiligung in Westdeutschland: Verteilung der Schüler*innen der 8. Klasse nach Schulformen (Köhler zit. nach Maaz 2006: 33)

Dass die Bildungsreform bereits Mitte der 1970er Jahre ins Stocken kam, hatte zum einen wirtschaftliche Gründe[75], zum anderen gab es immense politische Auseinandersetzungen zwischen jenen, die eine Mo-

---

75 Hier ist allem voran die »Ölkrise« zu nennen, die in den Industrieländern gravierende ökonomische Folgen hatten, welche nicht zuletzt die öffentlichen Haushalte betrafen.

dernisierung anstrebten, und den konservativen Gegner*innen der Reform. Das Interesse am Thema »Bildungsreform« ließ nach. Diehm, Kuhn und Machold halten diesbezüglich fest: »Mit der quantitativen Expansion des Bildungswesens und strukturbildenden Maßnahmen wie dem Wegfall von Schulgeld an höheren Schulen sowie einer weitgehend umgesetzten Koedukation von Mädchen und Jungen verliefen sowohl die bildungspolitischen Debatten als auch erziehungswissenschaftliche Forschungsaktivitäten mehr oder minder im Sande« (Diehm/Kuhn/Machold 2017: 3). Erst mit Deutschlands Teilnahme an der OECD-Studie »PISA« im Jahr 2000 kamen Bildung und Bildungsungleichheit zurück auf die Tagesordnung.

Die Ergebnisse von PISA 2000 sprachen eine eindeutige Sprache (▶ Kap. 7): Beim Test der Lesekompetenz der 15-Jährigen bestand eine sehr starke Leistungsstreuung: Die Differenz zwischen den leistungsstärksten und den leistungsschwächsten Schüler*innen war größer als bei den anderen Teilnehmerstaaten. Außerdem zeigte sich, dass der Zusammenhang von sozialer Herkunft und erworbenen Kompetenzen für kein Teilnehmerland so eng war wie für Deutschland. Als weiteres markantes Ergebnis hielten die Bildungsforscher*innen fest, dass die Situation für Zugewanderte in fast allen vergleichbaren Ländern positiver war als in Deutschland.

So skandalträchtig diese Ergebnisse waren, so verwundert konnte man über die heftige öffentliche und politische Reaktion sein; denn es war zuvor schon bekannt gewesen, dass die soziale Selektivität im deutschen Bildungswesen nicht ausgeräumt war (vgl. Schimpl-Neimanns 2000). Dieser Sachverhalt rückt besonders in den Blick, wenn man den Umgang mit Migration in Deutschland berücksichtigt: Bis in die 2000er verschloss sich Deutschland der Einsicht, ein Einwanderungsland zu sein. Es stellt sich hier die Frage, wann eine bildungsbezogene Differenz als eine zu problematisierende Ungleichheit und Ungerechtigkeit wahrgenommen und anerkannt wird. Die Erziehungswissenschaftlerinnen Isabell Diehm und Argyro Panagiotopoulou haben dargelegt, dass die Einwanderungsgeschichte Deutschlands der letzten Jahrzehnte von einer starken Defizitperspektive gekennzeichnet war, die den Migrant*innen angelastet wurde: »Die soziale (und politische) Konstruktion von ethnisch codierter Differenz ist im Rückgriff auf Krisen- und Bedro-

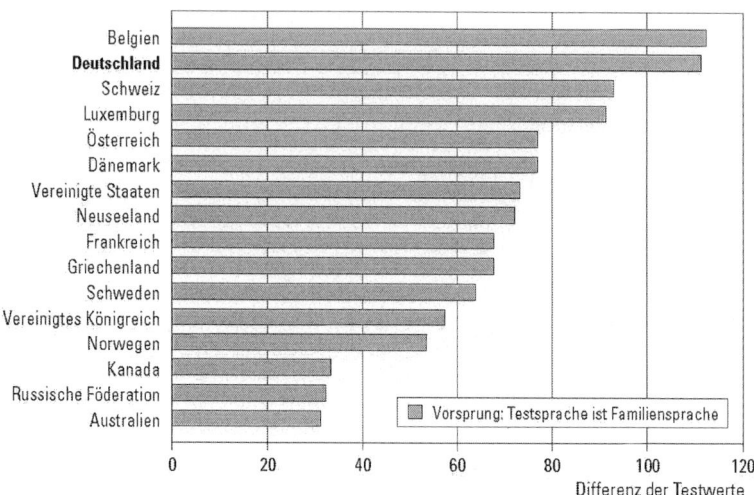

Abb. 11: Aus PISA 2000 mit Blick auf Unterschiede in der Lesekompetenz zwischen Schüler*innen aus Familien mit und ohne Migrationshintergrund (Stanat et al. 2000: 14). Abgebildet ist die Differenz der Mittelwerte zwischen Schüler*innen, deren Erstsprache der Sprache des Tests entspricht, und jenen Schüler*innen, die in ihren Familien eine andere Sprache sprechen.

hungsrhetoriken einfacher zu bewerkstelligen, sie verortet Integrationsprobleme auf Seiten der Einwanderer und begründet diese mit ihrer ›kulturellen Ferne‹ zur Mehrheitsgesellschaft« (Diehm/Panagiotopoulou 2011: 10). Wenn Bildungsungleichheit erforscht werden soll, dann muss über die empirischen Daten hinsichtlich der ›Teilhabe‹ am Bildungssystem hinaus auch erforscht werden, wie »Migration« pädagogisch und politisch überhaupt zum Thema gemacht wird. Welche impliziten (negativen) Wertungen und Zuschreibungen sind darin enthalten? Diese Frage betrifft auch pädagogische Ansätze und Forschungsinitiativen zu Bildung und Migration, wie im Folgenden gezeigt werden soll.

Man betrachte die so genannte *Ausländerpädagogik*, die sich in den 1970er Jahren herausbildete. Bereits am Titel ist erkennbar, dass sie ihre Adressat*innen als nicht zu Deutschland zugehörig verstand. Es war denn auch das vorrangige Ziel der Ausländerpädagogik, die Beschulung von Kindern mit Migrationshintergrund so zu organisieren, dass eine Rückkehr in das Herkunftsland möglich blieb. Der Unterricht erfolgte in Nationalklassen, in die die Schüler*innen entsprechend der Sprache zusammengefasst wurden. Der den Kindern mit Migrationshintergrund zugedachte Bildungsanspruch bestimmte sich also aus ihrer Nicht-Zugehörigkeit.

Eine andere Theorierichtung, die in den 1980er Jahren dominant werdende *interkulturelle Pädagogik*, richtete sich konzeptionell auf das Zusammenleben verschiedener Kulturen und der daraus entstehenden Möglichkeit ›voneinander zu lernen‹. Ziele waren der Abbau von Diskriminierung und Vorurteilen sowie die Gestaltung eines respektvollen Miteinanders. In diesem Ansatz wurden zwar Differenzen zum Thema gemacht; sie wurden aber gar nicht mehr als bestehende Ungleichheiten und Benachteiligungen sichtbar, die gesellschaftliche Minderheiten erleben. Die Orientierung an kulturellen Merkmalen und Differenzen blendete zudem aus, dass sich das Thema der Migration nicht in kulturellen Aspekten erschöpft, sondern immer mit vielfältigen sozial- und (gesellschafts-)politischen Aspekten verknüpft ist (z. B. der Staatsbürgerschaft).

Erst die *erziehungswissenschaftliche Migrationsforschung* und *Migrationspädagogik* der vergangenen 20 Jahre hat stark daran gearbeitet, die migrationsgesellschaftliche Realität in Deutschland für eine angemessene pädagogische Reflexion zu erfassen, wie ein exemplarischer Blick auf einige Studien zeigt. In ihren Ausführungen zur »institutionellen Diskriminierung« haben Mechtild Gomolla und Frank-Olaf Radtke (2009) Benachteiligung und Diskriminierung in schulischen Organisationsroutinen und Entscheidungsmustern herausgearbeitet, zum Beispiel dort, wo es um die Übergangsempfehlung von Kindern mit Migrationshintergrund in die weiterführende Schule geht. Diehm et al. (2013) haben in einer Langzeitstudie herausgearbeitet, wie durch Sprachscreening-Instrumente Ungleichheitsverhältnisse in Kindergarten und Grundschule reproduziert werden; denn diese Untersuchungen werden *ungeachtet der jeweilige Erstsprache* der Kinder durchgeführt. Auf diese Weise werden Kinder mit nichtdeutscher Erstsprache als defizitär kategorisiert, während die Testergebnisse von Kindern ohne Migrationshintergrund über das jeweilige Alter eingeordnet werden (ebd.: 649). Merle Hummrich (2009, 2017) hat herausgearbeitet, dass Bildung und Migration oft im Ausschlussverhältnis konzipiert werden: Die Chancenhaftigkeit von Migration als Bildungserfahrung werde nicht wahrgenommen (Hummrich 2017: 481). Mecheril et al. (2013) haben argumentiert, dass Migrationsforschung selbst als eine Normalisierungspraxis verstanden werden muss, da sie ihren Gegenstand nicht einfach abbildet, sondern diesen als außerordentlichen, als Abweichung von der Normalität hervorbringt. Daraus resultiere die hohe Bedeutung von »Kritik« für die Erforschung der migrationsgesellschaftlichen Realität in Deutschland (ebd.: 41ff.).

Es besteht also eine Vielzahl von Praxen und Strukturen, die Ungleichheitsverhältnisse aufgrund von Migration konstituieren oder reproduzieren. Dies schließt pädagogische Institutionen wie auch die wissenschaftliche Forschungspraxis selbst ein. In ihnen vollziehen sich »Reifizierungen«[76] oder sogar Diskriminierungen sowie die Festlegung von Kindern/Jugendlichen als *Andere*, was auch mit dem Begriff des »*Othering*« bezeichnet wird.

Was hier bezugnehmend auf den Sachverhalt der Migration ausgeführt worden ist, ließe sich entsprechend an anderen sozialen Kategorien nachvollziehen, wie z. B. Geschlecht, Behinderung, Religion. Man könnte außerdem der Spur folgen, dass verschiedene Kategorien der Benachteiligung in einem wechselseitigen Verhältnis der Verstärkung zueinander stehen. Die eingangs genannte Lebensgeschichte von Tara Westover führte dies eindrücklich vor. Geschlecht, ländliche Herkunft und religiöse Zugehörigkeit führen nicht nur für sich genommen zu Benachteiligungen. Vielmehr verbinden sie sich.

In den vergangenen Jahren ist unter dem Begriff der »Intersektionalität« eben diese Überlagerung verschiedener Differenzkategorien in ihrer Bedeutung für soziale Ungleichheitsverhältnisse, darunter auch Bildungsungleichheit, zum Thema gemacht worden. Der Begriff wurde zunächst in der US-amerikanischen Diskussion geprägt (Crenshaw 1989), wobei aus der Warte eines »*black feminism*« zunächst Bezüge zu Ge-

---

76 In dem Begriff steckt der lateinische Begriff »*res*« für Sache. Gemeint ist mit »Reifizierung«, dass Personen auf die Kategorien reduziert werden, unter denen sie betrachtet werden.

schlecht und Ethnizität im Vordergrund standen. Katharina Walgenbach (2017a) hält in ihrer Einführung folgende Definition von »Intersektionalität« fest:

»Unter Intersektionalität wird verstanden, dass historisch gewordene Macht- und Herrschaftsverhältnisse, Subjektivierungsprozesse sowie soziale Ungleichheiten wie Geschlecht, Sexualität/Heteronormativität, *Race*/Ethnizität/Nation, Behinderung oder soziales Milieu nicht isoliert voneinander konzeptualisiert werden können, sondern in ihren ›Verwobenheiten‹ oder ›Überkreuzungen‹ (*intersections*) analysiert werden müssen. Additive Perspektiven werden überwunden, indem der Fokus auf das *gleichzeitige Zusammenwirken* von sozialen Kategorien bzw. sozialen Ungleichheiten gelegt wird. Es geht demnach nicht allein um die Berücksichtigung mehrerer sozialer Kategorien, sondern ebenfalls um die Analyse ihrer *Wechselwirkungen*« (Walgenbach 2017a: 55, Hervorh. i. O.).[77]

In dieser Definition von Walgenbach zeigt sich, dass die Ungleichheitsforschung in der Erziehungswissenschaft an einen Punkt gelangt ist, stärker verschiedene Ungleichheitsverhältnisse im Zusammenhang zu betrachten. Zugleich hat sich der Blick auf die Institutionen des Bildungssystems erheblich geweitet: Die Erforschung von Bildungsungleichheiten erfolgt vom vorschulischen Bereich bis zur tertiären Bildung (vgl. Baader/Freytag 2017). Auf diese Weise wird die Beschreibung von Bildungsungleichheit im deutschen Bildungssystem ausdifferenzieren (z.B. die Fortsetzung von Bildungsprivilegien in verschiedenen Studienfächern, vgl. Walgenbach 2017b). Dass die Bildungsreformen seit den 1960er Jahren nicht einfach als Erfolgsgeschichte zu verstehen sind, dass das Bildungssystem nach wie vor stark mit Verweigerung, Othering und Ausschluss operiert – wird weiterhin eine Forschungsaufgabe für die Erziehungswissenschaft sein.

---

77 Walgenbach lässt den im angloamerikanischen Diskurs gebräuchlichen Begriff von »*race*« für ethnisch codierte Differenz unübersetzt, womit auf die problematische ideologische Durchdringung der (Geschichte der) Wissenschaft durch den Begriff der »Rasse« hingewiesen ist. Die Entwicklung der Rassenbiologie des 19. Jh. ist eng mit dem Kolonialismus verbunden, der immer noch die Gegenwart bestimmt, wie sich an aktuellen Auseinandersetzungen um Exponate kolonialer Herkunft in den Museen westlicher Länder zeigt.

Kapitel 10: Ungleichheit, Differenz und Alterität

»Heterogenität« – der pädagogische Umgang mit Differenz

Bis zu diesem Punkt sind Ungleichheitsverhältnisse im deutschen Bildungssystem zur Sprache gekommen. Thematisch wurde dabei auch die Verweigerung und Nicht-Anerkennung von Schüler*innen aufgrund von Geschlecht, Herkunft, Ethnizität, Behinderung etc. Das Thema der Bildungsungleichheit, gerade auch wie es durch PISA seit 2000 wieder in die mediale Öffentlichkeit transportiert worden ist, hat eine Kritik an die Adresse der Schule provoziert, die im Folgenden näher betrachtet werden soll.

Der Vorwurf lautet, dass Schulen in Deutschland Schüler*innen nicht in geeigneter Weise *individuell fördern*. Auf der Grundlage dieser Kritik ist in den vergangenen Jahren unter dem Begriff der »Heterogenität« die Forderung formuliert worden, dass sich pädagogisches Handeln stärker an der Berücksichtigung der *Unterschiedlichkeit* von pädagogischen Adressat*innen orientieren sollte. Wie Hans-Christoph Koller mit Verweis auf die steigende Zahl von Publikationen und Empfehlungen gezeigt hat, ist Heterogenität zu einer pädagogischen »Leitidee« geworden (Koller 2014: 9). Die Bedeutung des Begriffs richtet sich dabei auf sehr unterschiedliche Aspekte, darunter soziale Differenzen (insbesondere im Lichte der oben bereits genannten Differenzkategorien) wie auch unterschiedliche ›Leistungsstände‹ von Schüler*innen (vgl. Budde 2013).

Heterogenität ist also zunächst ein Konzept, das pädagogisch auf die Sensibilisierung für Differenzen der pädagogischen Adressat*innen gerichtet ist. Mit anderen Worten: Pädagogische Fachkräfte sollen ihr professionelles Handeln differenzsensibel ausrichten. Dies führt insbesondere zu einer Umgestaltung von Lehr-Lern-Arrangements in der Schule. Schüler*innen werden danach nicht mehr »als Klasse« unterrichtet, sondern als einzelne Lernende adressiert. Es dominieren (vor allem in der Grundschule) Formen der »Binnendifferenzierung« (Schüler*innen bearbeiten unterschiedliche Inhalte) und individualisierte Lernpraktiken, z. B. durch die eigenständige Erledigung eines Arbeitsprogramms durch einzelne Schüler*innen. Durch diese methodisch-didaktischen Ausrichtungen soll es den Schüler*innen möglich werden, im eigenen Tempo zu lernen. Zugleich soll den Lehrkräften auf diese Weise möglich werden, die individuellen Lernstände der Schüler*innen überhaupt zu erkennen und adäquat darauf zu reagieren. Auf diese Weise erhofft man sich einen angemessenen »Umgang mit Heterogenität«.

Man könnte sich zum Beispiel vorstellen, dass in einem Deutschunterricht beim Thema »Adjektive« verschiedene Lernstationen konzipiert werden, die sich nach Leistungsanforderungen unterscheiden. Übungsaufgaben, welche das Auffinden des gegenteiligen Adjektivs beinhalten, könnten durch variierende Aufgabenformate oder durch unterschiedlich schwierige Begriffe differenziert werden, so dass verschiedene Leistungsniveaus ›abgedeckt‹ würden. Möglich wäre auch, dass durch die Beigabe unterschiedlicher Hilfestellungen und Erläuterungen (z. B. Bebilderungen) verschiedene Lernwege ausdifferenziert würden. Eine weitere Möglichkeit bestände darin, Lernstationen so zu gestalten, dass an ihnen Arbeiten im Tandem zwischen fortgeschrittenen und weniger fortgeschrittenen Schüler*innen stattfinden könnte. Die folgende Abbildung stellt im Anschluss an das so genannte »Churermodell« schematisch das räumliche Arrangement eines binnendifferenzierten Unterrichts dar (Abb. 16). Es ist ein Sitzkreis sichtbar, der für kurz gehaltene Instruktionsphasen verwendet wird. Des Weiteren sind unter Einbezug von Raumteilern Einzel- und Gruppenarbeitsplätze eingerichtet.

Die Chiffre eines »Umgangs mit Heterogenität« setzt auf das Versprechen, die je einzelnen Schüler*innen in einer für sie angemessenen Weise ansprechen und pädagogisch fördern zu können. Artikuliert wird demnach die Aussicht, allen ungeachtet ihrer individuellen Ausgangslage gerecht werden zu können. Dass dies nicht so ganz einfach ist, zeigt sich an den Sortierungen und Ordnungen, die mit dem Begriff »Heterogenität« einhergehen.

Verschiedene Autor*innen haben darauf hingewiesen, dass »Heterogenität« ein Konzept mit einer hohen semantischen Streuung ist. Heterogenität wird gleichermaßen als »Problem«, »Herausforderung«, »Chance« und »Bedingung« von Pädagogik aufgefasst (Koller 2014; Budde 2012). Das aber bedeutet, dass dem Konzept je nach Einordnung eine sehr unterschiedliche Bedeutung für pädagogische Reflexionen zukommt. Es macht einen Unterschied, ob »Heterogenität« als etwas verstanden wird, mit dem eine Lehrkraft ›fertig werden muss‹ oder ob da-

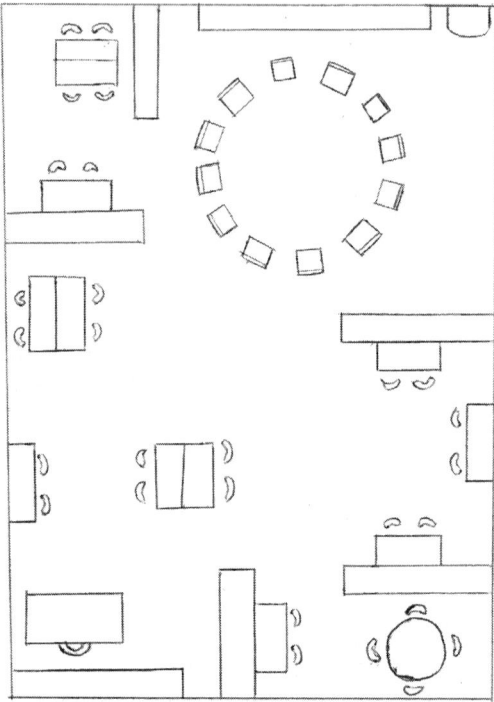

Abb. 12: Schematische Darstellung eines Raumarrangements für einen binnendifferenzierten Unterricht

rin eine Handlungsressource für das Unterrichten gesehen wird. Dem Begriff kommt demnach eine »Ordnungsfunktion« zu (Budde 2012, Abschn. 5). Dann aber muss diese ordnende Funktion und wie damit pädagogische Reflexions- und Handlungsprobleme sichtbar oder überdeckt werden, mitbedacht werden.

Zur Kritik am Konzept der »Heterogenität« gehört auch, dass es begrifflich immer nur die Seite der Unterschiedlichkeit betont. Wie wiederholt dargelegt worden ist, ergibt die Feststellung von Unterschiedlichkeit aber nur Sinn vor dem Hintergrund von Vergleichbarkeiten oder geteilten Referenzpunkten (vgl. z. B. Sturm 2016). Dafür steht der Begriff der Homogenität: d. h. die Vergleichbarkeit oder Gleichheit bezüglich eines Merkmals. Heterogenität und Homogenität erscheinen daher aufeinander bezogen – relational. Das impliziert wiederum, dass eine vorrangige Betonung von Heterogenität dahin führt, dass Aspekte von Homogenität oder Homogenisierung aus dem Blickfeld gerückt werden. In diesem Zusammenhang haben Jeanette Böhme und Ina Herrmann (2011) angeführt, dass ungeachtet einer pädagogischen Rhetorik der Heterogenität das Bildungssystem stark an Homogenisierungen orientiert bleibt, was sich zum Beispiel an der Art und Weise zeige, wie »Schule« in Deutschland durch Aussonderung und Zurücksetzung auf Homogenisierung dränge (ebd.: 119). Die gleichen Tendenzen der Homogenisierung sehen die Autorinnen in den Deutungsmustern von Lehrkräften wie auch in den Prozessen der Schulentwicklung. Insgesamt zeigt sich hier, dass ein pädagogischer Diskurs durchaus Verbreitung finden und Dominanz erhalten kann, ohne dass die institutionellen Gegebenheiten und Realitäten berücksichtigt werden.

Ein weiterer Kritikpunkt richtet sich auf die Art und Weise, wie mit »Heterogenität« soziale Differenzen thematisiert werden. Marcus Emmerich und Ulrike Hormel (2013) haben dargelegt, dass durch den Heterogenitätsdiskurs eine folgenreiche Übersetzung zustande kommt. Die Schule stellt nicht nur die Verschiedenheit von Merkmalen fest, die mit der schulischen Praxis selbst zu tun haben (Lernstände, Aufmerksamkeit für den Unterricht etc.). Indem unter »Heterogenität« die Ungleichartigkeit von sozialen Differenzkategorien *als* Bedingungen und Voraussetzungen des Lernens thematisiert werden, bestätigt der Diskurs »kategoriale Andersartigkeit […], die als eine ›vorgefundene‹ soziale Wirklichkeit behandelt und mit pädagogischer Relevanz ausgestattet wird« (Emmerich/Hormel 2013: 154). Die beiden Autor*innen argumentieren also, dass mit Heterogenität soziale Identitäten festgeschrieben werden. Sie werden »ontologisiert«[78]. Dies bedeutet, dass sie als gegebene soziale Wirklichkeiten gehandelt werden.

Mit den Forschungsbeiträgen, die Kerstin Rabenstein und Sabine Reh (2009) zum individualisierten Unterricht eingebracht haben, soll ein weiterer Kritikpunkt aufgenommen werden, der einer einfachen di-

---

78 Der Ausdruck *»to on«* bedeutet im Altgriechischen das Seiende – also das, was als zum Sein von Sache/Person zugehörig erscheint.

daktischen Übersetzung von Heterogenität widerspricht. Rabenstein und Reh zeigen auf, wie mit den Diskursen und Praktiken eines individualisierenden Unterrichts zugleich eine Pathologisierung[79] der Unaufmerksamen in Gang kommt. In dem Maße, wie Kinder zunehmend aus der Perspektive eines selbständigen Lernens betrachtet werden, erscheinen alle jene Kinder, denen die eigenständige Arbeit schwer fällt, als eine Abweichung von der Norm. Damit zeigt sich, dass ein individualisierender Unterricht nicht per se als Lösungsschlüssel für den Umgang mit der Heterogenität der Schüler*innen verstanden werden kann.

Durch die genannten Kritikpunkte wird die Aufmerksamkeit auf die Kontexte, Bedingungen und Rahmungen gerichtet, auf die sich die Rede von der Heterogenität stützt. Deutlich wird dabei, dass mit dem Sprechen von der »Heterogenität« pädagogisches Denken und Handeln in spezifischer Weise sortiert und geordnet wird. Alfred Schäfer (1989) hat dies als »pädagogischen Wirklichkeitsentwurf« beschrieben. Ein didaktisches Handlungskonzept zur Heterogenität der Lernenden (z. B. bei der so genannten Binnendifferenzierung) transportiert in sich eine spezifische Vorstellung, was die Aufgabe und Verantwortung der Lehrkraft ist: Dazu gehört beispielsweise die Bereitstellung von verschiedenen Lernumgebungen oder Stationen mit unterschiedlicher Schwierigkeit (und weniger die Aufgabe, als Sachwalter*in der Unterrichtsinhalte aufzutreten). Ebenso transportiert dieser pädagogische Wirklichkeitsentwurf spezifische Vorstellungen von ›guten Schüler*innen‹. Die oben angeführten Kritikpunkte am Diskurs über Heterogenität lassen sich als kritische Untersuchung und Reflexion dieses »pädagogischen Wirklichkeitsentwurfs« begreifen. Eine solche ist deswegen unverzichtbar, weil es keine Letztbegründung[80] gibt, pädagogisches Denken und

---

79 »Pathologisierung« beschreibt eine Darstellung, welche die Person als krankhaft oder anomal erscheinen lässt.
80 Die Unmöglichkeit einer Letztbegründung impliziert eine Unentscheidbarkeit im Hinblick auf das Sosein der Wirklichkeit: Ebenso wie kein letzter Grund angegeben werden kann, ob man das Glas angemessener als »halb voll« oder »halb leer« bezeichnet, wird man nicht bestimmen können, ob ein pädagogischer Sachverhalt durch Bezugnahme auf »Heterogenität« am angemessensten beschrieben ist. Dafür bedürfte es eines absoluten Vergleichsmaßstabs, der uns nicht zur Verfügung steht.

Handeln *genau so* verstehen zu müssen. Die Angemessenheit dieses Wirklichkeitsentwurfs bleibt letztlich eine Aufgabe der erziehungswissenschaftlichen Reflexion.

Aus allgemein erziehungswissenschaftlicher Perspektive muss also gefragt werden, welche Folgen die Beschreibung für das Beschriebene haben. Dies gilt insbesondere für das pädagogische Gegenüber. Hier setzt der Begriff der »Alterität«, der »Andersheit« bzw. »Fremdheit« an. Wie Michael Wimmer (2014b) gezeigt hat, lässt sich mit diesen Stichworten die hier vollzogene Kritik an der Heterogenität schärfen. Nach Wimmer wird in der Rede von »Heterogenität« Verschiedenheit immer schon als etwas identifiziert, was sich einordnen lässt. Die Verschiedenheit der Schüler*innen wird zu einer Kombination identifizierbarer Merkmale:

> »Nahezu durchgängig wird in der einschlägigen Literatur nur diejenige Form von Heterogenität thematisiert, die man als relative Verschiedenheit im Sinne individueller Besonderheit vor dem Hintergrund eines von allen geteilten Allgemeinen kennt oder als Modifikation desselben. Ausgespart wird dadurch diejenige Verschiedenheit, die nicht im Medium des Allgemeinen identifiziert und miteinander verglichen werden kann, d. h. diejenige Fremdheit, die unvergleichlich, irreduzibel konflikthaft und nicht homogenisierbar ist« (Wimmer 2014b: 228).

Wimmer argumentiert, dass Verschiedenheit und Differenz in der Rede von »Heterogenität« immer schon relativiert oder reduziert werden. Damit vollzieht sich eine geradezu paradoxale Verkehrung: Der Anspruch des Heterogenitätsdiskurses, Verschiedenheit in den Blick zu bringen, gelingt aus Sicht von Wimmer gerade nicht. Unterscheidungen und Identifizierungen werden vollzogen, ohne sich noch die Frage zu stellen, inwiefern sich die singuläre Einzigartigkeit der Schüler*innen dadurch einholen lässt.

Ein pädagogisches Denken der Alterität

Der zuletzt mit Michael Wimmer aufgerufene Kritikpunkt verweist auf eine zentrale Problemfigur des Pädagogischen: die Frage danach, *wer jene sind*, um deren Lernen und Aufwachsen es den Lehrenden, den Erziehenden etc. geht; denn dies kennzeichnet das pädagogische Verhältnis in einer spezifischen Weise. Wie sich die Bruchrechnung für jene darstellt, die mit den mathematischen Denkoperationen und den zugehörigen Darstellungsformen unvertraut sind, erscheint ebenso *unvordenklich* wie die je individuelle Situiertheit des Aufwachsens und der bildenden Veränderungen des Selbst. Damit ist nicht gemeint, dass es Pädagogik mit radikalem Unverständnis und Nicht-Wissen zu tun hätte, so als könnte man gar nichts darüber sagen und wissen, wie sich Schüler*innen die Bruchrechnung aneignen. Gemeint ist damit zunächst, dass pädagogisches Denken und Handeln sich im Horizont einer Teilung und Asymmetrie bewegt, die nicht einfach übergangen werden kann. Egal mit welchen didaktischen Konzepten die Mathematiklehrkräfte aufwarten: Es bleibt dabei, dass es nicht um ihr Lernen geht, sondern um das ihrer Schüler*innen – je besonders.

In der klassisch pädagogischen Tradition ist dieser Aspekt der Fremdheit bzw. Alterität als Ausgangspunkt der modernen Pädagogik beschrieben worden (vgl. Schäfer 2007). Es sei insbesondere Rousseau gewesen, der den Anspruch der Erziehung darin gesehen habe, den Kindern *als* Kindern gerecht zu werden (ebd.). Dies bedeutet, dass sie nicht einfach wie Erwachsene gesehen oder behandelt werden können. Es bedeutet auch, dass sie nicht aus der Defizitperspektive des »Noch-nicht-Erwachsenen« betrachtet werden sollten. Wenn Rousseau in seinem Erziehungsroman schreibt: »Die Kindheit ist etwas uns vollkommen Unbekanntes – mit den falschen Vorstellungen, die wir davon haben, gehen wir mehr und mehr in die Irre« (Rousseau 1995: 102), so kritisiert er, dass in der weiten und breiten Landschaft von Erziehungsansätzen nicht einmal die Frage gestellt wird, was »Kindsein« und »Kindheit« ausmachen. Immer dann zum Beispiel, wenn davon gesprochen wird, dass Kinder dies oder jenes *noch nicht* verstehen können, wird ihre Verfassung ausgehend vom Maßstab des Erwachsenseins beschrieben. Die Erwachsenen werden damit implizit als »Normalmenschen« gesetzt, zu dem das Kind die Abweichung darstellt.

Kinder als Wesen eigenen Rechts zu betrachten, impliziert also, sich überhaupt erst einmal zu fragen, was Kindsein und Kindheit ausmachen. Diese Frage befremdet. Etwas, was als bekannt galt, eine (zurückliegende) Lebensphase wird zum Anlass, (früheren) Weltsichten und Erfahrungsräumen nachzugehen. Auf dieser Grundlage stellt sich die Frage, wer wir für jene sein können, in einer neuartigen Weise.

Wie aber kann Alterität und Fremdheit eingelöst werden? Der Philosoph Burkhard Liebsch (2007) hat an einer Rousseau-Lektüre aufgezeigt, dass auch Rousseau der Fremdheit des Kindes nicht gerecht wird; denn dieser orientiert sich an Alter und Lebensphasen. So einleuchtend auf den ersten Blick ist, das pädagogische Handeln an einer »Altersgemäßheit« festzumachen, so zeigt sich doch auf den zweiten Blick, dass damit die Fremdheit des Kindes ebenfalls reduziert wird. Wieder kommt ein Kategorienschema zum Einsatz, welches das Feld pädagogischen Denkens und Handelns ordnet – und damit erneut die Frage ausräumt, wer das Gegenüber ist.

»Alterität« und »Fremdheit« verweisen dagegen auf die Singularität und Unverwechselbarkeit der Anderen, auf das, was sich meinen identifizierenden Einordnungen und Zuschreibungen widersetzt. Jan Masschelein und Michael Wimmer haben das einmal folgendermaßen formuliert:

> »Die Adressaten von Erziehungs- und Bildungsanstrengungen stellen seither Theorie und Praxis der Pädagogik vor das Problem des Anderen, dessen Andersheit es zu verstehen und zu achten gilt, wenn Erziehung ihr Ziel erreichen will und Bildung nicht nur möglich bleiben, sondern wirklich werden soll« (Masschelein/Wimmer 1996: 11).

Die Autoren betonen, dass die Zuwendung zum Anderen im Sinne des Erkennens und des Anerkennens zum Kern pädagogischer Theorie und Praxis gehört. Damit ist zugleich impliziert, dass pädagogisches Denken und Handeln eine ›Grenze‹ besitzen, die mit der Andersheit der Anderen zu tun hat. Es zeichnet sich damit ab, dass zum pädagogischen Denken und Handeln eine »Paradoxie« gehört: den Anderen gerecht werden zu müssen, dies aber eigentlich nicht zu können (Wimmer 2007). Was nun den Umgang mit dem Paradoxieproblem in der Pädagogik betrifft, dominierte, so Michael Wimmer (2006), der Versuch, Alterität und Fremdheit zu bewältigen und zu überwinden. Es ging immer darum, das Unverstandene durch eigene Verstehensanstrengungen aufzulösen, um die eigene Handlungsmacht herzustellen bzw. wiederzugewinnen. Nach Wimmer stellt auch der Diskurs um Heterogenität eine solche

Strategie dar: Andersheit und Unterschiedlichkeit werden sortiert und geordnet. Damit verbunden sind letztlich eine Neutralisierung der Andersheit und eine Weigerung, diese anzuerkennen.

Was folgt theoretisch und praktisch aus »Alterität«? Es scheint kein Kriterium zu geben, an dem die Angemessenheit pädagogischen Denkens und Handelns festgemacht werden kann. Wie Kerstin Jergus (2017b) kürzlich gezeigt hat, folgt daraus aber nicht Indifferenz oder Gleichgültigkeit, so dass es gar nicht mehr auf Wissen ankäme. Dass im Verhältnis zum pädagogischen Gegenüber kein Wissen die Ansprüche gänzlich einlösen kann, den anderen gerecht zu werden, erneuert vielmehr beständig die Frage, wie ein Denken und Handeln aussehen könnte, das Gerechtigkeit in Aussicht stellt. Hier kann mit dem französischen Philosophen Jacques Derrida (1991) weitergedacht werden: Derrida versteht »Gerechtigkeit« im Sinne einer Nicht-Konzeptualisierbarkeit – einer Haltung, die offen hält. Anstatt auf positivierte Konzepte zu setzen, wie z. B. Leistung, Eigenschaft, errungenes Wissen, wird die Unabschließbarkeit hervorgehoben (vgl. Jergus 2017b: 207).

Wer beginnt, ausgehend von Alterität zu denken, und also in seinem Denken mitführt, dass die Anderen in den angelegten Kategorien nicht aufgehen, nimmt auch eine analytische Spur hinsichtlich der sozialen und pädagogischen Praxis auf: Wieso wird im Rahmen eines Sprachtests zwischen Kindern mit und ohne Migrationshintergrund unterschieden? Welche Folgen resultieren daraus? Was folgt daraus, dass die soziale Welt in zwei Geschlechter geteilt wird – und was wird dadurch verworfen oder ausgeschlossen? Das Konzept der Alterität fordert dazu auf, diesen Identifizierungen und Rubrizierungen, mit denen Wertungen und Wertigkeiten einhergehen, zum Gegenstand einer kritischen Analyse zu machen.

Kapitel 11: Die Frage nach dem Menschen – (post-)humanistische Perspektiven

Der katalanisch-britische Künstler Neil Harbisson (*1984) versteht sich als erste Person, die von behördlicher Seite als »Cyborg«, als Mensch-Maschine-Verbindung anerkannt worden ist. Harbisson kam zur Welt, ohne Farben wahrnehmen zu können. In Zusammenarbeit mit einem Kybernetik- und Computerspezialisten entwickelte Harbisson im Jahr 2004 ein Gerät, das ihm ermöglicht, Farben durch akustische Signale wahrzunehmen. Der so genannte »Eyeborg« – so wurde von den beiden die Farbantenne bezeichnet – übersetzte das sichtbare Farbenspektrum in das akustische Spektrum einer Oktave (Tonintervall von 8 Tönen). Farben der Umgebung wurden also in akustische Signale entsprechender Tonhöhen übersetzt und zunächst durch einen Kopfhörer an Harbisson übermittelt.

Nach einem längeren Prozess der Eingewöhnung und Aneignung folgten in den darauffolgenden Jahren technische Weiterentwicklungen. Nachdem sich Harbisson mit den Klängen vertraut gemacht hatte, wurde das Gerät erweitert. Das sichtbare Farbspektrum wurde in 360 Segmente, also in 360 Töne unterteilt, die Harbisson nach einer Sensibilisierungsphase wahrzunehmen vermochte. Des Weiteren wurde durch die Lautstärke die Sättigung der Farbe wiedergegeben. Eine andere Weiterentwicklung bestand in einer veränderten Übertragung der akustischen Signale. Im Jahr 2010 wurde ein Chip konzipiert, der an Harbissons Hinterkopf angebracht wurde und der die akustischen Signale über den Schädelknochen leitete. Drei Jahre später wurde dieser Chip fest mit Harbissons Schädelknochen verbunden.

Zu diesem Zeitpunkt hatte sich schon längst die Frage gestellt, wie der Eyeborg in Bezug auf die Person einzuschätzen ist. Als Harbisson noch eine Computereinheit mit Kopfhörer umhertrug, konnte man argumentieren, dass es sich dabei um ein ausgleichendes Zusatzgerät handelte – wie eine Brille oder eine Beinprothese. Mit der Einpflanzung des Geräts änderte sich das. Als Harbisson einen neuen Pass beantragen musste, führte Harbisson an, dass das Gerät als Teil seiner Person zu betrachten sei. Die Behörden verweigerten zunächst die Aufnahme der Farbantenne auf dem Passbild. Nach Protesten und Unterstützungsschreiben wurde das Gerät schließlich von den Behörden akzeptiert (vgl. Harbisson 2013).

Die zuletzt genannte Auseinandersetzung mit den Behörden geht über eine bürokratische Perspektive hinaus; denn Harbisson trat mit der Auffassung auf, dass das Gerät als Teil seines Körpers betrachtet werden sollte. In der Tat verwischt im Prozess der Nutzung und Weiterentwicklung des Eyeborgs zunehmend die Grenze zwischen dem Menschlichen und dem Maschinellen. Ab wann ist Harbisson nicht mehr einfach nur als Mensch mit Hilfsmittel zu betrachten, sondern als »Cyborg« – als Wesen, in dem Mensch und Maschine untrennbar verbunden sind? Am Beispiel der zunehmenden Erweiterung des »Sichtspektrums« lässt sich die Frage erläutern. Im Jahr 2009 entschied sich Harbisson dafür, mit seiner Wahrnehmung über das sichtbare Spektrum hinauszugehen. Er implementierte nun jene akustischen Signale, die Übersetzungen des für Menschen *nicht sichtbaren* Lichtwellenspektrums sind. Damit konnte er Infrarot-Überwachungssysteme wahrnehmen oder auch, ob an diesem oder jenem Tag die Gefahr eines Sonnenbrands bestand (vgl. Harbisson 2013). Von da an war der Eyeborg nicht mehr an der Kompensation des Sehvermögens orientiert, wie dies beispielsweise mit einer Brille der Fall ist. Die Antenne war zum Instrument eines Verbesserungsprozesses geworden, aus dem immer weitere Ideen hervorgehen konnten, das Wahrnehmungsfeld zu verändern bzw. zu erweitern. Dementsprechend hat Harbisson die Antenne einmal als »*cibórgano*« (also als Organ und funktionalen Bestandteil des Körpers) bezeichnet (Harbisson 2016). Die gesamte Entwicklung versteht Harbisson als »künstlerische Kultivierung des eigenen Körpers« (ebd.). Mittlerweile gehört dazu auch die Möglichkeit, dass andere Menschen über das Internet direkt mit ihm in Kontakt treten können und ihm Farbtöne ›senden‹ können.

An dem von Harbisson verwendeten Begriff der »Kultivierung« zeigt sich die pädagogische Dimension des hier geschilderten Falls. Denn ein

Kapitel 11: Die Frage nach dem Menschen – (post-)humanistische Perspektiven

wesentlicher Ausgangspunkt der Pädagogik war die humanistische Vorstellung der Selbstkultivierung des Menschen im Sinne von »Bildung« (▶ Kap. 5). In der Renaissance wurde die Verbesserung und Veredelung des Menschen als Möglichkeit der Selbsterschaffung gedacht (vgl. dazu Ruhloff 1993). Die Vorstellung einer Überschreitung der Grenzen, die dem Menschen gesetzt sind, ist ein Motiv, das tief in der Kultur der westlichen Moderne verankert ist. Das zeigt sich beispielhaft an dem Einsatz von Wissen und Technologie, um in den Weltraum zu gelangen oder auch um den Tod zu überwinden – man denke hier an die literarische Figur des »Frankenstein«.

Mittlerweile wird die Konstitution des Menschen als etwas betrachtet, das einer technologischen Erweiterung und Verbesserung sogar *bedarf*. Wenn es nach Vertreter*innen des so genannten Transhumanismus geht, dann sollten die den Menschen zur Verfügung stehenden technischen Mittel offensiv für seine Verbesserung und Optimierung eingesetzt werden (vgl. More 2013). Es dürfte unmittelbar einleuchten, dass eine technische Veränderung geistiger Fähigkeiten, z. B. ein durch Neurodrogen verbessertes Gedächtnis, unmittelbar pädagogische Konsequenzen hat; denn damit verändert sich, welche Bedeutung dem Lernen und der Lerntätigkeit zugemessen wird. Mit dem Transhumanismus ist allgemein die Frage aufgeworfen, was überhaupt als »Leistung« des Menschen zu verstehen und diesem zuzurechnen ist, was wiederum in einer Gesellschaft, die Lebenschancen nach Leistungen zu vergeben gedenkt, Probleme der Vergleichbarkeit und Gerechtigkeit aufwirft. Transhumanistische Diskurse und Praxen verändern also, was als ›Natur des Menschen‹ gedacht wird. Damit verschiebt sich zugleich, was unter einer »Kultivierung« menschlicher Fähigkeiten begriffen wird.

Der zentrale Ausgangspunkt dieses Kapitels ist, dass in pädagogischen Ansätzen immer ein »Menschenbild« impliziert ist. Umgekehrt ziehen bestimmte Menschenbilder immer Vorstellungen von Erziehen, Lernen, Bildung etc. nach sich. Auch der bereits angesprochene humanistische Bildungsbegriff ist mit einem bestimmten Menschenbild verbunden: In ihm wird der Mensch als ein geistiges Wesen gesehen, das sich und seine Welt gestalten will. Wie leicht einzusehen ist, liegt in Menschenbildern eine enorme Macht; denn mit solchen Bildern wird das bestimmt, was den Menschen als Menschen ausmacht. Zugleich treten andere Gesichtspunkte in den Hintergrund oder sie werden sogar abgewertet. Die Beschreibung des Menschen als rationales Wesen hat beispielsweise eine gewisse Zurückstellung von Emotionalität und Leiblichkeit zur Folge. Ein Blick auf diese Rationalitätsgeschichte zeigt, dass der rationale Mensch als Mann gedacht wurde und demgegenüber die Frau als emotionales Wesen in eine nachgeordnete Position gerückt wurde. Aber, so könnte man fragen, wie gelangt man eigentlich zu einem Urteil, was den Menschen als Menschen ausmacht?

In diesem Kapitel soll zunächst nachvollzogen werden, wie Menschenbilder und Pädagogik zusammen gedacht werden. Es wird beispielhaft ein Ansatz aus der so genannten philosophischen Anthropologie aufgegriffen. Die von Arnold Gehlen im 20. Jahrhundert formulierte These vom »Menschen als Mängelwesen« steht im engen Zusammenhang mit einer Vorstellung von Erziehung, die als Kompensation dieses Mangels gedacht wird. Im zweiten Schritt sollen die systematischen Schwachstellen von anthropologischen Konzeptionen aufgezeigt werden. Im dritten Schritt wird exemplarisch gezeigt, dass die Anthropologiekritik auch auf die gegenwärtigen Diskurse des Transhumanismus bezogen werden können. Das Kapitel schließt mit einem kritisch-posthumanistischen Einsatz. Aufgeworfen wird die Frage, wie in einer Zeit, in der die Menschen über das Schicksal des Planeten entscheiden (»Anthropozän«), eine lebbare Zukunft überhaupt aufrechterhalten werden kann.

Der Mensch als Mängelwesen – eine anthropologische Begründung der Erziehung

Schon in der griechischen Antike wurde der Mythos erzählt, dass der Mensch bei seiner Erschaffung im Gegensatz zu den Tieren zurückstehen musste. In Platons Dialog »Protagoras« ist dieser Mythos nachzulesen: Die beiden Titanen Prometheus und Epimetheus erhalten den Auftrag, alle erschaffenen Wesen mit Gaben auszustatten, um deren Überleben zu sichern (Prot. 320b–323a). Der nicht vorausschauend handelnde Epimetheus[81], der sich der Aufgabe annimmt, stellt zum Ende seiner Arbeit fest, dass er alle Gaben – die Fähigkeiten zu fliehen, sich zu schützen, sich zu verstecken etc. – unter den Tieren verteilt hat. Der Mensch droht leer auszugehen. Prometheus, der die Arbeit seines Bruders überprüft und den Mangel feststellt, stiehlt von den Göttern die Handwerkskunst und das Feuer, um das Überleben der Menschen zu sichern. In der Fortsetzung des Mythos zeigt sich, dass auch damit das Leben der Menschen noch nicht gesichert ist. Erst als Zeus den Götterboten Hermes beauftragt, den Menschen politische Gaben zu bringen, können die Menschen ihr Leben führen.

In der philosophischen Anthropologie, die im 20. Jahrhundert floriert, wird eine Variante dieses Mythos immer wieder aufgegriffen. Es ist die Denkfigur einer »fehlenden Ausstattung« des Menschen im Vergleich zum Tier. Der Philosoph Arnold Gehlen (1904–1974) hat in diesem Zusammenhang den Ausdruck vom Menschen als »Mängelwesen« geprägt. In seinem erstmals 1940 erschienenen Werk »Der Mensch. Seine Natur und seine Stellung in der Welt« beschreibt Gehlen den Menschen als »biologisches Sonderproblem« (Gehlen 1940: 1). Gehlen greift biologische Studien seiner Zeit auf, welche die anatomische Entwicklung des Menschen mit anderen Lebewesen vergleichen und zu dem Schluss kommen, dass die Entwicklung des Menschen, z. B. mit Blick auf die Schädelknochen oder die Behaarung, im Vergleich zum Tier verzögert ist. Gehlen beschreibt aus dieser Warte die anthropologische Verfasstheit des Menschen folgendermaßen:

> »Es ist ein höchst komplizierter, ein wunderbarer Aufbau von Leistungen erfordert, damit ein Wesen von *gerade dieser leiblichen Verfassung* morgen und nächste Woche und nächstes Jahr noch leben kann. [...] [D]er Mensch ist das noch nicht festgestellte Tier, er ist irgendwie nicht ›festgerückt‹. Er ist, wie wir auch sagten, ein Wesen, welches in sich eine Aufgabe vorfindet – und gerade deshalb braucht er eine Deutung seiner selbst [...]. [D]ie Natur hat dem Menschen eine Sonderstellung angewiesen, oder anders gesagt, sie hat im Menschen eine sonst nicht vorhandene, noch nie ausprobierte Richtung der Entwicklung eingeschlagen, sie hat ein neues Organisationsprinzip zu erschaffen beliebt. Zu diesem gehört, daß der Mensch in seinem bloßen Dasein eine Auf-

---

81 Darin liegt gerade die Bedeutung der Namen: Prometheus (vorausdenkend) und Epimetheus (im Nachhinein denkend).

gabe vorfindet, daß sein Dasein seine eigene Aufgabe und Leistung wird, ganz elementar: es ist schon für ihn eine beträchtliche Leistung, nächstes Jahr noch zu leben, und zu dieser Leistung müssen die gesamten Fähigkeiten des Menschen von ihm selbst gebraucht werden« (ebd.: 9f.).

Auf den ersten Blick schließt Gehlen an den antiken Mythos von Epimetheus und Prometheus an. Der Mensch kommt als Wesen mit einer für das Überleben defizitären Ausstattung auf die Welt. Dies zeigt sich nach Gehlen an der Fülle anatomischer Untersuchungen, die nach dem Aufkommen von Darwins Evolutionstheorie zu einem großen Forschungsschwerpunkt in der ersten Hälfte des 20. Jahrhunderts wurden (hier geht es etwa um die Gestalt und Entwicklung der Wirbelsäule des Menschen, von Hand und Fuß, Gebiss und Schädel etc.). Auf den zweiten Blick zeigen sich dann die Differenzen zwischen der mythischen Erzählung und Gehlens Argumentationsstrategie. Im Mythos erhält der Mensch zwei Formen der »Zugaben«: Da sind einmal die Handwerkskunst und das Feuer, die sich als kompensatorische Instrumente verstehen lassen (z. B. das wärmende Feuer für den unbehaarten Menschen). Dann aber gibt es noch ein Geschenk, das Zeus den Menschen überbringen lässt: Dies ist die Gabe zum Zusammenleben mit anderen Menschen.

Gehlen bleibt in seiner Interpretation bei der körperlichen Ausstattung des Menschen stehen und interpretiert das Leben des Menschen als von der grundsätzlichen Aufgabe geprägt, *überleben* zu können. Es ist schon eine beträchtliche Leistung, wie Gehlen argumentiert, im nächsten Jahr noch zu leben, wenn ein Wesen so mängelbehaftet ist wie der Mensch. In eine solche Argumentation gehen zwei Voraussetzungen ein. Die eine besteht darin, den Menschen in seiner Beschreibung als natürliches Wesen *vor* jeder geistigen und sozialen Entwicklung zu denken. Ein solches Wesen hätte in diesem Moment die Aufgabe des Überlebens zu bewältigen. Einen solchen Zustand – einen so genannten Urzustand oder Naturzustand – gibt es allerdings nicht; er stellt eine Konstruktion dar. In der Rede von einem »›unausgestatteten‹ Menschen«, dessen Hauptaufgabe darin besteht, sein Überleben zu sichern, wird diese Konstruktion immer schon vorausgesetzt. Darauf wird später zurückzukommen sein.

Die zweite Voraussetzung besteht darin, dass Gehlen versucht, den Menschen insgesamt aus seiner physiologischen und biologischen Verfassung heraus verständlich zu machen. Hintergrund für diese Argumentationsstrategie Gehlens ist, dass er, anders als die vorausgehende Philosophie der Neuzeit, in seiner Beschreibung das Körperliche und das Geistige nicht getrennt denken will.[82] Allerdings vollzieht sich dieser Schritt letztlich dadurch, dass alles am Menschen Wesentliche quasi in eine biologische Sprache übersetzt wird. Dies kann beispielhaft aufgezeigt werden an der Art und Weise, wie Gehlen die menschliche Sprache beschreibt.

> Die Sprache, so Gehlen, »wächst [...] wahrhaft organisch aus dem Unterbau *menschlichen* Sinnes- und Bewegungslebens heraus, in denselben Strukturen, mit denselben Worten beschreibbar, so daß sie zuletzt, im Denken, im Bewußtsein die gesamte Entwicklung der menschlichen Leistungen zusammenführt und schließt« (Gehlen 1940: 257, Hervorh. i. O.).

In diesem Zitat wird die Sprache als Entwicklungsfolge einer physiologischen Konstitution dargestellt, wobei die Sprachentwicklung des Einzelmenschen als Ausgangspunkt gewählt wird. Dabei wird der Entwicklungsschritt selbst mit biologischen Metaphern angereichert: Die Sprache »wächst organisch« aus dem Lebensverlauf – so heißt es bei Gehlen. Der Ansatz Gehlens beschreibt also das Ganze des Menschen über eine biologische Entwicklungsvorstellung.

Wie nun denkt Gehlen »Erziehung« im Rahmen seiner Anthropologie? Es wird nicht verwundern, dass nach Gehlen alle sozialen Institutionen und kulturellen Praxen darauf ausgerichtet sind, eine Kompensation des Mängelwesens »Mensch« und eine *Stabilisation* seiner Überlebensmöglichkeiten zu erreichen. In seinem 1956 erschienenen Buch »Urmensch und Spätkultur« argumentiert Gehlen, dass das Handeln eines instinktentbundenen und weltoffenen Wesens nur dadurch »effektiv« und »auf Dauer gestellt« werden kann, dass es Institutionen gibt, welche diese Funktion der Stabilisierung ermöglichen (Gehlen 1956: 47ff.).

> Die »Stabilisierung besteht darin, daß die Menschen sich zu je ganz bestimmten, vereinseitigenden, perspektivischen Inhalten der Außenwelt, ihrer eigenen

---

82 Hierfür steht der so genannte »Leib-Seele-Dualismus«. Dieser wurde beispielsweise von René Descartes vertreten: Er unterschied zwei Substanzen in der Welt: die Sphäre der ausgedehnten Dinge (»*res extensa*«) und die Sphäre des Geistigen, der Gegenstände des Denkens (»*res cogitans*«).

menschlichen Natur und ihrer Denkbarkeiten entscheiden, und daß sie diese Entscheidungen eben durch ihre Institutionen hindurch festhalten« (ebd.: 100).

Mit Institutionen werden nach Gehlen Sinnvorstellungen, Normen, Handlungsweisen etc. ausgewählt und verknüpft, um aus den vielfältigen Möglichkeiten eines weltoffenen Wesens eine stabile Lebensform zu gewinnen. Sie antworten damit – aus der Perspektive Gehlens – auf das »naive und tiefe Bedürfnis des Menschen nach Stabilität der Welt« (ebd.: 63). Im Lichte dieser Beschreibung zielt dann auch die »Erziehung« (im Sinne einer Institution des Generationenverhältnisses) auf Tradierung und Stabilisierung: Die nachwachsende Generation soll sich jene Haltungen und Denkweisen aneignen, die den gesellschaftlichen Institutionen entsprechen, welche ja das Leben des Menschen als Überleben ermöglichen. Erziehung wird damit selbst zu einem wichtigen Prozess in der Aufrechterhaltung bzw. Herstellung eines Lebensraums, in dem die Möglichkeit des Überlebens gesichert wird. »Erziehung« wird also dem Zweck der Daseinserhaltung bzw. -bewältigung unterstellt. Damit nun geben die Institutionen den Menschen die Orientierung an der Daseinsbewältigung vor.

An seine Theorie schließt Gehlen eine Kritik gegen den, wie er sagt, »Subjektivismus« seiner Zeit an. Mit »Subjektivismus« bezeichnet Gehlen Positionen, die sich in den 1950er und 1960er Jahren entwickeln und die sich als Kritik und Protest gegen die Gesellschaft der Gegenwart wenden.[83] Die dort formulierten Proteste wandten sich kritisch an die Adresse gesellschaftlicher Institutionen, allen voran die Erziehungsinstitutionen, wie Heime, Kindertagesstätten und Schulen. Die Kritik schloss die bestehende Ausrichtung auf Disziplin und Strafe ein, denen das Individuum unterworfen sei (vgl. z. B. die so genannte »Heimkampagne«). Gehlen interpretierte nun diese Kritik gemäß seiner Institutionentheorie als destabilisierend und kulturzersetzend. Man kann also sagen, dass Gehlen die Weltoffenheit des Menschen durch eine insgesamt strukturkonservative Sicht auf Gesellschaft und Kultur grundiert.

---

83 Diese sozialen Bewegungen und Umbrüche, die sich international vollzogen haben, werden heute mit der Chiffre »1968« gefasst.

Kritik der Anthropologie und historische Wendung

Bis zu diesem Punkt ist das Gerüst von Gehlens Institutionentheorie deutlich geworden: Ausgehend von der Auffassung vom Menschen als Mängelwesen wird Institutionen eine kompensierende bzw. stabilisierende Funktion zugesprochen. Die Betrachtung von Kultur und Gesellschaft erfolgt damit aus der Perspektive der Stabilität des Ganzen. Das zieht eine Kritik an der so genannten 68er-Generation nach sich. Von Gehlen werden diese Positionen als »Subjektivismus« bezeichnet, weil sie Institutionen und Kultur aus ihrer anthropologischen Sicherungsfunktion herauslösen würden. Mit dem Subjektivismus assoziiert Gehlen daher eine Zerstörung von Kultur und Gesellschaft. Auch wenn mit dieser Darstellung nur das Gerüst von Gehlens Studien angesprochen ist und diese damit nicht als ausgeschöpft gelten kann, wird doch das Problem einer anthropologisch argumentierenden Theorie deutlich.

Anthropologische Argumentationen bewegen sich auf der *allgemeinsten* Ebene: Sie formulieren Zusammenhänge, die eine sehr weitreichende Geltung beanspruchen. Gehlen versteht den Menschen an und für sich als »biologisches Sonderproblem« – und er spricht über Institutionen insgesamt und überhaupt im Lichte seiner anthropologischen Betrachtungsweise. Dabei werden argumentative Verbindungen hergestellt, die sich letztlich zirkulär verstärken: im vorliegenden Zusammenhang die Verbindung zwischen dem biologischen Sonderwesen »Mensch« und der sozialen Stabilisierung durch Institutionen.

Weil anthropologische Begründungsstrategien darauf hinauslaufen, den Menschen in einer bestimmten Weise zu definieren und als wesensangemessen zu beschreiben, hat der Pädagoge Theodor Ballauff anthropologische Argumentationen als ›ersatztheologisch‹ gekennzeichnet (Ballauff 2000: 23). Die Anthropologie Gehlens wie auch andere Anthropologien bemühen sich um die Bestimmung eines grundlegenden Wissens, aus dem dann eine weitreichende Deutungs- und Bestimmungsmacht über den Menschen resultiert. Eine solche Bestimmung des menschlichen Ursprungs wird daher von Ballauff mit einer Theologie verglichen, in der bekanntlich Gott den machtvollen Ursprung von Welt und Mensch bildet.

Der Philosoph und Kulturwissenschaftler Dietmar Kamper (1936-2001) hat von dieser Beobachtung ausgehend argumentiert, dass anthropologische Argumentationen zu schwerwiegenden Verkürzungen neigen.

Es wird, so Kamper, in der anthropologischen Reflexion »übersehen, daß das Erkennen des (*zu* erkennenden) Menschen immer ein Erkennen des (erkennenden) Menschen ist, selbst dann, wenn es sich um vermeintlich völlig objektive (objektivierte bzw. objektivierbare) Sachverhalte handelt. [...] Der Anthropologe übergeht den unleugbaren Sachverhalt, daß jeder Mensch – potentiell – Anthropologe ist. Eine Interpretation jedoch, die nicht berücksichtigt, daß ihr Interpretandum selbst interpretiert, muß notwendig zu kurzschlüssigen Resultaten führen« (Kamper 1973: 32).

Zur Stoßrichtung von Kampers Kritik: Die objektivierte Frage nach dem Menschen kann der Tatsache gar nicht mehr Ausdruck verleihen, dass es der Mensch ist, der hier die Frage stellt. Ganz im Gegenteil: Die Hoffnung, letztlich ein für alle Mal festzustellen, was den Menschen als Menschen ausmacht, steht in einem widersprüchlichen Verhältnis zu der Tatsache, dass Menschen immer wieder nach ihrem Sein bzw. ihrer Existenz fragen (können). Anthropologische Ansätze streben also an, den Menschen ›dingfest‹ zu machen. So kommt es zu ›verdinglichenden‹[84] Konsequenzen: Menschen beginnen, sich selbst entlang von anthropologischen Bestimmungen zu denken. Damit aber unterwerfen die Menschen ihr Sein diesen Bestimmungen.

Die objektivierende Verkürzung von Anthropologien hat sich bereits exemplarisch in Gehlens Ansatz angedeutet, als von dessen Konstruktion des Menschen *vor* aller sozialen und geschichtlichen Entwicklung die Rede war. Es wird mit einer wie auch immer gearteten »Natur« des Menschen argumentiert, so als könnte man ihn von allen geschichtli-

---

84 Wie im zweiten Kapitel bereits angesprochen, spielt der von Marx geprägte Begriff der Verdinglichung in der Tradition des Materialismus und der Kritischen Theorie eine bedeutsame Rolle. Ulrich Sonnemann, der der Kritischen Theorie nahestand, hat vor diesem Hintergrund ein Werk mit dem Titel »Negative Anthropologie. Vorstudien zur Sabotage des Schicksals« verfasst (Sonnemann 1981).

chen und kulturellen Bedingungen »freistellen«. Michael Wimmer hat in diesem Zusammenhang von »Ursprungsfiktionen« gesprochen (Wimmer 2009: 90f.), welche herangezogen werden, um etwas einer Befragung und Infragestellung zu entziehen. Solche Ursprungsfiktionen argumentieren letztlich dogmatisch, weil sie den fraglichen Gegenstand als natürlich gegeben unterstellen.[85] Es ist aber auch die Weitmaschigkeit und Allgemeinheit anthropologischer Argumentation, welche den Vorwurf einer vorschnellen Generalisierung mit sich bringt.

Der Widersprüchlichkeit anthropologischen Forschens kann man nur dadurch begegnen, dass man ihre verdinglichende Tendenz offensiv zum Thema macht. Kamper spricht deswegen von einer »anthropologischen Differenz«, die festhält, dass sich ein anthropologisches Projekt niemals vervollständigt oder erfüllt (Kamper 1973). Anders gesagt: Anthropologie macht Anthropologiekritik erforderlich. Es ist wichtig, die Zugänge, Methoden, Konzepte etc. zu reflektieren, welche die anthropologische Untersuchung bestimmen. In der von Kamper mitbegründeten »historischen Anthropologie«, die seit den 1990er Jahren für die Erziehungswissenschaft eine große Bedeutung entfaltet hat, wird diese Perspektivität als »doppelte Historizität« gefasst: Diese beschreibt das Erfordernis der »Reflexion der Geschichtlichkeit der erforschten Zusammenhänge und der Forscher und Forscherinnen sowie ihres Referenzrahmens und ihrer Beziehungen« (Wulf 2015: 13). Anthropologische Studien zielen dann nicht mehr auf »den Menschen«, sondern auf die Vielfalt und Veränderlichkeit menschlicher Lebensformen mit dem Ziel, diese in ihren historischen, sozialen und kulturellen Dimensionen eingedenk der eigenen Vermitteltheit der Perspektive zu erforschen.[86]

---

85 Die »Rassehygiene« im Nationalsozialismus ist ein sprechendes Beispiel für den Versuch, Unterschiede zwischen verschiedenen Menschen zu naturalisieren – und dann im zweiten Schritt diese Unterscheidungen hierarchisch zu ordnen.

86 Ganz in diesem Sinne könnte man die vielfältige Theorielandschaft der philosophischen Anthropologie des 20. Jahrhunderts selbst als ein geschichtliches Denksystem erforschen, das sich zu einem spezifischen Zeitpunkt der fortgeschrittenen Moderne entwickelt hat. Anthropologien müssen also selbst zum Gegenstand historisch-anthropologischer Forschung gemacht werden. Die Frage nach dem Menschen drängt sich im 20. Jh. besonders angesichts unvergleichlicher Unmenschlichkeit und zivilisatorischer Zusammenbrüche auf.

Transhumanistische Perspektiven

Begonnen wurde dieses Kapitel mit dem Künstler Neil Harbisson, der seinen Körper als Gegenstand einer technologischen Kultivierung versteht. Der Eyeborg wird von Harbisson als Möglichkeit gesehen, sich bislang ungekannte und ungeahnte Welterfahrungen zu eröffnen. Harbissons Betrachtungsweise geht dabei über die Vorstellung des menschlichen Körpers als natürlich gegebener Grundlage hinaus. Das Menschliche artikuliert sich in der Überschreitung.

In einem ganz ähnlichen Sinn hat der Bioniker Hugh Herr (*1964), tätig am Media Laboratory des Massachusetts Institute of Technology (MIT), die Überschreitung von Einschränkungen des Menschen thematisiert (Herr 2014). Herr, der als junger Mann beide Beine bei einer Bergtour verlor, arbeitet seit vielen Jahren an einer Herstellung von Prothesen, die sich immer nahtloser in und an den biologischen Körper fügen. Inzwischen ist es möglich, künstliche Extremitäten durch Gedanken zu bewegen (vgl. Bloomberg 2015). Herr argumentiert, dass die technologische Verbesserung des Menschen als ein ›Menschenrecht‹ zu betrachten ist, und damit meint er vor allem das Recht, ohne Einschränkungen zu existieren. Hier bleiben die Grenzen dessen, was mit »Einschränkung« gemeint ist, ebenso unbestimmt wie der Begriff der »Verbesserung«. Durch die eigene Forschung, so Herr, »stellen wir die technologische Grundlage für eine optimierte Erfahrung [enhanced experience] her« (Herr 2014: 14:48, Übers. C.T.).

Es ist wichtig zu wissen, dass im letztgenannten Zitat »Optimierung« nicht ein feststehendes Ideal bildet, sondern eine fluide Vorstellung für alle Menschen impliziert. Optimierung wird *für den Menschen überhaupt* gefordert. Der Transhumanist und Futurist Max More formuliert dies folgendermaßen:

> Transhumanismen beziehen sich auf »Philosophien des Lebens (zum Beispiel des Extropianismus[87]), welche sich um die Fortsetzung und Beschleunigung

---

87 »Extropianismus« ist eine Wortbildung, die dem physikalischen Begriff der »Entropie« entgegengesetzt wird. Letzterer bezeichnet alltagssprachlich formuliert eine Zunahme der Unordnung in einem physikalischen System. »Extro-

der Evolution des intelligenten Lebens über den gegenwärtigen menschlichen Zustand und die menschlichen Begrenzungen hinaus durch Wissenschaft und Technologie bemühen. Geleitet sind sie von lebensförderlichen Prinzipien und Werten« (More 2013: 3, Übers. C.T.).

Der Transhumanismus erklärt die technologische Überwindung von Einschränkungen des Menschen im Sinne einer intelligenten Evolution zum ›eigentlichen‹ Humanismus. Das Menschliche wird ganz in die Möglichkeit, in zukünftige Realisierungen gelegt. Menschlich zu sein bedeutet daher für More, *transhuman zu werden*. Aus diesem Grund versteht sich der Transhumanismus nicht nur als eine philosophisch-anthropologische Position, sondern auch als eine kulturelle und wissenschaftliche Bewegung, welche diese Perspektive auf den Menschen vorantreibt und bewirbt. In den Worten Max Mores:

»Trans-human betont die Art und Weise, wie der Transhumanismus den Humanismus sowohl hinsichtlich der Zwecke als auch der Ziele überschreitet. Der Humanismus neigt dazu, sich nur auf pädagogische und kulturelle Verbesserung zu verlassen, um die menschliche Natur zu verbessern, während Transhumanisten Technologie einsetzen wollen, um die Grenzen zu überschreiten, die uns durch biologische und genetische Erbschaft auferlegt sind. Transhumanisten betrachten die menschliche Natur nicht als einen Selbstzweck, nicht als perfekt, und nicht als etwas, was uns ein Zugehörigkeitsbekenntnis abverlangen könnte. Sie stellt vielmehr nur einen Punkt auf dem Weg der Evolution dar, und wir können lernen, unsere eigene Natur in einer Weise umzuformen, wie es uns wünschenswert und wertvoll erscheint« (ebd.: 4, Übers. C.T.).

Diese Äußerung verdeutlicht die programmatische Position des Transhumanismus: eine theoretische und praktische Ausrichtung, welche an der Überschreitung des Menschen in seiner jeweiligen Form arbeitet. Es handelt sich also um ein normatives Projekt, das durch eine in die Zukunft verlagerte Erfüllung der Evolution begründet werden soll. In transhumanistischen Positionen wird deswegen vom »Menschen x.0« gesprochen. Nicht die gegenwärtige Verfassung ist der Ausgangspunkt für Veränderungen, sondern das Versprechen einer Überschreitung von

---

pie« richtet sich demnach auf die Vorstellung einer zunehmenden Gestaltung und Kontrolle der Welt durch einen permanenten und konsequenten technischen Fortschritt.

Grenzen und Einschränkungen (vgl. die Darstellungen bei Schenk/Karcher 2018). Beim Transhumanismus handelt es sich um eine Denkbewegung, die populärwissenschaftlich und durch utopische Fiktionen in Film und Literatur geprägt ist. Dass dem Transhumanismus eine wissenschaftliche und gesellschaftstheoretische Grundlage fehlt, impliziert allerdings nicht, dass er keine Bedeutung hätte. Seit der sogenannten »Transhumanistischen Erklärung«, die erstmals 1998 formuliert und 2009 erweitert wurde (TD 2013), hat sich ein Kreis von einflussreichen Intellektuellen gebildet, der an der transhumanistischen Verwirklichung des Menschen arbeitet: Betrieben wird vor allem die Ventilation der transhumanistischen Ideen, aber auch die Investition in technische Instrumente und Ausstattungen, welche eine »intelligente Evolution« des Menschen in Aussicht stellen. Der letzte Abschnitt der transhumanistischen Erklärung lautet:

> »Wir befürworten, dass Individuen eine weitreichende persönliche Wahl dahingehend erhalten, wie sie ihr Leben gestalten. Dies schließt den Gebrauch von Techniken ein, welche entwickelt werden, um das Gedächtnis, die Konzentration und die mentale Kraft zu fördern, von lebensverlängernden Therapien, von Technologien, die auf Reproduktionsfreiheit zielen, kryonische Verfahren und viele andere mögliche Technologien der menschlichen Modifizierungen und Verbesserung« (TD 2013: Abs. 9, Übers. C.T.).

Wie an diesem Zitat deutlich wird, versteht sich der Transhumanismus als ideeller Rahmen für zahlreiche technologische Projekte der Gegenwart, welche Gentechnologie, Medizin(-technik) und pharmazeutische Technologie, aber auch Kryotechnologie (Einfrierung des Körpers zur späteren Wiederbelebung) umfassen. Diese Technologien werden in der transhumanistischen Erklärung der Wahlfreiheit der Einzelnen unterstellt, obgleich unbestreitbar ist, dass die Entwicklung und Finanzierbarkeit dieser Technologien nicht einfach nur der Wahlfreiheit unterliegen.[88]

---

[88] Es gibt gegenwärtig bereits Möglichkeiten der Konservierung des eigenen Körpers durch Einfrieren. Für den ganzen Körper fallen 140.000 Dollar an. Wer nur seinen Kopf konservieren möchte, muss dafür immerhin 60.000 Dollar investieren (vgl. SZ 2010). Eine Technologie für das Auftauen des Organismus steht allerdings bislang nicht zur Verfügung.

Dies ist nicht zuletzt der Grund für die Kritik, dass der Transhumanismus den Menschen zu einem beliebig manipulierbaren Objekt macht, anstatt ihn zum Bezugspunkt eigener Wahl- und Gestaltungsmöglichkeiten zu machen. In dem Moment, wo eine Technologie, wie z. B. die dauerhafte Verbesserung des Gedächtnisses durch Neurodrogen, bereitgestellt ist und von vielen Menschen eingesetzt wird, verändert sich die Wahlmöglichkeit zu einem Schicksal, weil es ohne Neurodrogen gar nicht mehr möglich sein wird, mit den geistigen Leistungen der anderen Schritt zu halten. Zunehmend wird sich die Frage stellen, was denn gegen eine solche Verbesserung einzuwenden wäre. Der Druck, die eigene Position zu rechtfertigen, wird voraussichtlich für jene steigen, die ihr Gedächtnis *nicht* durch Drogen manipulieren wollen. Diese Argumentationsfiguren lassen sich bereits heute finden (vgl. Schäfer 2015), werden heute doch schon Medikamente, welche die Neurotätigkeit beeinflussen (wie z. B. Ritalin) von Gesunden zur Steigerung der Leistungsfähigkeit eingenommen.

Transhumanistische Positionen lassen sich kritisieren, weil ihre Forderung der individuellen Wahlmöglichkeit reichlich naiv ist; denn klar ist, dass allein aus ökonomischen Gründen die Wahl nie nur eine Frage der individuellen Entscheidung ist. Gepaart ist die Naivität mit einem Gewinnstreben jener transhumanistischen Akteure, die der neueren Hightech-Industrie und Firmen wie Apple und Google nahestehen. Hier geht es auch um die Steigerung von Macht, Einfluss und Ressourcen: Im Wettbewerb um die Zukunftsfähigkeit können technologische Lösungen gewinnbringend veräußert werden. Bezogen auf den Verkauf und die Verbreitung von Enhancement-Technologien stellt der »Transhumanismus« gewissermaßen eine Marketingstrategie dar.

Aus Sicht der historischen Anthropologie und Anthropologiekritik wäre der Blick nun wieder im Sinne der »doppelten Historizität« zu vertiefen. Wie wird der Mensch im Transhumanismus gedacht? Und: Aus welcher Perspektive blicken die Vertreter*innen des Transhumanismus auf ihn? Die eben aufgenommene Spur lässt eine Verbindungslinie zwischen dem Transhumanismus und der marktwirtschaftlichen Ordnung der Gegenwart aufscheinen: dem Neoliberalismus. Der Markt wird als gänzlich ungehinderte Sphäre konzipiert, in der die Akteure miteinander im Verhältnis von Konkurrenz und Wettbewerb stehen. Die am

Marktgeschehen Beteiligten müssen ihr ganzes Innovationspotenzial zum Einsatz bringen, um am Markt bestehen zu können. Der Transhumanismus als Überschreitung des Menschen im Sinne einer Überwindung bisheriger Einschränkungen und Beeinträchtigungen ist mit dem Marktmodell des Neoliberalismus durchaus kompatibel.

Aus dieser Warte rückt das Motiv der Steigerung und Überwindung des Menschen in ein anderes Licht, was uns auf die Frage führt, wie der Mensch im Transhumanismus gedacht wird. Die Antwort lautet: weniger im Sinne einer Freiheit, sich zu bestimmen (wie im klassischen Humanismus), als vielmehr im Sinne der Evidenz, sich zu optimieren (vgl. Mayer/Thompson 2011). Illustrieren lässt sich dieser Zusammenhang an der Expansion der Fitnessindustrie, welche durch verschiedene Tracking-Technologien einen Markt erzeugt hat, in den Individuen bereitwillig einsteigen, um sich vermessen zu lassen und dies zum Ausgangspunkt ihrer Selbstoptimierung machen.

Für die Erziehungswissenschaft ergeben sich eine Reihe von Aufgaben aus den gegenwärtigen Entwicklungen rund um den Transhumanismus. Es wird darauf ankommen zu untersuchen, wie sich durch neue Technologien verändert, was Menschen als »Lernen« oder »Bildung« beschreiben. Wie verändern sich dadurch die Ziele, die sich Individuen für sich stecken und woran orientieren sie sich? Es stellt sich aber auch die Aufgabe, die durch neuere Technologien in Gang gesetzten Veränderungen zu reflektieren – und dazu gehören schon der Personal Computer und das Smart Phone (beide mit Folgen für das menschliche Gedächtnis). Im letzten Teil dieses Kapitels möchte ich bildungstheoretische Reflexionen aufnehmen, die das Nachdenken über den Menschen nochmals in einen anderen Rahmen einstellen. Ein »kritischer Posthumanismus« hat sich in den vergangenen Jahren entwickelt, der sich gleichermaßen vom traditionellen Humanismus wie vom Transhumanismus absetzt.

Kritischer Posthumanismus

Anfang der 2000er Jahre wurde der Begriff des so genannten »Anthropozäns« geprägt (Crutzen/Stoermer 2000). Der Begriff steht für eine geologische Epoche: Das »Anthropozän« bezeichnet eben jenes Erdzeitalter, in dem der Mensch zur bestimmenden Größe für den Planeten geworden ist. Es gibt unterschiedliche Vorschläge, um den Beginn des Anthropozäns zu markieren. Sollte man die industrielle Revolution im 18. Jh. zum Bezugspunkt machen oder eher die globalen menschengemachten Veränderungen seit 1950 mit oberirdischen Atombombentests, der Entwicklung von nicht-abbaubaren Kunststoffen etc.?

Wie auch immer man das »Anthropozän« zeitlich einordnet: Der Begriff setzt einen anderen Akzent als der Humanismus und der Transhumanismus. Während die letztgenannten Richtungen auf den Menschen als freies und offenes Wesen Bezug nehmen, bettet die geologische Betrachtung den Menschen in den Gesamtzusammenhang einer Entwicklung ein, *die auf den gesamten Planeten bezogen ist*. Es geht um das Klima, um andere Arten (Tiere und Pflanzen), um Lebensräume – kurzum: die Erde mit all ihren Bewohner*innen. Dabei ist im Begriff des »Anthropozäns« auch impliziert, dass die menschengemachten Veränderungen auf eine Katastrophe zulaufen: ein Ende des Menschen und des Lebens überhaupt – durch Veränderung des Klimas, Verschmutzung, die Zerstörung von Lebensräumen. Anders also als (trans-)humanistische Positionen, welche die Freiheit und offene Zukunft betonen, rückt der Begriff des »Anthropozäns« eine Gewordenheit ins Zentrum, die sich bis in die Sedimente der Erde niedergeschlagen hat und die sich nicht einfach rückgängig machen lässt.

Dies nun ist genau der Einsatzpunkt einer kritisch-posthumanistischen Perspektive, die zunächst an einer humanistischen Grundunterscheidung veranschaulicht werden soll: der Differenz von Mensch und Tier. Wie eingangs bereits formuliert, hat sich der Humanismus geistesgeschichtlich über diese Differenz etabliert. Der Mensch teilt mit den Tieren, ein Lebewesen zu sein. Ihn unterscheidet vom Tier aber die Vernunft, so wurde seit der Antike argumentiert. Mit dieser Differenz ist eine »ontologische Vormachtstellung« des Menschen gegenüber dem

Tier begründet worden. Mit anderen Worten: Der Mensch sieht sich als überlegen an und nimmt für sich in Anspruch, mit Tieren nach seinen Vorstellungen umzugehen. Der neuzeitliche Philosoph Descartes beispielsweise betrachtete Tiere als Maschinen oder Automaten, woraus er folgerte, dass ihnen weder Achtung noch Mitleid zukomme. Der Aufklärungsphilosoph Immanuel Kant forderte zwar, dass man Tieren Leid erspart, aber nicht um ihretwillen, sondern um eine Verrohung des Menschen zu vermeiden. Dies sind nur zwei Beispiele, wie in der europäisch-humanistischen Denktradition das Verhältnis von Mensch und Tier gedacht wurde. Bis heute bildet dies das Fundament unseres Denkens, verschärft durch eine Industrialisierung der Landwirtschaft in den letzten 70 Jahren, die mittlerweile vollständig globalisiert ist. Die Bilder einer auf Wachstum und Rationalisierung ausgerichteten Massentierhaltung dürften hinlänglich bekannt sein.

Aus einer kritisch-posthumanistischen Perspektive wird die althergebrachte Unterscheidung von »Mensch« und »Tier« in Zweifel gezogen. Diese Unterscheidung lässt nämlich nicht nur übersehen, was am Menschen tierhaft ist. Sie hält das Denken selbst in Kategorien gefangen, auch dann noch, wenn das Menschliche am Tier hervorgehoben wird. Norbert Sachser (2018) hat in seinem kürzlich erschienenen Buch »Der Mensch im Tier« auf viele Nähen zwischen Mensch und Tier hingewiesen: die Fähigkeit zur Selbsterkenntnis bei bestimmten Tierarten und das Erleben von Emotionen.[89] Neuere Untersuchungen lassen also Zweifel an der humanistisch grundierten Abgrenzung des Menschen vom Tier aufkommen.

Der kritische Posthumanismus geht allerdings noch weiter. Er fragt nicht nur nach der Angemessenheit der Unterscheidung, sondern auch danach, ob etwas anderes in den Blick kommt, *wenn man nicht mit dieser Unterscheidung anfängt*. Nicht mit einer Differenz zu starten und stattdessen von den Verbindungen und Zusammenhängen auszugehen bedeutet, hinter ein tragendes humanistisches Denkmotiv zurückzugehen: Im

---

[89] Die Untersuchungen der Verhaltensbiologie zeigen aber auch, dass die menschliche Vorstellung der Menschlichkeit von Tieren ebenfalls zu kurz greift. Tiere töten durchaus auch ihre Artgenoss*innen, wie Sachser erläutert (Sachser 2018: 221ff.).

Humanismus hatte sich der Mensch immer als handelndes Zentrum gegenüber der Natur verstanden. Die Natur wurde, anders gesagt, als manipulierbares Material verstanden. Mit dem eben angeführten »Anthropozän« deutete sich bereits eine Blickverschiebung an, die für kritisch-posthumanistische Positionen leitend ist: Die (bedrohte) Erde kommt als ultimativer Zusammenhang allen Lebens in den Blick.

Der Technikforscher Bruno Latour hat in seinen Arbeiten hervorgehoben, dass die Erde in gehöriger Weise »handelt«. Sie »reagiert« auf die menschengemachten Veränderungen (Latour 2017: 133f.). Latour gibt der Erde die Bezeichnung »Gaia« und meint damit ein Gewirr von unterschiedlichsten »Akteuren«, welche gleichermaßen Lebewesen und Nicht-Lebewesen einschließen. In einem solchen Kontext ergibt die Rede von einer »Umwelt«, die immer nur als Objekt oder Rahmen menschlichen Handelns aufscheint, keinen Sinn mehr. Latour stellt an dieser Stelle die Frage, wie es ›aufs Ganze gesehen‹ weitergehen kann. Wie können die Katastrophen, die schon längst in Gang gekommen sind, bearbeitet werden (z. B. die Klimakrise)?

Wichtig ist bei der Bearbeitung dieser Frage, dass man nicht wieder in die humanistische Illusion zurückfällt und den Menschen als handelndes Zentrum begreift, das Natur manipuliert. Es geht hier um die Frage, wie man sich ein ›gemeinsames Leben auf dem Planeten‹ überhaupt vorzustellen hat. Wie kommt man aus den alten Kategorien heraus? Wie kann das Verhältnis zu »Natur«, zu »Welt« überhaupt gedacht werden, ohne sich in den humanistischen Vorstellungen menschlichen Denkens und Handelns zu verfangen? Latour spricht davon, dass wir eine »politische Ökologie« auszuarbeiten hätten, die genau das beschreibt und das Miteinander-Wirken ermöglicht (ebd.: 431ff.). Ihr Ziel wäre ein *gemeinsames Beraten und Handeln*, in das alle Wesen (Dinge, Tiere, Menschen, Pflanzen) einbezogen sind.

Es überrascht nicht, dass die kritisch-posthumanistischen Ansätze auch Folgen für ein Nachdenken über »Bildung« haben. Gemäß den hier entwickelten Überlegungen kann diese kaum mehr sinnvoll als »Kultivierung des Menschen« gedacht werden. Olaf Sanders (*1967) hat in jüngsten Studien ganz im Sinne eines kritisch-posthumanistischen Denkens die »Bildung« mit der Möglichkeit des Überlebens und des »besseren Zusammenlebens« verknüpft (Sanders 2018). Es wird mit

»Bildung« die Frage nach einem »Werden« aufgeworfen, das nicht auf den Menschen begrenzt ist. Bildungstheoretisch bedeutsam sind damit Formen und Möglichkeiten gemeinsamen Denkens und Handelns. Hier greift Sanders Überlegungen der US-amerikanischen Wissenschaftsforscherin und Biologin Donna Haraway (*1944) auf:

> »Haraway betreibt [...] SF, was für sie nicht nur – wie üblich – Science-Fiction abkürzt, sondern auch ›spekulative Fabulation, Spiele mit Fadenfiguren [...], spekulativer Feminismus, science fact (wissenschaftliche Fakten), so far (bis jetzt).‹ SF antwortet der Versammlung als ›eine Praxis und ein Prozess, ein Werden-mit-anderen in überraschender Aufeinanderfolge, eine Figur des Fortdauerns im Chthuluzän.‹ Das Chthuluzän benennt einen ›Zeitort des Lernens, um die Idee eines responsablen gemeinsamen Lebens und Sterbens auf einer beschädigten Erde nicht aufzugeben.‹« (Sanders 2018: 17 mit Bezug auf Haraway 2016: 8).

Sanders verbindet an dieser Stelle »Bildung« mit der Aufgabe eines Werdens-mit-anderen: Wie kann sich ein gemeinsames (d. h. artenübergreifendes) Leben und Sterben auf einer beschädigten Erde vollziehen? Welche Allianzen kann es hier geben? Diese Fragen richten sich darauf aus, »responsabel« zu sein. Darin steckt der Begriff der *Verantwortung*, aber auch die Vorstellung einer Fähigkeit des *angemessenen Antwortens*. Bezüglich des letztgenannten Begriffs wird nicht verwundern, dass Haraway nicht den Begriff des Anthropozäns verwendet, der nach wie vor vom Menschen (»*anthropos*«) bestimmt ist. Haraway spricht vom »Chthuluzän«. In diese Wortschöpfung von einem Zeitalter wird das Fabelwesen des »Chthulu« aufgenommen, einem erdverbundenen Wesen. Hier zeigt sich beispielhaft das spekulative Fabulieren, das nach Sanders relevant ist, um für »Bildung« bzw. »Lernen« andere Vorstellungsräume zu eröffnen. Das »Chthuluzän« bildet eine Art Rätselfigur, dem Werden-mit-anderen nachzugehen.

In ihrem Buch gibt Haraway eine Reihe von Beispielen, die das Miteinander-Sein von Menschen und Tieren im Sinne eines Fadenspiels beleuchten (s. o.: *string figures* oder »Spiele mit Fadenfiguren«). Hier werden assoziative Räume eröffnet, die zu zeigen vermögen, wo und wie die Verbindungen zwischen verschiedenen Wesen bestehen: u. a. zwischen ihrer inkontinenten Hündin Cayenne und kanadischen Stuten. Letztere werden in engen Boxen gehalten, um ihren Urin für ein Hormon zur Behandlung der Menopause zu gewinnen (auch Haraway nahm dies zeitweise ein). In diesem Fadenspiel, dieser Erzählung, ist die Orientierung an einem Netz von Beziehungen leitend, welche über verschiedene Perspektiven eingeholt werden: Anthropologie, Biologie, Feminismus, Literatur, Mythologie etc. Man kann das Fadenspiel als Versuch betrachten, eben nicht mit der Unterscheidung von Mensch und Tier zu beginnen. Haraway macht geltend: Nicht die begriffliche Ordnung ist an den Anfang zu stellen; für das Fadenspiel leitend sind die jeweiligen Wesen, die »in Schwierigkeiten stecken« oder bedroht sind. So ist auch der Titel von Haraways Buch »*Staying with the Trouble*« zu verstehen.

Es ist diese Denklinie, die im vorliegenden Zusammenhang als »kritischer Posthumanismus« bezeichnet wird, auch wenn deutlich geworden sein sollte, dass die Wortgruppe um »human« und »Humanismus« alles andere als unproblematisch ist. Im Zentrum steht die Frage, wie sich ein Denken kultivieren lässt, das die alten Denkgewohnheiten nicht mitmacht und eine neue Perspektive auf »das Ganze« einnimmt. Dies impliziert eine Kritik an den bislang unhinterfragten begrifflichen Unterscheidungen (wie zum Beispiel »Mensch« und »Tier«) und damit auch einen anderen Stil des Forschens und Philosophierens. Wie sich angedeutet hat, resultieren daraus auch Veränderungen für die Kategorie der Bildung, das Nachdenken über Bildung. Auch wenn die Wege dieses Denkens alles andere als klar konturiert sind, so erscheint ein anderes Werden – mit Sanders gesprochen – angesichts der gegenwärtigen Weltprobleme als alternativlos.

Nachwort

»Die Welt wird schwarz.«
(Achille Mbembe)

Im Jahr 2013 hat der kamerunische Historiker und Philosoph Achille Mbembe sein Buch »Kritik der schwarzen Vernunft« verfasst. Darin zeigt Mbembe auf, dass die Entwicklung des Kapitalismus nicht nur mit einer sich ausbreitenden Zirkulation von Waren und Wertschöpfungen verbunden war, sondern mit diesem auch die Hervorbringung von »Rassen«, »Zuordnungen« und »Klassifikationen« einherging. Wie sich am Titel von Mbembes Buch erkennen lässt, der auf Kants Werk »Kritik der reinen Vernunft« anspielt, steht die Geschichte des mittlerweile globalen Kapitalismus in einer engen Beziehung zur europäisch-abendländischen Denktradition – und damit, so ist zu ergänzen, auch zur Entwicklung der Pädagogik. Eine »Kritik der schwarzen Vernunft« bringt in den Blick, wie das wissenschaftliche Nachdenken durch ein rassistisches Denken geprägt war, z. B. durch die Vorstellung vom Menschen als eines rationalen Wesens, abgegrenzt von ›unzivilisierten‹ außereuropäischen Lebensformen. Die moderne Wissenschaft ist Teil des kolonisierenden Herrschaftsprojekts.

Die Beiträge Mbembes und anderer Denker*innen des Postkolonialen greife ich aus zwei Gründen am Ende dieses Buches auf. Zum ersten ist es wichtig, sich im Rahmen der pädagogisch-systematischen Traditionen und erziehungswissenschaftlichen Theorien bewusst zu machen, dass auch diese von jenen Macht- und Herrschaftsverhältnissen durchzogen sind, die Mbembe und andere beschreiben. Mehr noch: Festzuhalten ist, dass die Bereiche von Bildung und Erziehung immer einen Dreh- und Angelpunkt für die Aufrechterhaltung und Fortsetzung von

Herrschaft und Unterdrückung dargestellt haben. Zwei Beispiele führe ich an, an erster Stelle den Umgang mit indigenen Kulturen, z. B. in Kanada, wo die Kinder der Ureinwohner*innen zwangsinterniert wurden – in »Schulen«. Um die indigene Kultur auszulöschen, wurden die Kinder in Zwangsinternaten von ihren Eltern ferngehalten und es wurde ihnen verboten, ihre Muttersprache zu sprechen. Die *Residential Schools* existierten bis Ende der 1990er Jahre. Mit der modernen Geschlechtergeschichte trifft man auf eine anders gelagerte Herrschaftsstruktur in der (pädagogischen) Moderne. Die herrschaftsförmigen Wissens- und Denkordnungen sind in das Menschenbild so eingelagert, dass die Geschlechterdifferenz und damit die soziale Ordnung der Geschlechter bzw. die Nachrangigkeit der Frau als natürlich erschienen. Die Infragestellung dieser Ungleichheits- und Herrschaftsstrukturen liegt ebenfalls nicht lang zurück.

Für die Erziehungswissenschaft bedeutet dies, dass ihr obliegt, kritisch die Komplizität mit Herrschaftsstrukturen aufzuarbeiten, die sie auch im Rekurs auf ihre Traditionen immer wieder aufgreift. Dabei kann ein Umgang mit dieser Komplizität nicht dadurch gelingen, dass man die Traditionen einfach ›abstreift‹ und ›hinter sich lässt‹. Eher besteht die Aufgabe darin, den Widersprüchen und Ambivalenzen der (pädagogischen) Moderne nachzugehen, die nach wie vor wirksam sind. Entscheidend wird dabei sein, die (post-)kolonialen Verhältnisse im Denken aufzuspüren und sie als eigene Geschichte in kritischer Absicht lesbar zu machen. Auf diese Weise wird postkoloniales Denken in der Erziehungswissenschaft traditionsbildend.

Der zweite Grund für meinen Verweis auf Mbembes Buch kann an das Eingangszitat anschließen: »Die Welt wird schwarz« (Mbembe 2019: 11). Mit diesem Satz beschreibt der Autor, dass der sich ausbreitende Kapitalismus als Neoliberalismus die Figur des »Negers« (Mbembe 2019) auf die gesamte subalterne Menschheit ausweitet. Wir befinden uns in einer Phase der Geschichte, in der die Welt von digitalen Technologien und einer Datenindustrie beherrscht wird. Alles werde mit einem Marktwert versehen (ebd.: 15). Jegliches soziale Leben wird auf eine Zahl gebracht, eine bis dato unvorstellbare Rationalisierung der Welt. In diesem Neoliberalismus, so Mbembe, gebe es keine Arbeitenden mehr:

»Es gibt nur noch Arbeitsnomaden. Während es gestern noch die Tragödie des Subjekts war, vom Kapital ausgebeutet zu werden, ist es heute die Tragödie der Vielen, nicht mehr ausgebeutet werden zu können und einer ›überflüssigen Menschheit‹ zugewiesen zu werden, die aufgegeben und vom Kapital für sein Funktionieren kaum noch gebraucht wird« (ebd.: 16).

Mbembe beschreibt hier neuartige Ausschlussprozesse, die durch daten- und finanzkapitalistische Entwicklungen bedingt sind. Diese Verhältnisse globaler Ausbeutung lassen sich nicht mehr so einfach mit einer pädagogisch angelegten Unterscheidung, wie der von »qualifizierter« und »nicht-qualifizierter« Arbeitskraft beschreiben.

Was bedeutet das für die Erziehungswissenschaft? Lassen sich mit den in diesem Band vorgestellten pädagogischen Kategorien und Problemstellungen diese gegenwärtigen Entwicklungen noch einholen und diskutieren? Die Herrschaft einer globalisierten Ökonomie durchdringt die Pädagogik, indem sie das vollständige fungible und immer anpassungsbereite Subjekt zur universalen Forderung macht, wobei Viele/s vergessen werden/wird.

Am Ende dieses Bandes steht die Frage, welchen Raum ein zwischen Vergangenheit und Zukunft verkeiltes Denken sich schaffen kann, um einem Versprechen der Gleichheit nachzugehen.

Danksagung

Beim Verfassen dieses Buches wurde ich in vielfältiger Weise durch meine Familie und durch Kolleg*innen unterstützt. Dafür möchte ich an dieser Stelle herzlich danken.

An erster Stelle steht der Dank an meine Familie, die meine Zuversicht beständig erneuerte, dass dieses Buch zu einem guten Ende kommen kann. Meiner Tochter Eva danke ich überdies für zahlreiche Skizzen bzw. Abbildungen, die in dieses Buch eingegangen sind.

Danksagung

Bei der konzeptionellen Entwicklung des Bandes habe ich wertvolle Hinweise von Jochen Kade erhalten, der mich als Mitglied des vorausgehenden Herausgeberkreises einlud, dieses Buch zu verfassen – vielen Dank! Eine wichtige Unterstützung waren mir Lukas Becker und Nikolett Trenka, die als Studierende der Erziehungswissenschaft an der Goethe-Universität dieses Buch gelesen und intensiv mit mir diskutiert haben. Sie haben sich überdies in die Einleitung aktiv eingebracht, was ich großartig finde. Für ihren Einsatz danke ich sehr. Ich nenne die beiden auch stellvertretend für alle Studierenden aus meinen Vorlesungen und Seminaren, mit denen ich in den letzten Jahren im Austausch war, so dass dieses Buch entstehen konnte.

Aus dem Kreis der Herausgeber*innen der »Grundrisse Erziehungswissenschaft« bin ich Jörg Dinkelaker und Merle Hummrich zu großem Dank verpflichtet. Sie haben über den gesamten Entstehungsprozess des Buches hinweg Teile gelesen und wertvolle Rückmeldungen gegeben. Sollte etwas nach wie vor nicht stimmig sein, liegt es sicherlich nicht an ihren gehaltvollen Hinweisen. Sabrina Schenk und Sabrina Schröder haben die Manuskriptfassung des Bandes durchgearbeitet und mir zahlreiche Anregungen und Überarbeitungshinweise gegeben, welche das Buch der Konsistenz und Verständlichkeit nach sehr verbessert haben – danke!

Für Korrekturen zum Manuskript danke ich Sören Meyer und Antje Naumann.

Dem Verlag danke ich für seine Geduld – und Herrn Dr. Burkarth für die freundlich-zugewandte und professionelle Begleitung dieses Buchprojekts.

Dieses Buch widme ich Jörg Ruhloff in Dankbarkeit.

Christiane Thompson
Frankfurt am Main im Juli 2019

Literatur

Adorno, T. W. (1971): Erziehung zur Mündigkeit. Frankfurt/M.: Suhrkamp.
Adorno, T. W. (1972): Der Positivismusstreit in der deutschen Soziologie. Neuwied: Luchterhand.
Adorno, T. W. (2003): Theorie der Halbbildung. In: ders.: Soziologische Schriften I. Gesammelte Schriften Band 8. Hrsg. von Rolf Tiedemann. Frankfurt/M.: Suhrkamp, 93–121.
Aristoteles (1994): Politik. Reinbek: Rowohlt [zit. Pol.].
Baader, M.-S./Freytag, T. (Hrsg.) (2017): Bildung und Ungleichheit in Deutschland. Wiesbaden: Springer VS.
Ballauff, Th. (2000): Pädagogik als Bildungslehre. Baltmannsweiler: Schneider.
Bateson, G. (2007): Eine Theorie des Spiels und der Phantasie. In: Holtorf, C./Pias, C. (Hrsg.): Escape! Computerspiele als Kulturtechnik. Köln: Böhlau, S. 193–207
Baumert, J./Klieme, E./Neubrand, M./Prenzel, M./Schiefele, U./Schneider, W./Stanat, P./Tillmann, K.-J./Weiß, M. (Hrsg.) (2001): PISA 2000. Basiskompetenzen von Schülerinnen und Schülern im internationalen Vergleich. Opladen: Leske + Budrich.
Beck, U./Bonß, W. (1989): Verwissenschaftlichung ohne Aufklärung? Zum Strukturwandel von Sozialwissenschaft und Praxis. In: dies. (Hrsg.): Weder Sozialtechnologie noch Aufklärung? Analysen zur Verwendung sozialwissenschaftlichen Wissens. Frankfurt/M.: Suhrkamp, S. 7–45.
Bellmann, J./Müller, T. (2011): Evidenzbasierte Pädagogik – ein Déjà-vu? Einleitende Bemerkungen zur Kritik eines Paradigmas. In: dies. (Hrsg.): Wissen, was wirkt. Kritik evidenzbasierter Pädagogik. Wiesbaden: VS, S. 9–32.
Benjamin, W. (1987): Berliner Kindheit um neunzehnhundert. Frankfurt/M.: Suhrkamp.
Benner, D. (1979a): Läßt sich das Technologieproblem durch eine Technologieersatztechnologie lösen? Eine Auseinandersetzung mit den Thesen von N. Luhmann und N. Schorr. In: Zeitschrift für Pädagogik 25, H. 3, S. 367–375.
Benner, D. (2010): Allgemeine Pädagogik. Eine systematisch-problemgeschichtliche Einführung in die Grundstruktur pädagogischen Denkens und Handelns. Weinheim: Juventa.

Benner, D./Brüggen, F. (2000): Theorien der Erziehungswissenschaft im 20. Jahrhundert. Entwicklungsprobleme – Paradigmen – Aussichten. In: Benner, D./Tenorth, H.-E. (Hrsg.): Bildungsprozesse und Erziehungsverhältnisse im 20. Jahrhundert. Beiheft zur Zeitschrift für Pädagogik 42. Weinheim: Beltz Juventa, S. 240–263.

Berger, G. (Hrsg.) (2013): Jean Le Rond d'Alembert, Denis Diderot u. a.: Enzyklopädie. Eine Auswahl. Frankfurt/M.: Fischer Verlag.

Biesta, G. J. J. (2008): Wider das Lernen. Die Wiedergewinnung einer Sprache für Erziehung im Zeitalter des Lernens. In: Vierteljahrsschrift für wissenschaftliche Pädagogik 84, H. 2, S. 179–194.

Biesta, G. J. J. (2010): Learner, Student, Speaker: Why it matters how we call those we teach. In: Educational Philosophy and Theory 42, H. 5–6, S. 540–552.

Biesta, G. J. J. (2011): Warum »What works« nicht funktioniert. Evidenzbasierte pädagogische Praxis und das Demokratiedefizit der Bildungsforschung. In: Bellmann, J./Müller, T. (Hrsg.): Wissen, was wirkt. Kritik evidenzbasierter Pädagogik. Wiesbaden: VS, S. 95–122.

Biesta, G. J. J. (2016): Resisting the Seduction of the Global Education Measurement Industry. Notes on the Social Psychology of PISA. In: Ethics and education 10, H. 3, S. 348–360.

Böhme, J./Herrmann, I. (2011): Schule als pädagogischer Machtraum. Typologie schulischer Raumentwürfe. Wiesbaden: VS.

Bollenbeck, G. (1996): Bildung und Kultur. Glanz und Elend eines deutschen Deutungsmusters. Frankfurt/M.: Suhrkamp.

Borges, J. L. (1974): Die Bibliothek von Babel. Stuttgart: Reclam.

Bourdieu, P. (1988): Homo academicus. Frankfurt/M.: Suhrkamp.

Bourdieu, P./Wacquant, L. (2006): Reflexive Anthropologie. Frankfurt/M.: Suhrkamp.

Bourdieu, P. (1992): Ökonomisches, kulturelles und soziales Kapital. In: ders.: Die verborgenen Mechanismen der Macht. Hamburg: VSA, S. 49–75.

Brezinka, W. (1971): Von der Pädagogik zur Erziehungswissenschaft. Eine Einführung in die Metatheorie der Erziehung. Weinheim: Beltz.

Brezinka, W. (1978): Metatheorie der Erziehung: eine Einführung in die Grundlagen der Erziehungswissenschaft, Philosophie der Erziehung und der Praktischen Pädagogik. München: Reinhardt.

Brinkmann, M. (2009): Fit für PISA? – Bildungsstandards und performative Effekte im Testregime. Vorschläge zur theoretischen und pädagogischen Differenzierung von Bildungsforschung und Aufgabenkultur. In: Bilstein, J./Ecarius, J. (Hrsg.): Standardisierung – Kanonisierung. Erziehungswissenschaftliche Reflexionen. Wiesbaden: VS Verlag, S. 97–116.

Brinkmann, M. (2012): Pädagogische Übung. Praxis und Theorie einer elementaren Lernform. Paderborn: Schöningh.

Bröckling, U. (2007): Das unternehmerische Selbst. Soziologie einer Subjektivierungsform. Frankfurt/M.: Suhrkamp.

Buck, G. (1981): Hermeneutik und Bildung. München: Fink.

Budde, J. (2012): Die Rede von der Heterogenität in der Schulpädagogik. Diskursanalytische Perspektiven. In: Forum Qualitative Forschung 13, H. 2, Art. 16. Internet-Quelle: https://www.ssoar.info/ssoar/handle/document/29365 [Zugriff am 15.07.2019].

Budde, J. (Hrsg.) (2013): Unscharfe Einsätze: (Re-)Produktion von Heterogenität im schulischen Feld. Wiesbaden: Springer VS.

Bünger, C. (2013): Die offene Frage der Mündigkeit. Paderborn: Schöningh.

Casale, R. (2016): Der Untergang des Geistes, der Aufstieg der Evidenz. Wissensgeschichtliche Überlegungen zur Vergangenheit und Zukunft der Erziehungswissenschaft. In: Blömeke, S./Caruso, M./Reh, S./Salaschek, U./Stiller, J. (Hrsg.): Traditionen und Zukünfte. Opladen: Barbara Budrich, S. 43–56.

Cicero (1976): De oratore/Über den Redner. Reclam: Stuttgart.

Crenshaw, K. W. (1989): Demarginalizing the Intersection of Race and Sex: A Black Feminist Critique of Antidiscrimination Doctrine. In: The University of Chicago Legal Forum 139, S. 139–167.

Crutzen, P./Stoermer, E. (2000): The »Anthropocene«. In: IGBP Global Change Newsletter. Nr. 41, Mai 2000, S. 17–18.

Dahrendorf, R. (1965a): Arbeiterkinder an deutschen Universitäten. Tübingen: Mohr.

Dahrendorf, R. (1965b): Bildung ist Bürgerrecht. Plädoyer für eine aktive Bildungspolitik. Hamburg: Nannen.

Dahrendorf, R. (2006): Homo sociologicus. Ein Versuch zur Geschichte, Bedeutung und Kritik der Kategorie der sozialen Rolle. Wiesbaden: VS.

Derrida, J. (1991): Gesetzeskraft. Der »mystische Grund der Autorität«. Frankfurt/M.: Suhrkamp.

Descartes, R. (1986): Meditationen zur ersten Philosophie. Stuttgart: Reclam.

Dewe, B./Radtke, F.-O. (1993): Was wissen Pädagogen über ihr Können? In: Oelkers, J./Tenorth, H.-E. (Hrsg.): Pädagogisches Wissen. Beiheft der Zeitschrift für Pädagogik. Weinheim: Beltz, S. 143–162.

Dewey, J. (1985): Democracy and Education. MW 8. Carbondale: SIU Press.

Diehm, I./Kuhn, M./Machold, C. (2017): Differenz und Ungleichheit in der Erziehungswissenschaft. Einleitende Überlegungen. In: dies. (Hrsg.): Differenz – Ungleichheit – Erziehungswissenschaft. Verhältnisbestimmungen im (Inter-) Disziplinären. Wiesbaden: Springer VS, S. 1–26.

Diehm, I./Kuhn, M./Machold, C./Mai, M. (2013): Ethnische Differenz und Ungleichheit. Eine ethnographische Studie in Bildungseinrichtungen der frühen Kindheit. In: Zeitschrift für Pädagogik 59, H. 5, S. 644–656.

Diehm, I./Panagiotopoulou, A. (2011): Einwanderung und Bildungsbeteiligung als Normalität und Herausforderung. In: dies. (Hrsg.): Bildungsbedingungen in europäischen Migrationsgesellschaften. Ergebnisse qualitativer Studien in Vor- und Grundschule. Wiesbaden: VS, S. 9–23.

Diels, H./Kranz, W. (1989). Die Fragmente der Vorsokratiker. Zürich: Weidmann.

Dodillet, S./Krüger, J. O. (2018): Wenn Humans Humans bleiben dürfen. Zur pädagogischen Versprechensqualität der Nudge-Theorie. In: Schenk, S./Karcher, M. (Hrsg.): Überschreitungslogiken und die Grenzen des Humanen. (Neuro-)Enhancement – Kybernetik – Transhumanismus. Halle/S.: Martin-Luther-Universität, S. 129–140.

Dörpinghaus, A. (2014): Post-Bildung. Zum Unort der Wissenschaft. In: Forschung & Lehre 21, H. 7, S. 540–543.

Emmerich, M./Hormel, U. (2013): Heterogenität – Diversity – Intersektionalität. Zur Logik sozialer Unterscheidungen in pädagogischen Semantiken der Differenz. Wiesbaden: Springer VS.

Fischer, W./Ruhloff, J. (1993): Skepsis und Widerstreit. Neue Beiträge zur skeptisch-transzendentalkritischen Pädagogik. St. Augustin: Academia.

Fleck, L. (1980): Entstehung und Entwicklung einer wissenschaftlichen Tatsache: Einführung in die Lehre vom Denkstil und Denkkollektiv. Frankfurt/M.: Suhrkamp.

Flitner, W. (1989): Das Selbstverständnis der Erziehungswissenschaft in der Gegenwart (1957/1966). In: ders.: Gesammelte Schriften 3. Paderborn: Schöningh, S. 310–349.

Gehlen, A. (1940): Der Mensch. Seine Natur und Stellung in der Welt. Frankfurt/M.: Klostermann.

Gehlen, A. (1956): Urmensch und Spätkultur. Philosophische Ergebnisse und Aussagen. Bonn: Athenäum.

Gelhard, A. (2018): Kritik der Kompetenz. Zürich: diaphanes.

Gerecht, M./Krüger, H.-H./Post, A./Weishaupt, H. (2016): Personal. In: Koller, H.-C./Faulstich-Wieland, H./Weishaupt, H./Züchner, I. (Hrsg.): Datenreport Erziehungswissenschaft 2016. Opladen: Budrich, S. 135–158.

Geier, S. (2009): Die Frau mit den 5 Elefanten. Ein Film von Vadim Jendreyko. Mira Film/Filmtank.

Geulen, D. (2005): Subjektorientierte Sozialisationstheorie. Sozialisation als Epigenese des Subjekts in Interaktion mit der gesellschaftlichen Umwelt. Weinheim: Juventa.

Geulen, D./Hurrelmann, K. (1980): Zur Programmatik einer umfassenden Sozialisationstheorie. In: Hurrelmann, K./Ulich, D. (Hrsg.): Handbuch Sozialisationsforschung. Weinheim: Beltz, S. 51–67.

Göhlich, M./Zirfas, J. (2007): Eine pädagogische Theorie des Lernens. In: dies.: Lernen – ein pädagogischer Grundbegriff. Stuttgart: Kohlhammer, S. 180–195.

Goldbloom Bloch, W. (2008): The unimaginable mathematics of Borges' Library of Babel. Oxford: University Press.

Gomolla, M./Radtke, F.-O. (2009): Institutionelle Diskriminierung. Die Herstellung ethnischer Differenz in der Schule. Wiesbaden: VS.

Grundmann, M. (2006): Sozialisation. Skizze einer allgemeinen Theorie. Konstanz: UVK.

Habermas, J. (1969): Erkenntnis und Interesse. In: ders.: Technik und Wissenschaft als Ideologie. Frankfurt/M.: Suhrkamp, S. 143–168.

Habermas, J. (1977): Stichworte zu einer Theorie der Sozialisation (1968). In: ders.: Kultur und Kritik. Verstreute Aufsätze. Frankfurt/M.: Suhrkamp, S. 118–194.
Haraway, D. (2016): Unruhig bleiben: die Verwandtschaft der Arten im Chthuluzän. Frankfurt/M.: Campus.
Hegel, G. W. F. (1986): Phänomenologie des Geistes. Werke 3. Frankfurt/M.: Suhrkamp.
Herder, J. G. (1961): Humanität und Erziehung. Paderborn: Schöningh.
Herzog, W. (2011): Eingeklammerte Praxis – ausgeklammerte Profession. Eine Kritik der evidenzbasierten Pädagogik. In: Bellmann, J./Müller, T. (Hrsg.): Wissen, was wirkt. Kritik evidenzbasierter Pädagogik. Wiesbaden: VS, S. 123–146.
Herzog, W. (2013): Bildungsstandards. Eine kritische Einführung. Stuttgart: Kohlhammer.
Heydorn, H.-J. (2004): Über den Widerspruch von Bildung und Herrschaft. Wetzlar: Büchse der Pandora.
Hopmann, S./Brinek, G./Retzl, M. (Hrsg.) (2007): PISA zufolge PISA. Hält PISA, was es verspricht? Wien: Lit-Verlag.
Horn, K.-P. (2003): Erziehungswissenschaft in Deutschland im 20. Jahrhundert. Zur Entwicklung der sozialen und fachlichen Struktur der Disziplin von der Erstinstitutionalisierung bis zur Expansion. Bad Heilbrunn: Klinkhardt.
Humboldt, W. v. (2005): Schriften in 5 Bänden. Darmstadt: Wissenschaftliche Buchgesellschaft.
Hummrich, M. (2009): Bildungserfolg und Migration: Biographien junger Frauen in der Einwanderungsgesellschaft. Wiesbaden: VS.
Hummrich, M. (2017): Soziale Ungleichheit, Migration und Bildung. In: Baader, M.-S./Freytag, T. (Hrsg.): Bildung und Ungleichheit in Deutschland. Wiesbaden: Springer VS, S. 471–494.
Itard, J. (1964): Gutachten und Bericht über Victor de Aveyron. In: Malson, L. et al. (Hrsg.): Die wilden Kinder. Frankfurt/M.: Suhrkamp, S. 105–200.
Jahnke,T./Meyerhöfer, W. (Hrsg.) (2007): PISA & Co – Kritik eines Programms. Hildesheim: Franzbecker.
Jergus, K. (2017a): ›Postkoloniale‹ Erziehungswissenschaft(en)? Eine Skizze zum Doing Theory im Feld der (ost-)deutschen Erziehungswissenschaft nach 1990. In: Thompson, C./ Schenk, S. (Hrsg.): Zwischenwelten der Pädagogik. Paderborn: Schöningh, S. 297–312.
Jergus, K. (2017b): Alterität. Eine Einführung. In: Kraus, A./Budde, J./Hietzge, M./Wulf, C. (Hrsg.): Handbuch Schweigendes Wissen. Erziehung, Bildung, Sozialisation und Lernen. Weinheim: Beltz Juventa, S. 202–215.
Jornitz, S. (2008): Was bedeutet eigentlich »evidenzbasierte Bildungsforschung«? Über den Versuch, Wissenschaft und Praxis verfügbar zu machen am Beispiel der Review-Erstellung. In: Die Deutsche Schule 100, H. 2, S. 206–216.
Jude, N./Klieme, E. (2007): Sprachliche Kompetenz aus Sicht der pädagogisch-psychologischen Diagnostik. In: Beck, B./Klieme, E. (Hrsg.): Sprachliche Kompetenzen. Konzepte und Messung. Weinheim: Beltz, S. 9–22.

Kamper, D. (1973): Geschichte und menschliche Natur. Die Tragweite gegenwärtiger Anthropologiekrititk. München: Hanser.
Kant, I. (1961): Grundlegung zur Metaphysik der Sitten. Stuttgart: Reclam.
Kant, I. (1963): Ausgewählte pädagogische Schriften. Paderborn: Schöningh.
Kant, I. (1985): Was ist Aufklärung? In: ders.: Was ist Aufklärung? Aufsätze zur Geschichte und Philosophie. Göttingen: Vandenhoeck & Ruprecht.
Kant, I. (1990): Kritik der reinen Vernunft. Hamburg: Meiner.
Kant, I. (1995): Was heißt: Sich im Denken orientiren? In: ders.: Werke in 6 Bänden: Der Streit der Fakultäten und kleine Abhandlungen. Köln: Könemann, S. 190–207.
Kaufmann, K./Merkens, H. (2006): Professuren im Fach Erziehungswissenschaft – Denomination und Anzahl im Herbst 2005. In: Kraul, M./Merkens, H./Tippelt, R. (Hrsg.): Datenreport Erziehungswissenschaft. Wiesbaden: VS, S. 111–128.
Kitchener, R. E. (1996): Skinner's Theory of Theories. In: O'Donohue, W. T./Kitchener, R. E. (Hrsg.) (1996): The Philosophy of Psychology. London: Sage, S. 108–125.
Kohlberg, L. (1997): Die Psychologie der Moralentwicklung. Frankfurt/M.: Suhrkamp.
Köhler, H. (2004): Länderprofile der Schulentwicklung. In: Köller, O./Watermann, R./Trautwein, U./Lüdtke, O. (Hrsg.): Wege zur Hochschulreife in Baden-Württemberg. Opladen: Leske + Budrich, S. 29–67.
Kokemohr, R. (1989): Bildung als Begegnung? Logische und kommunikationstheoretische Aspekte einer Bildungstheorie E. Wenigers und ihre Bedeutung für biographische Bildungsprozesse in der Gegenwart. In: Hansmann, O./Marotzki, W. (Hrsg.): Diskurs Bildungstheorie II: Problemgeschichtliche Orientierungen. Weinheim: Deutscher Studienverlag, S. 327–373.
Kokemohr, R. (2007): Bildung als Welt- und Selbstentwurf im Anspruch des Fremden. Eine theoretisch-empirische Annäherung an eine Bildungsprozesstheorie. In: Koller, H.-C./Marotzki, W./Sanders, O. (Hrsg.): Bildungsprozesse und Fremdheitserfahrung. Beiträge zu einer Theorie transformatorischer Bildungsprozesse. Bielefeld: transcript, S. 13–68.
Koller, H.-C. (1999): Bildung und Widerstreit. Zur Struktur biographischer Bildungsprozesse in der (Post-)Moderne. München: Fink.
Koller, H.-C. (2009): Der klassische Bildungsbegriff und seine Bedeutung für die Bildungsforschung. In: Wigger, L. (Hrsg.): Wie ist Bildung möglich? Bad Heilbrunn: Klinkhardt, S. 34–51.
Koller, H.-C. (2012): Bildung anders denken. Stuttgart: Kohlhammer.
Koller, H.-C. (2014): Einleitung. Heterogenität – Zur Konjunktur eines pädagogischen Konzepts. In: Koller, H.-C./Casale, R./Ricken, N. (Hrsg.): Heterogenität. Zur Konjunktur eines pädagogischen Konzepts. Paderborn: Schöningh, S. 7–18.
Köller, O. (2008): Bildungsstandards in Deutschland: Implikationen für die Qualitätssicherung und für die Unterrichtsqualität. In: Zeitschrift für Erziehungswissenschaft 19, Sonderheft 9, S. 47–59.

Kuhn, T. S. (1976): Die Struktur wissenschaftlicher Revolutionen. Frankfurt/M.: Suhrkamp.

Latour, B. (2017): Kampf um Gaia: Acht Vorträge über das neue Klimaregime. Berlin: Suhrkamp.

Lenzen, D. (1997): Lösen die Begriffe Selbstorganisation, Autopoiesis und Emergenz den Bildungsbegriff ab? In: Zeitschrift für Pädagogik 43, H. 6, S. 949–967.

Lichtenstein, E. (1966): Zur Entwicklung des Bildungsbegriffs von Meister Eckhart bis Hegel. Heidelberg: Quelle & Meyer.

Liebsch, B. (2007): Fremdheit und pädagogische Gerechtigkeit. In: Schäfer, A. (Hrsg.): Kindliche Fremdheit und pädagogische Gerechtigkeit. Paderborn: Schöningh, S. 25–66.

Luhmann, N./Schorr, K. E. (1979): Das Technologiedefizit der Erziehung und die Pädagogik. In: Zeitschrift für Pädagogik 25, H. 3, S. 345–365.

Luhmann, N./Schorr, K. E. (1982): Einleitung. In: dies. (Hrsg.): Zwischen Technologie und Selbstreferenz. Fragen an die Pädagogik. Frankfurt/M.: Suhrkamp, S. 7–10.

Maaz, K. (2006): Soziale Herkunft und Hochschulzugang. Effekte institutioneller Öffnung im Bildungssystem. Wiesbaden: VS.

Marotzki, W. (1990): Entwurf einer strukturalen Bildungstheorie. Biographietheoretische Auslegung von Bildungsprozessen in hochkomplexen Gesellschaften. Weinheim: Deutscher Studienverlag.

Marx, K./Engels, F. (2010): Marx Engels Werke. Berlin: Dietz [zit. MEW].

Masschelein, J./Ricken, N. (2003): Do we still need the Concept of Bildung? In: Educational Philosophy and Theory 35, H. 2, S. 139–154.

Masschelein, J./Wimmer, M. (1996): Alterität Pluralität Gerechtigkeit. St. Augustin: Academia.

Mayer, R./Thompson, C. (2011): Inszenierung und Optimierung des Selbst. Eine Einführung. In: Mayer, R./Thompson, C./Wimmer, M. (Hrsg.): Inszenierung und Optimierung des Selbst. Wiesbaden: VS, S. 7–28.

Mbembe, A. (2019): Kritik der schwarzen Vernunft. Berlin: Suhrkamp.

Mead, G. H. (1968): Geist, Identität und Gesellschaft aus der Sicht des Sozialbehaviorismus. Frankfurt/M.: Suhrkamp.

Mecheril, P./Thomas-Olalde, O./Melter, C./Arens, S./Romaner, E. (Hrsg.) (2013). Migrationsforschung als Kritik? 2 Bde. Wiesbaden: Springer VS.

Meyer-Drawe, K. (1986): Zähmung eines wilden Denkens. Piaget und Merleau-Ponty zur Entwicklung kindlicher Rationalität. In: Métraux, A./Waldenfels, B. (Hrsg.): Leibhaftige Vernunft. Spuren von Merleau-Pontys Denken. München: Fink, S. 258–276.

Meyer-Drawe, K. (1998): Streitfall Autonomie. Aktualität, Geschichte und Systematik einer modernen Selbstbeschreibung von Menschen. In: Bauer, W./Lippitz, W./Marotzki, W./Ruhloff, J./Schäfer, A./Wulf, C. (Hrsg.): Fragen nach dem Menschen in der umstrittenen Moderne. Jahrbuch für Erziehungs- und Bildungsphilosophie 1. Baltmannsweiler: Schneider, S. 31–49.

Meyer-Drawe, K. (1999): Kritik der grassierenden Weltnichtung. In: Vierteljahrsschrift für wissenschaftliche Pädagogik 75, H. 4, S. 428–439.

Meyer-Drawe, K. (2005): Anfänge des Lernens. In: Benner, D. (Hrsg.): Erziehung – Bildung- Negativität. 49. Beiheft der Zeitschrift für Pädagogik. Weinheim: Beltz, S. 24–37.

Meyer-Drawe, K. (2008): Diskurse des Lernens. München: Fink.

Meyer-Drawe, K. (2012): »Liebe ist ein schönes Wort«. In: Thole, W./Baader, M./Helsper, W./Kappeler, M./Leuzinger-Bohleber, M./Reh, S./Sielert, U./Thompson, C. (Hrsg.): Sexualisierte Gewalt, Macht und Pädagogik. Opladen: Budrich, S. 129–137.

Mollenhauer, K. (1973): Erziehung und Emanzipation: polemische Skizzen. München: Juventa.

More, M. (2013): The Philosophy of Transhumanism. In: More, M./Vita-More, N. (Hrsg.): The Transhumanist Reader. Classical and Contemporary Essays on the Science, Technology and Philosophy of the Human Future. Chichester: Wiley-Blackwell, S. 3–17.

Müller-Vollmer, K./Messling, M. (2017): Wilhelm von Humboldt. In: Zalta, N. (Hrsg.): The Stanford Encyclopedia of Philosophy. Internet-Quelle: https://plato.stanford.edu/archives/spr2017/entries/wilhelm-humboldt [Zugriff am 15.07.2019].

Neurath, O. (1932): Protokollsätze. In: Stöltzner, M./Uebel, T. (Hrsg.) (2006): Wiener Kreis: Texte zur wissenschaftlichen Weltauffassung von Rudolf Carnap, Otto Neurath, Moritz Schlick, Philipp Frank, Hans Hahn, Karl Menger, Edgar Zilsel und Gustav Bergmann. Hamburg: Meiner, S. 399–411.

O'Donohue, W. T./Kitchener, R. E. (Hrsg.) (1996): The Philosophy of Psychology. London: Sage

Parsons, T. (1991): The Social System. London: Routledge.

Piaget, J. (2003): Meine Theorie der geistigen Entwicklung. Weinheim: Beltz.

Piaget, J. (1973): Einführung in die genetische Erkenntnistheorie. Frankfurt/M.: Suhrkamp.

Picht, G. (1965): Die deutsche Bildungskatastrophe. München: Deutscher Taschenbuch-Verlag.

Pico della Mirandola, G. (1990): Über die Würde des Menschen. Hamburg: Meiner.

Platon (1990): Werke in 8 Bänden. Darmstadt: WBG.

Pollak, G. (Hrsg.) (1994): Von der Erziehungswissenschaft zur Pädagogik? Weinheim: Deutscher Studienverlag.

Pongratz, L. (2005): Untiefen im Mainstream. Zur Kritik konstruktivistisch-systemtheoretischer Pädagogik. Gießen: Büchse der Pandora.

Popper, K. (1968): Was ist Dialektik? Internet-Quelle: http://www.vordenker.de/ggphilosophy/popper_was-ist-dialektik.pdf [Zugriff am 15.07.2019].

Popper, K. (1996): Logik der Forschung. Tübingen: Mohr.

Popper, K. (1997): Das Problem der Induktion. In: ders.: Karl Popper Lesebuch. Tübingen: Mohr, S. 85–102.

Prenzel, M./Rost, J./Senkbeil, M./Häußler, P./Klopp, A. (2001): Naturwissenschaftliche Grundbildung: Testkonzeption und Ergebnisse. In: Baumert, J./Klieme, E./Neubrand, M./Prenzel, M./Schiefele, U./Schneider, W./Stanat, P./Tillmann, K.-J./Weiß, M. (Hrsg.): PISA 2000. Basiskompetenzen von Schülerinnen und Schülern im internationalen Vergleich. Opladen: Leske + Budrich, S. 192–250.

Prenzel, M./Artelt, C./Baumert, J./Blum, W./Hammann, M./Klieme, E./Pekrun, R. (Hrsg.) (2008): PISA 2006 in Deutschland: die Kompetenzen der Jugendlichen im dritten Ländervergleich. Münster: Waxmann [zit. PISA 2006].

Quine, W. v. O. (1960): Word and Object. Cambridge: MIT Press.

Quine, W. v. O. (1969): Ontological Relativity and Other Essays. New York: Columbia University Press.

Rabenstein, K./Reh, S. (2009): Die pädagogische Normalisierung der ›selbstständigen Schülerin‹ und die Pathologisierung des ›Unaufmerksamen‹. Eine diskursanalytische Skizze. In: Bilstein, J./Ecarius, J. (Hrsg.): Standardisierung – Kanonisierung. Erziehungswissenschaftliche Reflexionen. Wiesbaden: VS Verlag, S. 159–180.

Reichenbach, R. (2000): Die Zumutung des Erziehens und die Scham der Erziehenden. Vortragsmanuskript.

Reichenbach, R. (2001): Demokratisches Selbst und dilettantisches Subjekt. Münster: Waxmann.

Reichenbach, Roland (2013): Bildung und Kompetenz. Über die Wut des Verstehens und ambitionierte Kartographie. In: Schneider-Taylor, B./Bosse, D./Eberle, F. (Hrsg.): Matura und Abitur in den Zeiten von Bologna. Weinheim: Beltz Juventa, S. 91–112.

Reiss, K./Sälzer, C./Schiepe-Tiska, A./Klieme, E./Köller, O. (2016): PISA 2015. Eine Studie zwischen Kontinuität und Innovation. Münster: Waxmann [zit. PISA 2015].

Ricken, N. (2010): Allgemeine Pädagogik. In: Kaiser, A./Schmetz, D./Wachtel, P./Werner, B. (Hrsg.): Bildung und Erziehung. Stuttgart: Kohlhammer, S. 15–42.

Rousseau, J.-J. (1995): Emile oder Über die Erziehung. Stuttgart: Reclam.

Ruhloff, J. (1993): Vom Gottesknecht zum Selbstliebhaber. Ausblicke auf Individualität, Subjektivität, Autonomie in Interpretationen des Menschen zwischen Renaissance und Aufklärung. In: Bildung und Erziehung 46, H. 2, S. 167–182.

Sachser, N. (2018): Der Mensch im Tier. Reinbek: Rowohlt.

Sackett, D. L./Rosenberg, W. M./Gray, J. A./Haynes, R. B./Richardson, W. S. (1996): Evidence based medicine: what it is and what it isn't. In: British Medical Journal 312, H. 7023, S. 71–72.

Sanders, O. (2018): Eine bildungsphilosophische Flaschenpost in Zeiten steigender Meeresspiegel und sich abzeichnender Superintelligenzen. Vortrag auf der Jahrestagung der Kommission Bildungs- und Erziehungsphilosophie in Hamburg 2018, Ms.

Schäfer, A. (1989): Zur Kritik pädagogischer Wirklichkeitsentwürfe. Weinheim: Deutscher Studienverlag.

Schäfer, A. (1996): Das Bildungsproblem nach der humanistischen Illusion. Weinheim: Deutscher Studienverlag.
Schäfer, A. (2007): Einleitung: Kindliche Fremdheit und pädagogische Gerechtigkeit. In: ders. (Hrsg.): Kindliche Fremdheit und pädagogische Gerechtigkeit. Paderborn: Schöningh, S. 7–23.
Schäfer, A. (2011): Irritierende Fremdheit. Bildungsforschung als Diskursanalyse. Paderborn: Schöningh.
Schäfer, A. (2015): Schulische Leistungsdiskurse. Zwischen Gerechtigkeitsversprechen und pharmazeutischem Hirndoping. Paderborn: Schöningh.
Schäfer, A. (2017): Rousseau – ein pädagogisches Porträt. Weinheim: Beltz.
Schaller, K. (2004): Comenius – ein pädagogisches Porträt. Weinheim: Beltz.
Schenk, S./Karcher, M. (2018): Überschreitungslogiken und die Grenzen des Humanen. Intro. In: dies. (Hrsg.): Überschreitungslogiken und die Grenzen des Humanen. (Neuro-)Enhancement – Kybernetik – Transhumanismus. Halle/S.: Martin-Luther-Universität, S. 7–26.
Schimpl-Neimanns, B. (2000): Soziale Herkunft und Bildungsbeteiligung. Empirische Analysen zu herkunftsspezifischen Bildungsungleichheiten zwischen 1950 und 1989. In: Kölner Zeitschrift für Soziologie und Sozialpsychologie 52, H. 4, S. 636–669.
Schlick, M. (1930): Über das Fundament der Erkenntnis. In: Stöltzner, M./Uebel, T. (Hrsg.) (2006): Wiener Kreis: Texte zur wissenschaftlichen Weltauffassung von Rudolf Carnap, Otto Neurath, Moritz Schlick, Philipp Frank, Hans Hahn, Karl Menger, Edgar Zilsel und Gustav Bergmann. Hamburg: Meiner, S. 430-453.
Schmidt, S. J. (1987): Der Diskurs des Radikalen Konstruktivismus. Frankfurt/M.: Suhrkamp.
Scholz, O. R. (2016): Verstehen und Rationalität. Frankfurt/M.: Klostermann.
Skinner, B. F. (1973): Was ist Behaviorismus? Reinbek: rororo.
Sonnemann, U. (1981): Negative Anthropologie. Vorstudien zur Sabotage des Schicksals. Frankfurt/M.: Syndikat.
Stanat, P./Artelt, C./Baumert, J./Klieme, E./Neubrand, M./Prenzel, M./Schiefele, U./Schneider, W./Schümer, G./Tillmann, K.-J./Weiß, M. (Hrsg.) (2002): PISA 2000. Die Studie im Überblick. Grundlagen, Methoden und Ergebnisse. Berlin: MPI.
Stöltzner, M./Uebel, T. (Hrsg.) (2006): Wiener Kreis: Texte zur wissenschaftlichen Weltauffassung von Rudolf Carnap, Otto Neurath, Moritz Schlick, Philipp Frank, Hans Hahn, Karl Menger, Edgar Zilsel und Gustav Bergmann. Hamburg: Meiner.
Sturm, T. (2016): Lehrbuch Heterogenität in der Schule. München: Reinhardt.
TD (2013): Transhumanist Declaration. In: More, M./Vita-More, N. (Hrsg.): The Transhumanist Reader: Classical and Contemporary Essays on the Science, Technology and Philosophy of the Human Future. Chichester: Wiley-Blackwell, S. 54–55.

Thaler, R./Sunstein, C. R. (2008): Nudge. Wie man kluge Entscheidungen anstößt. Berlin: Ullstein.
Thompson, C. (2009): Bildung und die Grenzen der Erfahrung. Paderborn: Schöningh.
Thompson, C. (2020): Allgemeine Erziehungswissenschaft. Eine Einführung. Stuttgart: Kohlhammer.
Walgenbach, K. (2017a): Heterogenität – Intersektionalität – Diversity in der Erziehungswissenschaft. Opladen: Budrich.
Walgenbach, K. (2017b): Bildungsprivilegien im 21. Jahrhundert. In: Baader, M.-S./Freytag, T. (Hrsg.): Bildung und Ungleichheit in Deutschland. Wiesbaden: Springer VS, S. 513–536.
Wehler, H.-U. (1987): Deutsche Gesellschaftsgeschichte. Erster Band. Frankfurt/M.: Büchergilde Gutenberg.
Weinert, F. (2001): Concept of competence: a conceptual clarification. In: Rychen, D./Salgani, L. (Hrsg.): Defining and selecting key competencies. Seattle: Hogrefe & Huber, S. 45–65.
Westover, T. (2018): Educated. A Memoir. New York: Random House.
Wimmer, M. (2006): Dekonstruktion und Erziehung. Studien zum Paradoxieproblem in der Pädagogik. Bielefeld: transcript.
Wimmer, M. (2007): Wie dem Anderen gerecht werden? Herausforderungen für Denken, Wissen und Handeln. In: Schäfer, A. (Hrsg.): Kindliche Fremdheit und pädagogische Gerechtigkeit. Paderborn: Schöningh, S. 155–184.
Wimmer, M. (2009): Zwischen Zwang und Freiheit. Der leere Platz der Autorität. In: Schäfer, A./Thompson, C. (Hrsg.): Autorität. Paderborn: Schöningh, S. 85–121.
Wimmer, M. (2014a): Pädagogik als Wissenschaft des Unmöglichen. Bildungsphilosophische Interventionen. Paderborn: Schöningh.
Wimmer, M. (2014b): Vergessen wir nicht – den Anderen! In: Koller, H.-C./Casale, R./Ricken, N. (Hrsg.): Heterogenität. Zur Konjunktur eines pädagogischen Konzepts. Paderborn: Schöningh, S. 219–240.
Wilson, N. (1958): Substances without Substrata. In: The Review of Metaphysics 12, H. 4, S. 521–539.
Wittgenstein, L. (1960): Philosophische Untersuchungen. Frankfurt/M.: Suhrkamp.
Wulf, C. (2015): Pädagogische Anthropologie. In: Zeitschrift für Erziehungswissenschaft 18, H. 5, S. 5–25.
Wuttke, J. (2009): PISA: Nachträge zu einer nicht geführten Debatte. In: Mitteilungen der Gesellschaft für Didaktik der Mathematik 87, S. 22–34.

Internetseiten

Aaken, A. v. (2015): Nudging. Ein Recht zur Unvernunft. URL: https://www.deutschlandfunknova.de/beitrag/manipulation-kritik-am-nudging [Zugriff am 15.07.2019].

Bloomberg (2015): The Robot-Arm Prosthetic Controlled by Thought. URL: https://www.youtube.com/watch?v=sk1NkWl_W2Y [Zugriff am 15.07.2019].

Harbisson, N. (2013): re:publica: Life with Extra Senses – How to Become a Cyborg. URL: https://duckduckgo.com/?q=harbisson+ribas+2013&t=ffsb&iar=videos&iax=videos&ia=videos&iai=6hUg48vf0QI [Zugriff am 15.07.2019].

Harbisson, N. (2016): El renacimiento de nuestra especie (TEDx Mexico City). URL: https://www.youtube.com/watch?v=413tYhYJkrc [Zugriff am 15.07.2019].

Herr, H. (2014): New bionics let us run, climb and dance. URL: https://www.youtube.com/watch?v=CDsNZJTWw0w [Zugriff am 15.07.2019].

Kissel, T. (2018): Der Retter von der traurigen Gestalt. URL: https://www.spektrum.de/news/der-retter-von-der-traurigen-gestalt/1574034 [Zugriff am 15.07.2019].

LFL 2018: Kursbeschreibung. URL: https://www.lfl.bayern.de/itz/schaf/175987/index.php [Zugriff am 15.07.2019].

Pearson (2018): About Pearson. URL: https://www.pearson.com/corporate/about-pearson.html [Zugriff am 15.07.2019].

SZ (2010): Jörg Häntzschel: Es gibt ein Leben bis zum Tod. In Süddeutsche Zeitung am 17. Mai 2010. URL: https://www.sueddeutsche.de/kultur/kuehle-bestattung-es-gibt-ein-leben-bis-zum-tod-1.437398 [Zugriff am 15.07.2019].

What Works Clearinghouse (2018): Evidence Snapshot zu »Literacy Express«. URL: https://ies.ed.gov/ncee/wwc/EvidenceSnapshot/288 [Zugriff am 15.07.2019]